自然科超高效學習指南

超簡單生物課

SUPER SIMPLE BIOLOGY | The Ultimate Bitesize Study Guide

超簡單生物課
自然科超高效學習指南

作　　者：DK出版社編輯群
翻　　譯：涂瑋瑛
主　　編：黃正綱
資深編輯：魏靖儀
美術編輯：吳立新
圖書版權：吳怡慧

發 行 人：熊曉鴿
總 編 輯：李永適
印務經理：蔡佩欣
發行經理：曾雪琪
圖書企畫：陳俞初

出 版 者：大石國際文化有限公司
地　址：新北市汐止區新台五路一段97號14樓之10
電　話：(02) 2697-1600
傳　真：(02) 8797-1736
印　刷：博創印藝文化事業有限公司

2023年（民112）4月初版八刷
定價：新臺幣 750 元
本書正體中文版由Dorling Kindersley Limited授權
大石國際文化有限公司出版
版權所有，翻印必究
ISBN：978-986-99809-8-2（平裝）
＊ 本書如有破損、缺頁、裝訂錯誤，請寄回本公司更換

總代理：大和書報圖書股份有限公司
地址：新北市新莊區五工五路2 號
電　話：(02) 8990-2588
傳　真：(02) 2299-7900

國家圖書館出版品預行編目（CIP）資料

超簡單生物課-自然科超高效學習指南 / DK出版
社編輯群 作；涂瑋瑛 翻譯. -- 初版. -- 新北市：
大石國際文化，民110.7　288頁；17 x 21公分
譯自：Super simple biology : the ultimate
bitesize study guide.

ISBN 978-986-99809-8-2 (平裝)

1.生物 2.中小學教育
523.36　　　　　　　　　　110009349

For the curious
www.dk.com

自然科超高效學習指南
超簡單生物課

SUPER SIMPLE BIOLOGY | The Ultimate Bitesize Study Guide

作者／DK 出版社編輯群

翻譯／涂瑋瑛

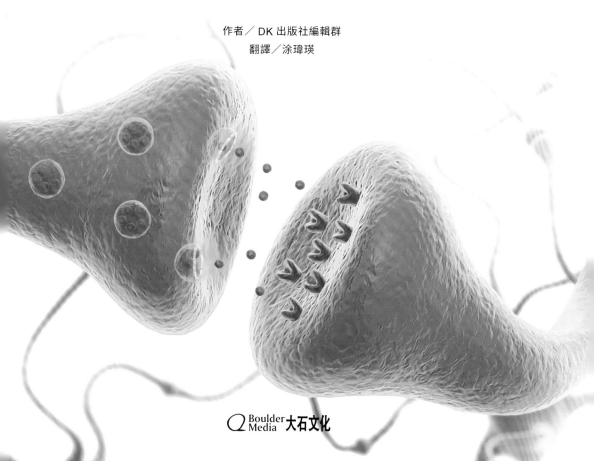

Boulder Media 大石文化

目錄

運用科學來工作

生命是什麼？

細胞

運輸與細胞

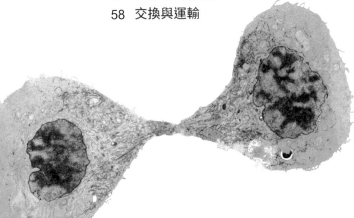

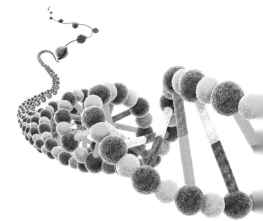

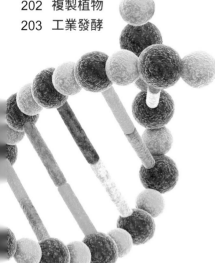

人類與環境

健康

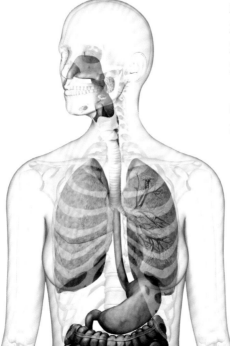

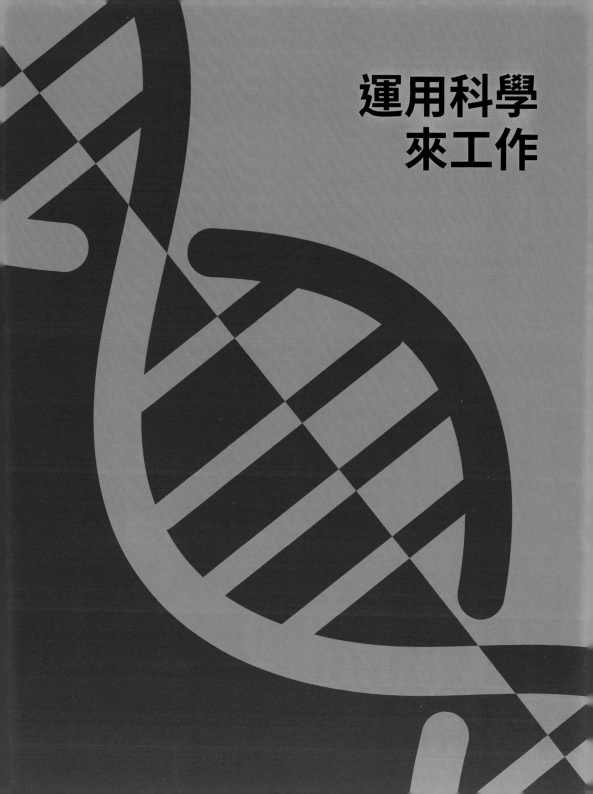

運用科學
來工作

科學是如何運作的

科學不只是一堆事實的集合而已，也是一種藉由提出想法與測試想法來發現新事實的方式。科學家利用想法（假說），做出能用實驗測試的預測。這種以實驗來測試想法的過程稱為科學方法（scientific method）。

重點

✓ 科學方法包括以實驗測試假說。

✓ 實驗無法證明假說是正確的——只能支持假說。

1. 進行觀察

科學方法的第一步是觀察。例如你可能注意到了，花園裡最早開花的春季鱗莖植物總是位於陽光最充足的地方。

2. 建立假說

下一步是建立或許能解釋觀察結果的假說，也就是科學想法。比如有一個可能的解釋是：陽光充足的地方最先開花是因為那裡的土壤比較溫暖。

3. 進行實驗

你會透過進行實驗及收集證據來測試假說。如果是溫度使春季鱗莖長得比較快，你或許會做一個實驗，在相同的土壤容器以三種不同溫度栽種相同的植物鱗莖。為了收集可靠的證據，你或許會在每種溫度下栽種很多顆鱗莖。這樣會比較容易發現是否有什麼不對勁的狀況，比如某一株植物沒有正常生長。

在10°C栽培的　　在15°C栽培的　　在20°C栽培的
　風信子鱗莖　　　風信子鱗莖　　　風信子鱗莖

4. 收集資料

科學家會非常謹慎地從實驗收集結果（稱為資料），他們往往是透過測量的方式來收集。測量可能會重複進行，以確保結果是準確的。實驗結果常常會記錄在表格上。

	10°C	15°C	20°C
5天的高度	0公分	0公分	0公分
10天的高度	0公分	1公分	2公分
15天的高度	2公分	5公分	8公分
20天的高度	5公分	9公分	16公分
25天的高度	8公分	14公分	20公分

5. 分析結果

為了讓實驗結果比較容易分析，這些結果常常會呈現在圖表上。這裡的圖表顯示了25天內的植物平均高度。在這個例子中，實驗結果支持假說：較溫暖的溫度會使花較早出現。如果相同實驗進行了好幾次，並得到類似結果，那麼實驗結果就是可重複的。

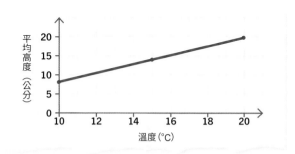

6. 重複實驗

單一一次實驗結果無法證明假說是正確的，只是支持假說而已。科學家通常在科學期刊上分享自己的實驗結果，讓其他人也能重複實驗並驗證結果。這稱為同儕審查。經過多次成功的試驗後，假說可能會被接受，成為理論。

🔍 事實還是理論？

如果一個科學理論已經被測試許多次，而且從未失敗，它最後就可能被接受為一項事實。舉例來說，我們現在已經接受「細菌傳播疾病」這個理論為事實。「化石是史前生物的遺骸」這個理論也被接受為事實。然而，沒有任何科學理論或事實能被毫無疑問地證明是對的，因為隨時可能出現理論無法解釋的新證據。

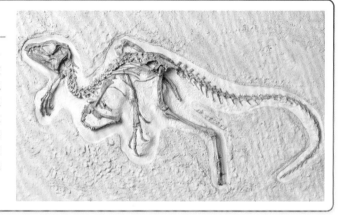

進行測量

許多實驗都包含物理量（physical quantity）的測量，例如溫度、體積、質量。測量應該既準確又精密。

測量設備

生物學實驗常需要設備來測量質量、體積、溫度、時間或長度。為了確保使用測量設備時能取得可靠的讀數，明智的做法往往是重複測量數次，然後計算出平均值。

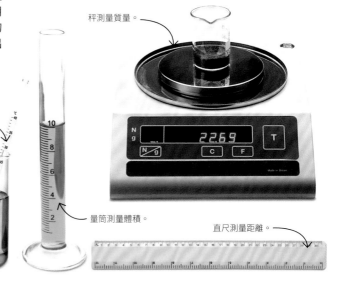

秤測量質量。

溫度計測量溫度。

碼表測量時間。

量筒測量體積。

直尺測量距離。

🔍 準確度與精密度

準確（accuracy）與精密（precision）這兩個詞在科學上的意義稍有不同。如果測量結果非常接近被測量的真值，這個結果就是準確的。如果重複測量數次，得到的數值都相同（或非常接近），這個結果就是精密的。

精密但不準確

假如你用一支數位溫度計測量裝在燒杯裡的溫水四次，這四次讀數都顯示相同數字到小數點後兩位，但溫度計有瑕疵，這些讀數就是精密但不準確的。

準確但不精密

假如你使用另一支沒有瑕疵的溫度計，但讀數都稍微有點不同，或許溫度計末端在每次測量時位於水中的不同區域，這些讀數就是準確但不精密的。

準確且精密

最後，假如你先把水攪拌之後才測量溫度，且四次讀數都是相同且正確，這些讀數就是準確且精密的。不論你何時進行測量，都要盡量做到準確且精密。

使用變數

實驗中可能改變的事物稱為變數。變數有三個重要類別：自變數（independent variable）、依變數（dependent variable）和控制變數（control variable）。

實驗變數

下圖的實驗測量一種酵素能多快分解試管中的澱粉，試管有三個不同溫度：熱（60°C）、人的體溫（37°C）、冷（4°C）。

一個變數——自變數——會在實驗中被刻意改變。在這項實驗中，溫度就是自變數。

控制變數是維持不變的變數，所以它們不會影響依變數。在這項實驗中，每支試管內的反應物體積和濃度都是控制變數。

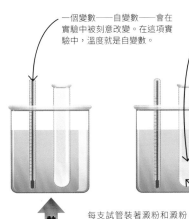

依變數是你為了得到結果而測量的變數。在這項實驗中，時間是依變數，因為澱粉在各個溫度中以不同速率被澱粉酶消化。

熱

每支試管裝著澱粉和澱粉酶的混合液，澱粉酶會消化澱粉。

水浴使每支試管的溫度維持不變。

🔍 科學控制

有些實驗包含所謂的科學控制，這能協助排除多餘變數的影響，使結果更加可靠。在這裡的例子中，控制組的設定就跟主要實驗組一樣，只不過沒有加入被測試的生物。這樣就能顯示依變數的變化是由生物還是其他因子造成的。

活體生物

紗布

二氧化碳存在時，碳酸氫鹽指示劑會從黃色變成紅色。

這項實驗測試呼吸生物產生的二氧化碳是否存在。二氧化碳會使指示劑溶液從黃色變成紅色。

沒有生物

紗布

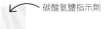

碳酸氫鹽指示劑

控制組的設定一模一樣，但沒有活體生物。如果這支試管的指示劑溶液沒有變色，第一支試管的任何顏色變化就一定是由生物引起的。

科學模型

我們常用模型來幫助自己瞭解科學想法。就跟假說一樣，模型也能以實驗來測試。科學模型有五大類型：具象模型、空間模型、描述模型、計算模型、數學模型。

重點

✓ 模型能幫助我們了解或描述科學想法。

✓ 模型能用於做出預測，然後預測可以透過實驗來測試。

✓ 生物學使用的五種模型為：具象模型、空間模型、描述模型、計算模型、數學模型。

具象模型

這些模型利用簡化的形狀或物件來代表現實世界中更複雜的物件。例如以鎖鑰模型（lock and key model）來代表酵素與其作用的化學物質，能幫助我們了解酵素是如何作用的，卻不需要使用分子的寫實圖像。

酵素分子

受質（substrate）分子嵌入酵素分子上的一個活性部位。

空間模型

空間模型顯示事物在三維空間中排列的方式，例如碳、氧、氫原子在分子中排列的方式。

紅色球體代表氧原子。

黑色球體代表維生素D分子中的碳原子。

白色球體代表氫原子。

描述模型

描述模型利用文字或圖表來描述事物。一張說明瓢蟲生命循環的圖表就是描述模型的例子。

成蟲

卵

幼蟲

蛹

計算模型

這些模型利用電腦來模擬複雜的過程，比如地球氣候的變化。這張圖像是由美國太空總署（NASA）的一個氣候模型產生的，它預測了2100年的夏季最高氣溫。許多地方可能會常常出現超過45°C的日間氣溫（深紅色）。

較高的溫度以紅色顯示。

較涼爽的區域以藍色顯示。

數學模型

數學模型利用數學來模擬現實世界的各種過程。舉例來說，一個細菌族群在理想生長環境中的生長狀況可以透過一個數學公式來模擬，並在一張圖表上呈現出來。這個模型能用於預測在一定時間之後會有多少細菌。

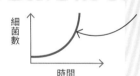

細菌數

時間

曲線顯示細菌數會隨著每一代成倍增加。

科學中的問題

問題是科學過程中的一個重要環節。良好的科學問題是能以實驗或觀察來測試的問題。科學有時也會引起倫理問題，這些問題無法以實驗來回答，而且取決於人們的意見。

重點

✓ 科學問題是可以測試的問題。

✓ 有些科學問題還沒有答案，因為目前沒有足夠的證據。

✓ 倫理問題問的是某件事是否正確，而且無法以科學來回答，這些問題的答案取決於人們的意見。

集約農作（intensive farming）

許多現代農場使用最新的科學與技術發展，把他們能生產的食物量最大化。這種做法稱為集約農作，引起了一系列問題。有些是可以藉由收集證據來解答的科學問題，例如何時是最適合噴灑農藥的時機。有些則是還無法解答的科學問題，或是科學無法處理的倫理問題。

曳引機在噴灑肥料

集約農作引起的問題		
能解答的科學問題	還不能解答的科學問題	倫理問題
一年中在作物上噴灑肥料的最佳時機是什麼時候？	氣候變遷對作物產量會有什麼影響？	農場應該從集約農作改成有機農作嗎？
殺蟲劑可能會如何影響生物多樣性？	基因工程會使我們不再需要殺蟲劑嗎？	種植食物比保護環境重要嗎？

🔍 動物福利

生物學家以動物進行實驗時，就會引起倫理問題。比如在癌症研究中會使用自動發展出癌症的特殊小鼠品系來研究癌症。這些小鼠的壽命短暫，而且可能受苦。使用牠們是對還是錯呢？在許多國家，科學界使用動物都有嚴格的規範。科學家必須展示出實驗的潛在利益才能取得證照，而且他們必須把動物的痛苦降到最低。

科學的效益與風險

科學的發展既能產生效益，也能產生風險。舉例來說，低劑量的阿斯匹靈能避免心臟病發作，但阿斯匹靈也可能導致內出血。服用阿斯匹靈是好事還是壞事呢？要回答這樣的問題，就需要衡量效益及風險。

重點

✓ 科學與技術的發展能產生效益與風險。

✓ 要回答涉及風險的問題，必須和效益一起衡量。

麻疹疫苗

麻疹是一種可能出現嚴重併發症的疾病。在1000–2000名罹患麻疹的人裡，大約有一人會出現可能造成永久損傷的腦部感染。麻疹、腮腺炎、德國麻疹三合一疫苗能預防麻疹，但它也有風險。十分之一的兒童會在接種後出現麻疹的輕微症狀，大約2萬4000名兒童中會有一人出現一種需要醫院治療的罕見併發症。然而，麻疹、腮腺炎、德國麻疹三合一疫苗帶來的傷害風險遠遠比麻疹感染帶來的風險低。

麻疹、腮腺炎、德國麻疹三合一疫苗是以注射投予的。

🔍 科學與社會

科學發展可能對社會有正面及負面的影響。決定如何使用科學時，需要衡量效益與風險。

經濟影響

有些科學發展可以省錢，但也會製造問題。舉例來說，選拔育種（selective breeding）已經製造出迅速成長的雞，使雞肉比較便宜，為農民增加利潤。不過，雞的迅速成長可能使牠們不健康，甚至嚴重到無法行走。

環境影響

生質燃料（biofuel）是從作物製造的燃料。種植生質燃料作物能減少燃燒化石燃料的氣體排放，因而對環境有益。不過，這種行為也會消耗掉原本能用於種植食物的土地，這可能導致食物短缺。

尋找平均值

生物學實驗常常包含收集資料，然後計算平均值來進行比較。舉例來說，你可能想比較溫室植物和室外植物的平均高度。你可以使用的集中量數有三種：平均數（mean）、中位數（median）、眾數（mode）。

📌 **重點**

✓ 平均數、中位數、眾數是用於生物學的三種集中量數。

✓ 平均數是資料集數值的總和除以數值的數量。

✓ 中位數是所有數值根據大小排序時，位於中間的數值。

✓ 眾數是資料集中最常出現的數值。

平均數

集中量數最常見的類型是平均數。想找到平均數，你需要加總所有數值，然後除以數值的數量。平均數有個缺點，就是如果有些數值特別大或特別小，平均數就可能無法代表資料集的中點。

$$平均數 = \frac{15.5 + 20.4 + 10.2 + 15.5 + 18.4 + 16.6 + 8.7}{7} = 15.0 \text{ 公分}$$

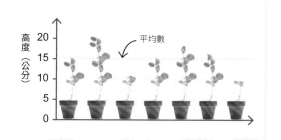

中位數

中位數是當所有數值根據大小排序時，資料集的中間數值。如果資料集裡有一兩個非常小或非常大的數值，平均數就會偏移，而中位數卻能使我們更瞭解資料集的中點。

中位數 = 15.5 公分

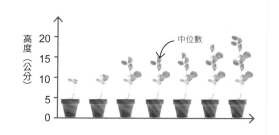

眾數

資料集的眾數是最常見的數值。平均數和中位數不合理時，眾數就可能派上用場。舉例來說，如果你想知道溫室中種植的植物平均高度，你就會使用眾數。

眾數 = 15.5 公分

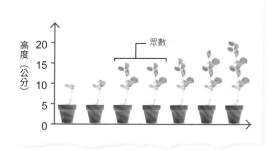

呈現資料

科學實驗中收集的事實與測量結果稱為資料。資料以表格或圖表的
方式呈現時，比較容易看出資料中的模式。要選擇使用哪種圖表，
取決於收集的資料類型。

⚙ 繪製圖表

遵循以下準則，能協助你好好繪製出圖表。

- 繪製圖表時，把自變數（見第13頁）放在x軸（水平軸），依變數放在y軸（垂直軸）。
- 在每個軸上清楚標示測量值及其單位。
- 針對每個測量值使用適合的刻度，這樣每個軸超

過一半的部分都能被使用到。
- 使用筆頭尖細的鉛筆，以叉號或圓點來清晰、準確地標示資料點。
- 使用單一一條最適合資料點的細直線或曲線來畫出趨勢線。

圓餅圖（pie chart）

這種圖表在一張簡單圖形上呈現出百分比，使人能一下子輕鬆理解。例如這裡的圓餅圖就顯示出一國人口中不同血型的百分比。成對的圓餅圖使我們能迅速比較不同組的資料。

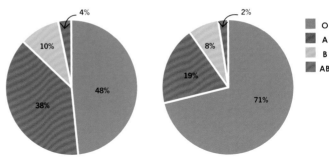

英國血型分布　　　祕魯血型分布

O
A
B
AB

表格

表格適合用來彙整實驗中收集的資料，也能使我們比較容易發現錯誤。例如右邊這張表格顯示了不同的人接住掉落的直尺需要的反應時間（見130頁），表格中就有一個可能的錯誤。

年齡	接住直尺處的測量值			
	第一次嘗試（公分）	第二次嘗試（公分）	第三次嘗試（公分）	平均（公分）
15	4.7	5.1	4.9	4.9
38	5.5	8.2	5.7	6.5

這個異常高的數值可能是一個錯誤。受試者當時可能還沒準備好進行測試。

長條圖（bar chart）

當x軸上的變數是由離散的類別組成時，就能使用長條圖。比如在這張圖表上，x軸顯示出不同樹種。這張長條圖也是一張次數圖（frequency chart），次數圖的y軸會顯示某件事發生或被計算的次數（在這個例子指的是樹上有藻類生長的樹木數量）。

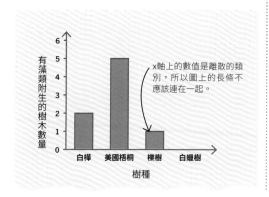

直方圖（histogram）

直方圖是一種次數圖，x軸上的變數是連續的（由能在一定範圍內變化的數值資料組成）。連續資料被分成多個區塊，協助顯露出模式。比如這張直方圖就呈現出一個班的學童裡不同足長的次數。

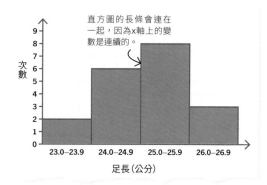

線圖（line graph）

當x軸與y軸都顯示連續而非離散的數值資料，就能繪製線圖。例如在第55頁的實驗中，把馬鈴薯放進不同濃度的糖溶液浸泡之後，測量馬鈴薯塊的質量變化。兩個變數（馬鈴薯質量和糖濃度）都是以數字表示的。

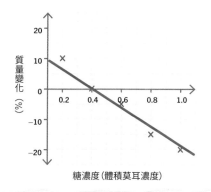

散布圖（scatter graph）

科學家有時會研究兩個自變數之間的關係，比如一個人的身高與足長之間的關係。這些資料可以在散布圖中呈現出來，然後畫出一條「最佳配適線」（line of best fit），這樣一來，位於這條線上方與下方的點會大致一樣多。這裡的散布圖顯示了一條上升的趨勢線（正相關），代表隨著身高增加，足長也會增加。

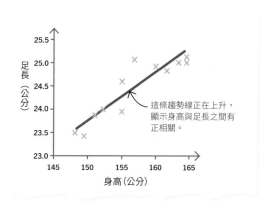

科學進展

科學方法與理論會隨著時間改變。舉例來說，顯微鏡的發明促成微生物的發現，這改變了生物分類的方式。隨著顯微鏡的功能愈來愈強大，我們有了新的發現，分類體系也再度改變。

重點

- ✓ 科學理論與方法會隨著時間改變。
- ✓ 顯微鏡的發明促成細胞和微生物的發現。
- ✓ 這些發現引起新的理論與新的分類體系。

複式顯微鏡（compound microscope）

複式顯微鏡（具有不只一面透鏡的顯微鏡）是把兩面放大鏡放進一根管子才發明出來的。幾年後，義大利科學家弗朗切斯科·斯泰魯蒂（Francesco Stelluti）利用複式顯微鏡畫出非常細緻的蜜蜂特寫。

斯泰魯蒂畫的蜜蜂

雷文霍克在顯微鏡下
觀察精細胞所畫的圖

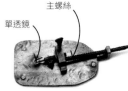

主螺絲
單透鏡

雷文霍克所用顯微鏡的複製品

發現細菌

荷蘭發明家安東尼·范·雷文霍克（Antonie van Leeuwenhoek）領悟到如何製作非常精良的球形透鏡，並把顯微鏡的放大倍率從50倍改良到270倍。他發現了許多種類的微生物，包括細菌，而且他也觀察了血球和精細胞。

| 1620年 | 1660年 | 1665年 | 1676年 |

微血管

義大利科學家馬爾切洛·馬爾皮吉（Marcello Malpighi）利用複式顯微鏡，觀察血液流過青蛙肺裡的細微管道。他發現了微血管——在動脈與靜脈之間輸送血液的血管。他的發現促成了一項理論：血液會在一個封閉的血管系統中循環。

早期的義大利
顯微鏡，類似
馬爾皮吉使用
的顯微鏡

細胞

英國科學家羅伯特·虎克（Robert Hooke）藉由照光穿透非常薄的植物組織切片，發現了細胞。他在一本書中發表了他畫的細胞，以及他畫的針和剃刀刀片。當他用顯微鏡觀察針和剃刀刀片時，它們看起來又鈍又凹凸不平。

虎克所用顯微鏡的複製品

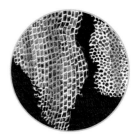

虎克畫的細胞

🔍 電子顯微鏡

電子顯微鏡使用電子束而非光束來觀察標本,使我們能看到的物體比用光學顯微鏡能看到的小1000倍以上。然而,樣本必須不含水分,所以只有死掉的物質才能用電子顯微鏡觀察。電子顯微鏡主要有兩類。

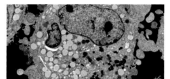

穿透式電子顯微鏡(transmission electron microscope)能把影像放大到100萬倍。影像是由穿透標本的電子組成,這些電子會產生極薄標本切片的平面圖像。

掃描式電子顯微鏡(scanning electron microscope)通常能放大到3萬倍。它們產生影像的方式是在物體表面散射一束電子,產生立體圖像。影像可以人工添加顏色。

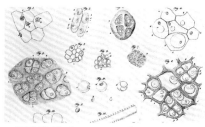

提奧多·許旺於1839年出版的著作《顯微研究》(Microscopical Investigations)中的繪圖

細胞學說(cell theory)

到了19世紀初期,人們已經在許多生物標本觀察到細胞,所以德國科學家提奧多·許旺(Theodor Schwann)與馬蒂亞斯·許萊登(Matthias Schleiden)提出了一項學說:細胞是所有生物的基礎結構單元。

使用電子顯微鏡的魯斯卡

電子顯微鏡

德國科學家恩斯特·魯斯卡(Ernst Ruska)發明了電子顯微鏡,這種顯微鏡使用電子束而非光束來產生圖像,把最高放大倍率從2000倍增加到1000萬倍。

1839年   **1866年**   **1931年**   **1930年代**

三界

許多不同種類微生物的發現,促使德國生物學家恩斯特·海克爾(Ernst Haeckel)提出了一種分類生命體的新方式。他沒有把所有生物分成兩界(動物與植物),而是為微生物創造了第三界:原生生物界(Protista)。

真核生物(eukaryote)與原核生物(prokaryote)

科學家利用電子顯微鏡發現細菌沒有細胞核。這引起了另一套新的分類體系,把所有生物分成兩類:有細胞核的生物(真核生物)和沒有細胞核的生物(原核生物)。

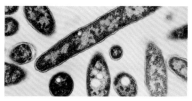

以穿透式電子顯微鏡觀察的退伍軍人桿菌(*Legionella*)

恩斯特·海克爾所畫的顯微鏡下的藻類

科學單位

世界上大多數地區的科學家都使用同一套單位系統來測量物理量,例如距離、溫度、質量、時間。這些單位稱為公制單位(metric unit)或國際單位制單位(SI unit; International System of Units)。

度量	國際單位制單位	英制單位
長度	公尺(m)	英尺(ft)
體積	公升(L)	品脫(pt)
質量	公斤(kg)	磅(lb)
溫度	攝氏度(°C)	華式度(°F)

基本單位

上面這個表格顯示了生物學課堂上最常使用的一些公制單位,以及它們取代的傳統英制單位(imperial unit)。

標準形式

有許多零的超大數字或超小數字很難讀,因而可能產生錯誤。科學家簡化這些數字的方式是以「標準形式」來書寫,也就是把它們顯示為小的數字乘以10的冪次。舉例來說,6,000,000(600萬)可以寫成6×10^6,0.000001(100萬分之一)可以寫成1×10^{-6}。想轉換成標準形式,就要計算小數位必須向右(負冪次)或向左(正冪次)移動幾次。在下面這個例子中,小數位需要向右移動6位,所以10的冪次是10^{-6}。

$$0.0000012 = 1.2 \times 10^{-6}$$

使用前置字

多數國際單位制單位都能藉由在單位名稱前加上前置字,輕鬆轉換成較大或較小的單位。前置字代表10的冪次,比如「kilo」這個前置字的意思是x1000。1公里(kilometre)=1000公尺(metre)(1公里 = 1公尺 x 103)。使用前置字有助於縮短數字,使計算變得比較容易。

前置字	符號	單位的倍數	範例
kilo	k(如km)	x1,000 (x 10^3)	1 kilometre(公里)
centi	c(如cm)	x0.01 (x 10^{-2})	1 centimetre(公分)
milli	m(如mm)	x0.001 = (x 10^{-3})	1 millimetre(毫米)
micro	μ(如μm)	x0.000001 (x 10^{-6})	1 micrometre(微米)
nano	n(如nm)	x0.000000001 (x 10^{-9})	1 nanometre(奈米)

安全工作

進行科學實驗時有許多潛在危險。你需要注意這些危險，了解如何安全工作。

安全護目鏡

當你使用可能傷害眼睛的物質，例如會噴濺的液體，一定要配戴安全護目鏡。

危險化學藥品

一定要查看化學藥品的危險警示，並嚴格遵照指示使用。如果有吸入有害煙霧的風險，需要使用通風櫃。

本生燈（Bunsen burner）

使用本生燈時要清空周圍區域。把鬆散的頭髮往後束緊，避免寬鬆的衣物靠近火焰。絕對不能在明火上方加熱乙醇或其他醇類。

使用玻璃器材

玻璃器材可能很脆弱，所以要小心使用，並把它們放在工作台中央。比如把細玻璃管推入瓶塞或橡皮管時，需要輕輕推入。

把水加熱

使用熱水時，小心不要把熱水灑到皮膚上。如果燙傷了，要盡快用冷水沖洗皮膚。

以微生物進行實驗

以微生物進行實驗時，需要使用無菌技術（見第48頁）來避免環境中的微生物汙染我們培養的微生物。用膠帶把培養皿蓋固定在培養皿底盤上，而且不要在高於25°C的溫度下培養細菌。

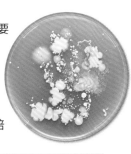

加熱試管

如果你需要快速加熱試管中的物質，使用試管夾來拿取試管。使用夾鉗來拿取任何需要加熱更久的物品。使用耐熱手套來處理高溫器材。

洗手

接觸任何危險化學藥品之後，或者以活體生物或微生物進行實驗之後，一定要洗手。

生命是什麼？

生物的特性

活體生物會進行一套非生物無法進行的程序，這些程序就是生物的特性。

生殖
生殖就是產生後代。如南瓜椿象（squash bug）以產卵來繁殖，其他生物有的以胎生的方式來繁殖，或是透過種子或孢子來繁殖。

生長
所有生物都能生長，永久性地變大——南瓜椿象幼蟲會蛻皮五次之後才成為成蟲。

營養
營養是生物取得或製造食物及養料的方式。動物獲得營養的方式是吃東西；植物則是從簡單的化學物質及陽光的能量來製造自己的食物。

行動
所有生物都能移動部分或全部的身體。即使是植物也會行動，它們往往是透過生長來行動。南瓜椿象具有用來行走的節足，以及用來飛翔的翅膀。

呼吸
所有生物都需要呼吸，經由分解物質來釋放能量，使所有細胞程序能夠進行。

感受
所有生物都能感受到周圍環境的變化，並回應這些變化。許多昆蟲使用觸角來偵測周圍的變化。

排泄
所有生物都會排泄來自細胞的廢物。所謂的廢物包括了這隻蟲在細胞呼吸時製造的二氧化碳。

生物程序

生物的七項特性是：行動、感受、營養、排泄、呼吸、生長、生殖。

🔍 病毒

病毒無法自己進行上述的任何生物程序。它們能複製，但只有入侵活體細胞才能複製。關於病毒是不是活體生物，科學家目前還沒有共識。

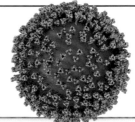

麻疹病毒

物種的分類

物種的定義是一群有類似特徵的生物，這群生物能與彼此交配繁殖，產下具有生育能力的後代。身體結構、身體機能、DNA序列的研究能確認物種的親緣關係，這稱為分類。

重點

✓ 物種是一群生物，相同物種的成員能交配繁殖，產下具有生育能力的後代。

✓ 分類是把生物分成不同群組的過程。

✓ 每個物種都具有獨特的二名法名稱，由屬名和種名組成。

林奈分類法

所有生物都能被分類，而分類方法是把生物放進一系列彼此嵌合的巢式類別，例如種、屬、科。這種分類方法稱為林奈分類法，因為這是瑞典科學家卡爾·林奈（Carl Linnaeus，1707–1778年）設計的。林奈只把所有生物分成兩界（植物和動物），不過現代生物學家使用的界更多。

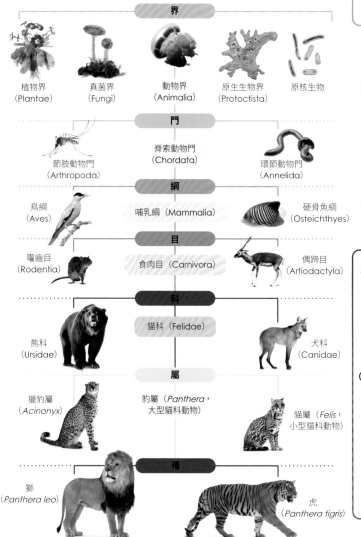

界

植物界 (Plantae)　真菌界 (Fungi)　動物界 (Animalia)　原生生物界 (Protoctista)　原核生物

門

節肢動物門 (Arthropoda)　脊索動物門 (Chordata)　環節動物門 (Annelida)

綱

鳥綱 (Aves)　哺乳綱 (Mammalia)　硬骨魚綱 (Osteichthyes)

目

嚙齒目 (Rodentia)　食肉目 (Carnivora)　偶蹄目 (Artiodactyla)

科

熊科 (Ursidae)　貓科 (Felidae)　犬科 (Canidae)

屬

獵豹屬 (Acinonyx)　豹屬 (Panthera，大型貓科動物)　貓屬 (Felis，小型貓科動物)

種

獅 (Panthera leo)　虎 (Panthera tigris)

二名法

歐亞鴝 (European robin)　旅鶇 (American robin)

每個物種都有一個獨特的學名，由兩個部分組成：該物種的屬名和種名。比如棲息在歐洲的歐亞鴝是 *Erithacus rubecula*。學名使我們能區分歐亞鴝和旅鶇，旅鶇的學名是 *Turdus migratorius*，血緣上更接近歐洲的鶇鳥。

生物的分類界

生物分類系統中有幾個稱為界的主要類別，所有生物都能被分進其中一個界，例如動物界及植物界。傳統上，生物學家把生物分成五界或六界。

重點

✓ 傳統上，生物被分成幾個主要類別，稱為界。

✓ 植物組成植物界，動物組成動物界。

✓ 近年來，科學家已經以三個稱為域（domain）的類別為基礎，設計了一套新的分類體系。

界	主要特徵	
植物	• 多細胞生物 • 細胞有一個細胞核及纖維素（cellulose）細胞壁 • 葉綠體（chloroplast）能進行光合作用	
真菌	• 大多為多細胞生物 • 細胞有一個細胞核及幾丁質（chitin）細胞壁 • 多數物種會消化植物性及動物性材料，把營養素吸收進細胞內	
動物	• 多細胞生物 • 細胞有一個細胞核 • 透過吃其他生物來獲得營養素	
原生生物	• 大多為單細胞生物 • 細胞有一個細胞核 • 有些物種含有葉綠體	
原核生物	• 單細胞生物 • 細胞有簡單構造，無細胞核 • 單一染色體；有些物種在環狀質體（plasmid）中有額外DNA	

🔍 三域

DNA研究使科學家能夠設計出一種生物樹狀圖，顯示地球上最早出現的生物是如何從一個共同祖先演化而來，並逐漸形成現存的主要類別。這促成了一套以演化關係為基礎的新分類體系。這套體系把所有生物分成三個稱為域的類別。細菌和古生菌是原核生物。真核生物（如動物、植物、真菌）則屬於真核域。

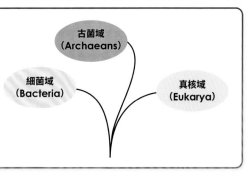

古菌域（Archaeans）

細菌域（Bacteria）

真核域（Eukarya）

身體結構

構成多細胞生物的細胞會形成稱為組織的群組。不同組織會聯合起來形成器官，而器官也會聯合起來，以所謂的器官系統形式運作。

重點

✓ 身體具有不同層次的組織形式：器官系統、器官、組織、細胞。

✓ 不同層次的組織形式能協助多細胞生物的身體有效率地運作。

✓ 開花植物的主要器官為根、莖、葉、花、果。

消化系統

人體具有數個器官系統，包括循環系統、神經系統、呼吸系統、消化系統。每個系統都會在體內執行一項特定功能。

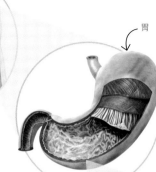

胃

器官

器官系統內的每個器官都具有一項特定功能。舉例來說，胃能分泌酵素，並攪拌食物來跟酵素混合，藉此協助消化食物。

器官系統

器官系統由數個器官組成，這些器官一起運作來執行一項功能。消化系統的主要功能是分解食物中的複雜物質，使它們小到足以被腸道吸收到血液裡。

🔍 植物的組織結構

開花植物的結構也以不同層次構成。植物的主要器官為根、莖、葉、花、果。

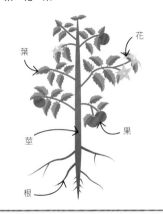

葉

花

莖

果

根

組織

器官是由不同組織構成。組織是一群具有類似結構和功能的細胞。比如胃有很大一部分是由肌肉組織構成，而這些肌肉組織會在你進食的時候擴張及收縮。

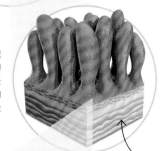

肌肉組織

細胞

細胞是生物的基本結構單元與功能單元。體內的大多數細胞都有一項專門功能。例如胃裡的某些上皮細胞的專門功能是製造消化酵素，並分泌消化酵素到胃裡。

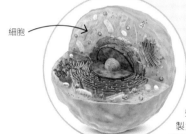

細胞

器官系統

人體的不同部位以稱為系統的器官群組一起運作。每個器官系統都會執行一項特定功能，例如消化，或是輸送物質到身體各處。

重點

✓ 人體的器官系統專門執行特定功能。

✓ 每個器官系統由數個器官組成，這些器官聯合起來執行該系統的功能。

運作部位

這裡顯示的是組成四個不同器官系統的器官。不同器官系統一起合作，使全身的功能得以進行。

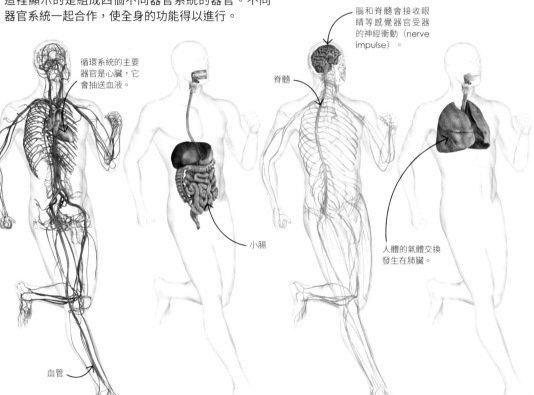

循環系統的主要器官是心臟，它會抽送血液。

血管

腦和脊髓會接收眼睛等感覺器官受器的神經衝動（nerve impulse）。

脊髓

小腸

人體的氣體交換發生在肺臟。

循環系統

循環系統的功能是輸送物質到身體各處。這些物質包括氧氣和葡萄糖（細胞需要這兩種物質來進行呼吸作用），以及二氧化碳和尿素（urea）（需要排出體外的廢物）。

消化系統

消化系統會分解食物中的大型物質，例如脂肪、醣類、蛋白質。接著這些物質的次單位會被吸收進體內，包括單醣、脂肪酸、胺基酸。

神經系統

神經系統負責偵測體內與體外的變化。然後這個系統會協調身體對這些變化的反應，例如使肌肉開始動作，或是使激素釋放出來。

呼吸系統

呼吸系統確保體內的每個細胞都接收到氧氣，並清除二氧化碳。呼吸運動是由胸廓和橫膈膜的肌肉引起的，會把空氣送入及送出肺臟。

脊椎動物

動物界含有兩大子群：脊椎動物及無脊椎動物。脊椎動物具有脊椎，以及由硬骨或軟骨組成的內骨骼。

脊椎動物的分類

脊椎動物有七個綱，每個綱都有特殊的特徵，如下所示。

哺乳類

- 絕大多數為胎生
- 以乳腺分泌的母乳餵養幼崽
- 具有毛髮
- 保持恆定的體溫

鳥類

- 羽毛覆蓋身體
- 產下硬殼蛋
- 保持恆定的體溫

爬蟲類

- 皮質鱗片覆蓋身體
- 產下有殼的蛋
- 體溫通常會隨周圍環境變化

兩棲類

- 產下軟質的卵，通常在水裡產卵
- 幼體（蝌蚪）往往與成體的形狀不同
- 具有鰓、濕潤的皮膚或肺臟來進行氣體交換
- 體溫會隨周圍環境變化

魚類的三個綱：

無頜綱

- 具有鰓來進行氣體交換
- 沒有骨質下頜
- 軟骨骨骼

軟骨魚綱

- 具有鰓
- 軟骨骨骼

硬骨魚綱

- 具有鰓
- 硬骨骨骼

🔍 鳥類與恐龍

恐龍是一群出現在超過2億年前的爬蟲動物。如今的化石證據顯示，許多恐龍具有羽毛和其他鳥類特徵，所以鳥類可能是從恐龍演化而來。

許多恐龍都有用來保暖及展示的羽毛。

葬火龍（Citipati）

無脊椎動物

地球上的動物物種有超過95%都是無脊椎動物，也就是沒有脊椎的動物。牠們通常比脊椎動物小，而且有各式各樣的身體形態。

節肢動物的分類

無脊椎動物有個類別（門）是節肢動物，包含幾個子群，如這裡所示。節肢動物具有堅韌的外骨骼、節肢及觸角。

多足類 (myriapod)	昆蟲	蛛形類 (arachnid)	甲殼類 (crustacea)
大多是馬陸（millipede）和蜈蚣（centipede）。	包括蜂、螞蟻和蝴蝶	包括蜘蛛、壁蝨和蠍子	包括螃蟹、蝦和潮蟲的龐大類別

• 由許多相似分節構成的身體 • 有許多成對的腳	• 身體分成三個主要部位 • 有三對節足	• 身體分成兩個主要部位 • 有四對節足	• 由頭部、胸部、分節腹部組成的身體 • 通常有五對足，但可能有更多

🔍 生態系中的昆蟲

昆蟲在生態系中具有許多重要功能，但其中一個最重要的功能是為開花植物授粉。這是一種互利共生的關係——昆蟲從花朵取得食物（通常是花蜜），同時也在花朵之間運輸花粉，幫助植物繁殖，可促使花朵受精並形成種子。

蝴蝶的食物是來自花朵的花蜜。

植物

植物界依據特定的特徵分成許多類別。其中兩個主要類別是種子植物（seed plant）和孢子植物（spore plant）。

植物的類別

生命週期的類型有助於確認植物的類別。有些植物是從稱為孢子的微小構造生長出來的，例如苔蘚和蕨類。其他植物則是從稱為種子的較大、較複雜的構造生長出來的。有些種子植物會在毬果裡產生種子，但大多是在花朵裡產生種子。

重點

✓ 植物界的兩個主要類別是種子植物和孢子植物。

✓ 單子葉植物（monocot）是葉子和鬚根（fibrous root）有平行脈（parallel vein）的開花植物。

✓ 雙子葉植物（dicot）是有網狀脈（netlike vein）和主根結構的開花植物。

✓ 蕨類植物會產生孢子而非種子，而且蕨類的葉子稱為蕨葉（frond）。

針葉植物

針葉植物會在毬果裡產生種子。這些植物通常有針狀葉。地球上某些最高的樹木屬於這類植物。

開花植物

開花植物會在花朵裡產生種子。有些開花植物是單子葉植物。這些植物通常有狹窄如皮帶般的葉子，例如草和棕櫚。其他開花植物則是雙子葉植物，具有較寬闊的葉子，葉片上有網狀脈。

孢子植物

蕨類會在微小的囊中產生孢子，孢子囊長在葉子底面，這種葉子又叫蕨葉。

針狀葉

毬果

花瓣通常是四或五的倍數

這是雙子葉植物花朵的一個例子

網狀脈

從粗大的主根分支出來的根系

孢子囊

直接從地面生長出來的蕨葉

簡單的鬚根系

演化樹

早期的生物分類是透過比較身體特徵的方式，而今則是透過研究生物的演化史來分類。演化史能在演化樹上呈現出來，而演化樹會顯示不同物種在特徵或DNA上的親緣關係。

哺乳動物的演化樹

親緣關係相近的物種會聚集在演化樹上的同一分支，而分支上的每個岔口都代表兩個以上的類別共同擁有的祖先。這棵樹顯示出不同種類哺乳動物之間的親緣關係。

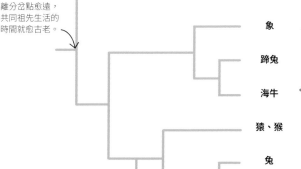

離分岔點愈遠，共同祖先生活的時間就愈古老。

犰狳

象

蹄兔

海牛

猿、猴

兔

囓齒動物

其他

犰狳跟其他哺乳動物很不一樣，牠們沒有任何近親。牠們與其他哺乳動物的共同祖先生活在很久以前。

雖然牠們看起來各不相同，但象、蹄兔、海牛聚集在一起，因為牠們有類似的DNA，顯示牠們有比較近期的共同祖先。

兔與囓齒動物有許多共同特徵，例如專門用來啃咬的前齒。牠們的DNA裡也有許多相似之處。這顯示兔跟囓齒動物的共同祖先比兔跟猿、猴的共同祖先生活在更近代的時間。

🔍 演化樹

演化樹可能也會畫成這樣，上面有每個最後的共同祖先存在的大概時間。這棵演化樹顯示，所有類人猿的共同祖先生活在大約1300萬年前。

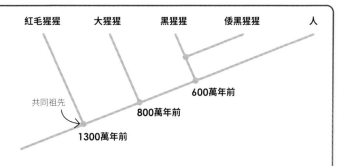

紅毛猩猩　大猩猩　黑猩猩　倭黑猩猩　人

共同祖先

600萬年前

800萬年前

1300萬年前

生物檢索表

科學家使用檢索表（identification key）來鑑別生物。檢索表的每個階層都會問一個答案為是或否的問題，把生物群分成兩組。這稱為二分檢索表（dichotomous key）。

重點

✓ 二分檢索表能用於協助我們根據生物特徵來鑑別生物。

✓ 檢索表的每個階層都會問一個問題，把生物群分為兩組。

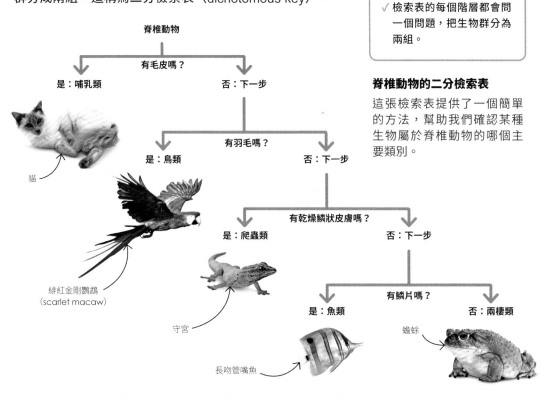

脊椎動物的二分檢索表

這張檢索表提供了一個簡單的方法，幫助我們確認某種生物屬於脊椎動物的哪個主要類別。

脊椎動物

有毛皮嗎？

是：哺乳類　　否：下一步

貓

有羽毛嗎？

是：鳥類　　否：下一步

緋紅金剛鸚鵡（scarlet macaw）

有乾燥鱗狀皮膚嗎？

是：爬蟲類　　否：下一步

守宮

有鱗片嗎？

是：魚類　　否：兩棲類

長吻管嘴魚

蟾蜍

🔍 製作二分檢索表

想製作二分檢索表，你需要列出你想鑑別的生物所擁有的主要特徵。選擇這些生物固定擁有的特徵（例如腳的數量），而不是會隨著環境改變的特徵（例如體型大小）。你需要努力找到可以藉由是／否問題來區分的組別。你可以利用翅膀數量，或腹部的長寬比（如粗或細），開始製作這些飛行動物的二分檢索表。

蜜蜂總科蜂　　其他細腰類蜂　　大蚊

豆娘　　蜻蜓　　蝴蝶

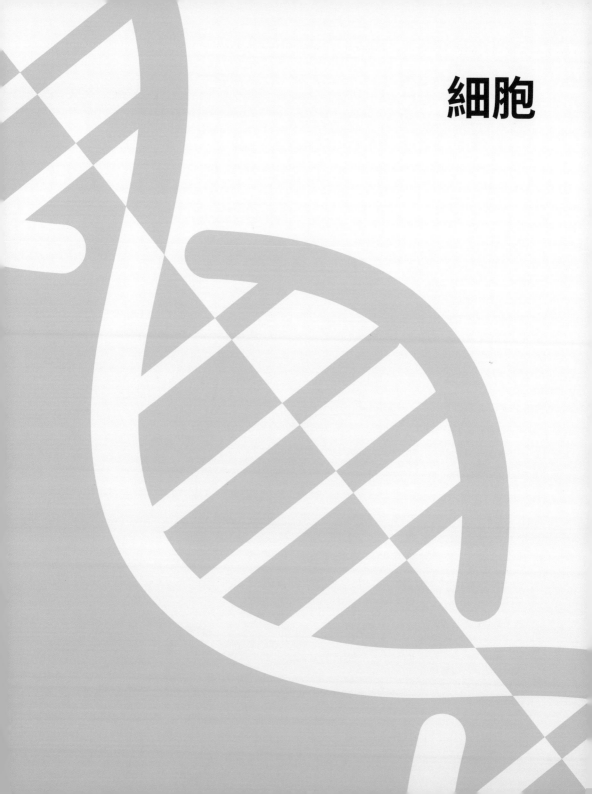

細胞

動物細胞

所有生物都是由稱為細胞的極小結構單元組成。舉例來說，像人類這樣複雜的生物就是由數以兆計互相合作的細胞組成的。每個細胞都含有稱為胞器的小型構造，每種胞器各有一項特定功能。

重點

✓ 所有生物都是由稱為細胞的微小單位組成。

✓ 細胞含有稱為胞器的小型構造。

✓ 動物體內的多數細胞都會專門執行一項特殊任務。

人體細胞

人體是由許多類型的細胞組成。就跟其他動物的細胞一樣，它們也有一層稱為細胞膜的外膜，以及一個稱為細胞核的內部控制中心。

核糖體（ribosome）是協助建構蛋白質分子的微小胞器。

細胞核儲存DNA，而DNA含有稱為基因的編碼指令，能控制細胞。

胞器（organelle）是細胞內部的小型構造。

細胞膜包圍動物細胞，並控制哪種物質能進入或離開細胞。

粒線體（mitochondrion）會從單醣釋放能量，為細胞提供動力。這個過程稱為呼吸作用。

細胞質是一種含有細胞胞器的凝膠狀物質。細胞的大多數化學反應就發生在細胞質。

🔍 特化的動物細胞

隨著動物從胚胎開始發育，牠的細胞就會增殖，並變成許多不同種類的細胞——每種細胞都有不同結構，適合進行特定工作。

用來游泳的長尾巴

精細胞是雄性動物製造的，它們利用長尾巴游過體液，到達雌性生殖細胞（卵）。

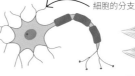

細胞的分支

神經細胞專門傳導電訊號。它們有微小的分支來連結其他神經細胞。

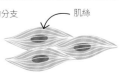

肌絲

肌細胞有互相交織的肌絲（filament），使肌細胞能夠迅速收縮，進而產生肌肉活動。

植物細胞

跟動物一樣，植物也是由數以兆計稱為細胞的小單位所組成。植物細胞類似動物細胞，但它們有一個不同的構造，而且含有一些動物細胞沒有的胞器。

葉細胞

跟多數植物細胞一樣，葉細胞也具有堅固的細胞壁，細胞壁包著葉細胞，維持它的形狀。葉細胞內有一個充滿液體的大型構造，稱為液胞。

重點

✓ 由纖維素構成的堅固細胞壁會包圍細胞膜，維持細胞的形狀。

✓ 水分儲存在細胞中央的液胞（vacuole）裡，幫助細胞維持飽滿（膨脹）的狀態。

✓ 葉綠體是綠色的胞器，負責捕捉光能，並使用光能來製造養料。

核糖體是製造蛋白質的地方。

粒線體會從單醣釋放能量，為細胞提供動力（呼吸作用）。

葉綠體是捕捉光能來製造養料（光合作用）的綠色胞器。

充滿液體的儲存構造，稱為液胞，位於每個細胞的中心區域。

細胞質是一種凝膠狀物質，填充了細胞內的大部分空間。這裡是化學反應發生的地方。

細胞核是細胞的控制中心，儲存了在DNA分子中編碼的細胞基因。

細胞壁內有一層薄薄的細胞膜，負責控制哪種物質能進入和離開細胞。

由纖維素組成的堅固細胞壁包圍細胞膜，支撐細胞。

🔍 特化的植物細胞

隨著植物從種子開始成長，它的細胞會增殖，開始特化來進行各式各樣的不同功能。這裡顯示的植物細胞專門運輸水分、糖分等重要物質到植物各處。

長長的毛狀延伸構造

根毛細胞（root hair cell）具有長長的毛狀延伸構造，會從土壤吸收水分及礦物質。

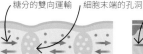

糖分的雙向運輸　　細胞末端的孔洞

韌皮部細胞（phloem cell）會運輸糖分到植物各處。這些管狀細胞的多孔細胞壁末端互相銜接在一起。

水分的單向運輸

木質部細胞（xylem cell）把水分從植物的根部輸送到葉子。這些細胞具有互相銜接的開口端，形成一條管道。

單細胞生物

植物與動物的身體是由數以十億計的細胞組成，但有些生物是由單一一個細胞組成的。我們把這些微小的生命形式稱為單細胞生物。有些種類的單細胞生物會造成人類的疾病。

變形蟲（amoeba）

變形蟲是一種單細胞生物，生活在水中及潮濕環境裡。它的行動方式是讓細胞質流進稱為偽足（pseudopod）的延伸構造，使細胞改變形狀。

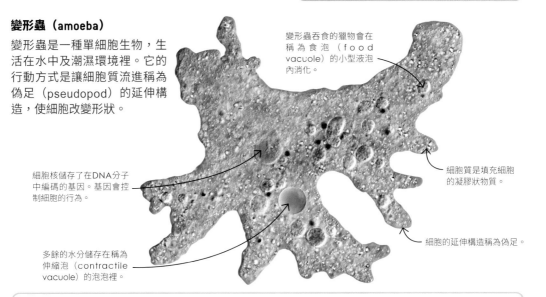

變形蟲吞食的獵物會在稱為食泡（food vacuole）的小型液泡內消化。

細胞核儲存了在DNA分子中編碼的基因。基因會控制細胞的行為。

細胞質是填充細胞的凝膠狀物質。

多餘的水分儲存在稱為伸縮泡（contractile vacuole）的泡泡裡。

細胞的延伸構造稱為偽足。

🔍 單細胞生物的種類

單細胞生物有許多不同種類。每個種類都有適應特徵來適應特定的生活方式。

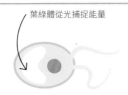

葉綠體從光捕捉能量

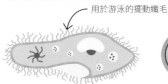

用於游泳的擺動纖毛

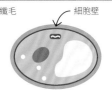

細胞壁

藻類

這些是類似植物的生物，可能是單細胞或多細胞。單胞藻（Chlamydomonas）是單細胞藻類。它含有葉綠體，也就是能夠從陽光捕捉能量來製造養料的小型綠色胞器。

原生生物

原生生物是一群各式各樣的生物，大多是透過獵捕其他單細胞生物來覓食。草履蟲（Paramecium）是一種生活在水中的原生生物，藉由擺動體表上的數百根纖毛來游泳。

真菌

酵母菌是單細胞真菌。它們跟植物細胞一樣有細胞壁，但沒有葉綠體。酵母菌在呼吸作用時會消耗糖分，並在這個過程中製造二氧化碳氣泡，使麵包膨脹起來。

細菌

細菌是微小的單細胞生命形式，屬於原核生物。它們非常普遍，生活在各種棲地，包括人體內及人體表面。

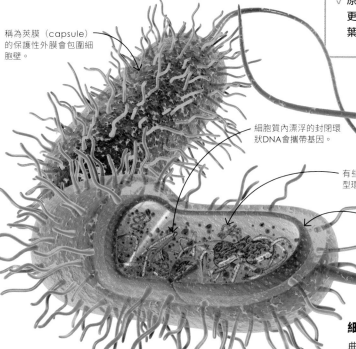

稱為莢膜（capsule）的保護性外膜會包圍細胞壁。

有些細菌具有長長的鞭狀延伸構造，稱為鞭毛（flagellum），鞭毛會旋轉來使細菌行動。

細胞質內漂浮的封閉環狀DNA會攜帶基因。

有些原核生物細胞也含有小型環狀DNA，稱為質體。

細胞壁及其內的細胞膜會包圍細胞質。

細菌內部

典型的桿狀細菌具有保護性外膜、細胞壁，以及包圍細胞質的薄薄細胞膜。

🔍 原核生物與真核生物

所有生物要嘛是原核生物，要嘛是真核生物。真核生物包含動物、植物、真菌及許多單細胞生物。原核生物是微小的單細胞生物，比如細菌。真核生物有細胞核及附著在膜上的胞器，而原核生物細胞較小，沒有細胞核或附著在膜上的胞器。原核生物細胞沒有細胞核，卻有一條漂浮在細胞質裡的封閉環狀DNA。

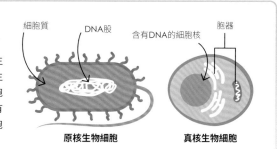

細胞質　　DNA股　　含有DNA的細胞核　　胞器

原核生物細胞　　**真核生物細胞**

顯微鏡

有些東西實在太小了，無法用肉眼觀察。顯微鏡是產生放大影像的儀器，使我們能看見如單一細胞一樣微小的東西。

光學顯微鏡

光學顯微鏡利用一系列透鏡，把標本放大數十或數百倍。光線需要穿透標本，所以標本必須又薄又透明。

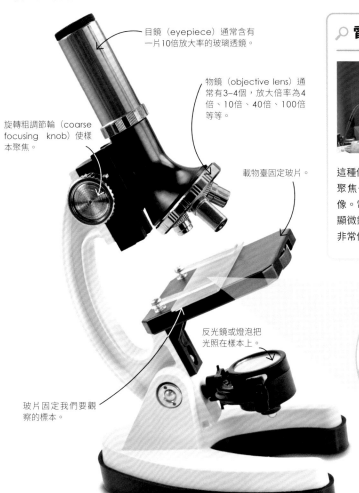

目鏡（eyepiece）通常含有一片10倍放大率的玻璃透鏡。

物鏡（objective lens）通常有3–4個，放大倍率為4倍、10倍、40倍、100倍等等。

旋轉粗調節輪（coarse focusing knob）使樣本聚焦。

載物臺固定玻片。

反光鏡或燈泡把光照在樣本上。

玻片固定我們要觀察的標本。

📌 **重點**

✓ 顯微鏡是產生放大影像的儀器。

✓ 它們用於研究微小的生物與活體細胞。

✓ 光學顯微鏡會使用光來產生影像，但電子顯微鏡會使用電子束來產生影像。

🔍 **電子顯微鏡**

這種儀器使用磁透鏡（magnetic lens）來聚焦一束電子，並在電腦螢幕上產生影像。電子束的波長比光遠遠更小，使電子顯微鏡的放大倍率遠遠更大。這使我們能非常仔細地觀察細胞內的胞器。

淡水微生物的放大影

使用顯微鏡

使用顯微鏡之前,你需要把標本放在玻片上,以便準備標本。接著你可以使用顯微鏡的調節裝置來改變放大倍率及聚焦影像。

📷 計算放大倍率

你可以利用下面的公式計算影像的放大倍率。舉例來說,如果一個細胞在放大影像中是40毫米寬,但細胞的真正寬度是0.1毫米,那麼:

$$\text{放大倍率} = \frac{\text{影像大小}}{\text{真正大小}} = \frac{40\text{毫米}}{0.1\text{毫米}} = 400$$

你可以重組上面的公式來計算物體的真正大小。舉例來說,如果一個植物細胞的放大影像是20毫米長,放大倍率是100倍,那麼:

$$\text{真正大小} = \frac{\text{影像大小}}{\text{放大倍率}}$$

$$\text{真正大小} = \frac{20\text{毫米}}{100} = 0.2\text{毫米(200微米)}$$

⚙ 如何準備及觀察玻片

洋蔥細胞是很理想的顯微鏡標本,因為它以非常薄的薄膜形式生長,使光線能夠穿透。

1. 把洋蔥切成小塊,用鑷子從一小塊洋蔥的底部撕下一片組織薄膜。把這片組織放在顯微鏡載玻片上。

2. 用滴管把一滴水加到組織上,然後加上一滴碘液,這會使細胞顏色變深,比較容易觀察。

3. 慢慢把蓋玻片放在標本上,不要留下任何氣泡。降低顯微鏡載物臺,把玻片固定在臺上。

4. 選擇最小放大倍率的物鏡。利用粗調節輪(coarse adjustment knob)把載物臺升高到物鏡下方。

5. 打開燈光,透過目鏡觀察。現在使用粗調節輪來聚焦影像。另一個稱為細調節輪(fine adjustment knob)的旋鈕,有時會用來進行微調。

蘊草屬(Elodea)植物

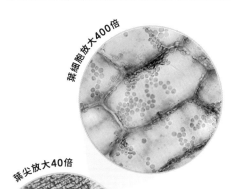

葉細胞放大400倍

葉尖放大40倍

我們在這個放大倍率下可以看見葉子裡的細胞堆在一起形成組織。

放大影像

你可以切換不同物鏡來改變顯微鏡的放大倍率。想計算總放大倍率,你需要把目鏡的倍率乘以所選物鏡的倍率。舉例來說,如果目鏡是10倍,物鏡是40倍,則總放大倍率是400倍。

幹細胞

幹細胞有潛力轉變成生物體內許多其他種類的特化細胞。科學家希望研究幹細胞會促成許多疾病的新療法。

胚胎內的細胞是未分化的，代表它們尚未形成特化的身體細胞。

胚胎幹細胞

幾日齡的動物胚胎就只是一團幹細胞而已。這些細胞有潛力分裂，並轉變成動物體內許多不同種細胞的任一種。

🔍 幹細胞研究：優缺點

優點

- 幹細胞在醫學上有極大潛力。成體幹細胞已經用於骨髓移植，這有助於治療血癌（白血病〔leukaemia〕）。

- 胚胎幹細胞將來或許會用來取代有問題的細胞（例如脊髓中受損的神經細胞），以治癒癱瘓等疾病。

- 跟來自捐贈者的移植器官不同的是，從病患的幹細胞生長出來的組織不會被免疫系統排斥。

缺點

- 有些人認為使用人類胚胎進行研究或製作藥物是錯誤的。

- 某些國家禁止胚胎幹細胞研究。

- 實驗室培養的幹細胞可能被病毒感染，如果移植到病患體內就會導致疾病。

🔍 動物的幹細胞

幹細胞是尚未特化的細胞。它有潛力增殖來製造更多幹細胞，然後這些新細胞
能分化或特化來執行特定功能，例如輸送氧氣到全身各處，或抵抗致病細菌。

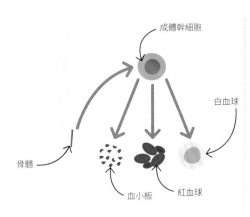

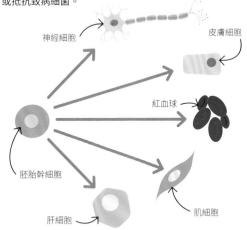

成體幹細胞
分布在成人身體的不同部位，例如骨髓及腸道內膜。它們
可以分裂的次數沒有限制，但只能形成有限範圍的細胞種
類，例如血球細胞。

胚胎幹細胞
分布在處於發育期最初幾天的胚胎裡。這些細胞能發育為
構成人體的各種不同特化細胞。

🔍 植物的幹細胞

植物在稱為分生組織（meristem）的部位具有幹細胞叢集。與
動物不同的是，植物的幹細胞使植物能在一生中持續生長及改
變形狀。分生組織分布在莖頂、嫩芽、根尖，以及莖的周圍。
含有分生組織的植物插枝能長成全新的植株。

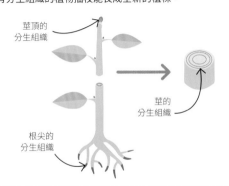

插枝會從莖的
分生組織長出
新的根。

有絲分裂

動植物的細胞會分裂，這是為了形成用於生長的新細胞，或是為了取代受損或陳舊的細胞。這種分裂過程能製造在基因上一模一樣的細胞，稱為有絲分裂（mitosis）。

一分為二

在有絲分裂的最後階段，細胞質會在兩個新形成的細胞核之間逐漸變細，然後細胞就會分裂，形成兩個子細胞（daughter cell）。有絲分裂每秒會在人體內製造數百萬個新細胞。迅速分裂的細胞分布在你的皮膚、髮根，以及製造新血球細胞的骨髓裡。

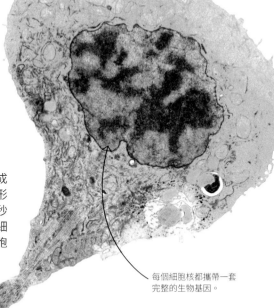

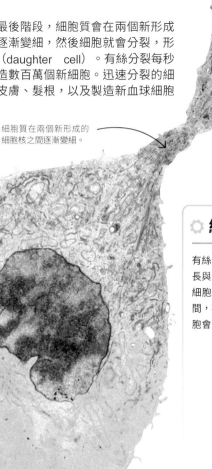

細胞質在兩個新形成的
細胞核之間逐漸變細。

每個細胞核都攜帶一套
完整的生物基因。

⚙ 細胞週期是怎麼發生的

有絲分裂是細胞週期的最終階段，而細胞週期是細胞生長與分裂的過程。有絲分裂開始之前，細胞會把儲存在細胞核內染色體的所有DNA複製一遍。在有絲分裂期間，複製的染色體會被拉開。有絲分裂之後，每個子細胞會開始生長，重複細胞週期。

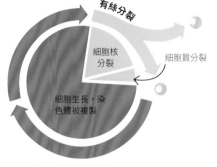

有絲分裂

細胞核
分裂

細胞質分裂

細胞生長，染
色體被複製

細胞如何分裂

在有絲分裂期間，細胞核會分裂形成兩個新細胞核，帶有兩套完全相同的染色體。有絲分裂有四個階段：前期（prophase）、中期（metaphase）、後期（anaphase）、末期（telophase）。

重點

✓ 細胞生長與分裂的過程稱為細胞週期。

✓ 有絲分裂是細胞週期的最後階段。

✓ 有絲分裂會產生兩個在基因上完全相同的細胞，並維持染色體數量固定不變。

2. 前期
包覆細胞核的膜破裂，DNA分子也緊密纏繞，使染色體濃縮起來（變短及變粗）。染色體看起來像X形，因為每個染色體都與另一個完全相同的複製體相連。X的兩邊各有一個染色分體（chromatid）。

染色體　染色分體
染色分體

1. 有絲分裂之前
細胞內的DNA儲存在細胞核中稱為染色體的構造。有絲分裂之前，DNA看起來就像又長又互相糾纏的線。

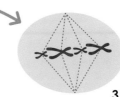

3. 中期
微小的細絲（紡錘絲〔spindle fibre〕）會把染色體移到細胞中央。

6. 新細胞
兩個一模一樣的子細胞形成，開始生長。細胞準備好再次分裂之前，染色體會被複製，以製造細胞所有基因的複本。

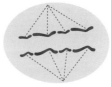

4. 後期
紡錘絲把每個染色體分開形成染色分體，然後把一組染色分體拉到細胞的各一端。

5. 末期
核膜在各組染色分體周圍形成。細胞質開始分裂（細胞質分裂〔cytokinesis〕），形成兩個細胞。

減數分裂

有性生殖包含一種特殊的細胞分裂，稱為減數分裂（meiosis），這種細胞分裂只會發生在生殖器官。減數分裂會製造生殖細胞，而生殖細胞的染色體數量是平常的一半，卻有獨特的基因組合。

重點

✓ 與有絲分裂不同的是，減數分裂是一種特殊的細胞分裂，會製造配子（gamete）（生殖細胞）。

✓ 減數分裂之後，細胞的染色體數量是平常的一半。

✓ 減數分裂給予每個配子一套獨特的基因組合，使每個後代都各不相同。

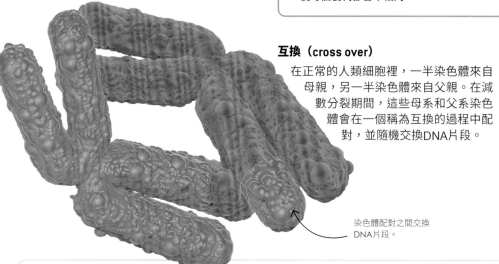

互換（cross over）

在正常的人類細胞裡，一半染色體來自母親，另一半染色體來自父親。在減數分裂期間，這些母系和父系染色體會在一個稱為互換的過程中配對，並隨機交換DNA片段。

染色體配對之間交換DNA片段。

⚙ 減數分裂是怎麼發生的

減數分裂有兩個階段的細胞分裂。第一，互換發生，染色體數量減半。第二，每個染色體被拉開形成兩個染色分體，就跟在有絲分裂時一樣。

1. 減數分裂開始之前，每個染色體臂會複製，使染色體變成X形。現在每個染色體都由兩個完全相同的複製體組成，這些複製體稱為染色分體。

2. 接下來，X形的母系染色體和父系染色體配對。成對染色體的染色體臂互換並交換DNA片段。

3. 細胞分裂，每個配對的染色體各自進入一個子細胞。每個染色體現在攜帶了來自父母雙方的混合基因。

4. 第二次細胞分裂發生，把每個染色體分成染色分體。

5. 細胞發育為生殖細胞：精子與卵子。每個生殖細胞的染色體數量是平常的一半。精子與卵子結合時，就會恢復平常的染色體數量。

二分裂

細菌等原核生物細胞會透過一種稱為二分裂（binary fission）的過程來分裂，二分裂的意思是一分為二。二分裂是細菌繁殖的主要方式，使它們能迅速增殖。

分裂中的細菌

這張電子顯微鏡影像顯示一個大腸桿菌（E. coli）正在分裂。細菌沒有細胞核，而且通常只有一兩個染色體。每個染色體都是一條封閉環狀DNA。

新的細胞壁在兩個細胞之間形成。

每個子細胞都會接收到一套原始細胞DNA複本。

⚙ 二分裂是怎麼發生的

1. 攜帶細菌基因的環狀DNA股被複製。

2. 細胞質開始分裂，中間形成新的細胞壁。

3. 兩個子細胞分開。

🖩 計算細胞數

在理想的生長環境裡，細菌可能會每20分鐘就分裂一次，使它們能快速增殖。如果你知道新的細菌需要多久時間來生長及分裂（分裂時間），就能利用下列公式來計算單一一個細胞能製造多少細胞。

細胞數 = 2^n（n = 世代數）

舉例來說，如果分裂時間是30分鐘，那麼單一一個細菌能在3小時後製造多少細胞？

1. 首先計算3小時內能發生幾次分裂：

$$n = \frac{180分鐘}{30分鐘} = 6$$

2. 然後計算製造出來的細胞數：

$$細胞數 = 2^6$$
$$= 2 \times 2 \times 2 \times 2 \times 2 \times 2$$
$$= 64$$

培養細菌

我們能在實驗室中培養及研究細菌與其他微生物。為了避免樣本受到其他微生物汙染,一定要小心遵循稱為無菌技術的一系列程序。

洋菜平板

細菌在培養基裡培養,培養基是一種溶液,含有細菌需要的所有營養素。這種溶液常跟熱洋菜膠混合,接著倒入稱為培養皿(Petri dish)的平板裡冷卻後固定。以接種環(inoculating loop)把細菌樣本轉移到培養基表面。接種環是一圈金屬絲,用來在培養基表面畫條紋。接著把培養皿放在溫暖的地方好幾天。來自樣本的細菌會增殖,形成可見的斑點,稱為菌落(colony),每個菌落都含有數百萬個細胞。

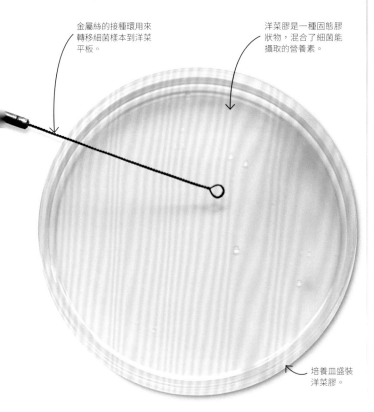

金屬絲的接種環用來轉移細菌樣本到洋菜平板。

洋菜膠是一種固態膠狀物,混合了細菌能攝取的營養素。

培養皿盛裝洋菜膠。

重點

✓ 我們在培養基中培養細菌,例如洋菜膠。

✓ 細菌不應在高於 25°C 的溫度下培養。

✓ 無菌技術有助於預防樣本被其他微生物汙染。

⚙ 無菌技術

無菌技術有助於預防微生物的培養受到來自空氣、灰塵或你身體的其他微生物汙染。

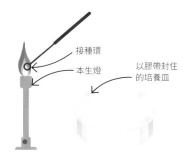

接種環

本生燈

以膠帶封住的培養皿

• 接種環等可重複使用的器材需要加熱殺菌,冷卻後再使用。

• 在本生燈火焰附近打開無菌培養皿(開口盡量愈小愈好)。火焰的熱會使空氣向上流動,預防灰塵落在培養皿內的平板上。

• 培養皿以膠帶封住,阻止微生物進入。

• 細菌轉移到培養皿之後,培養皿要維持上下顛倒的狀態,避免凝結的水滴到培養基上。

• 細菌樣本在 25°C 培養。對於大多數致病微生物來說,這樣的溫度太低,不適合生長。

抗生素與
防腐劑的效果

抗生素與防腐劑是對細菌有害的化學物質。這項實驗藉由使用抗生素來抑制（減緩）細菌在洋菜平板上的生長，來測試抗生素的強度。

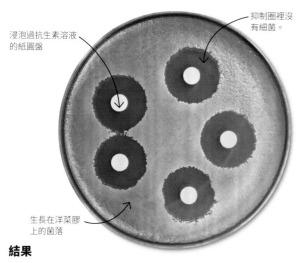

浸泡過抗生素溶液的紙圓盤

抑制圈裡沒有細菌。

生長在洋菜膠上的菌落

結果

小型紙圓盤上的抗生素已經滲進洋菜膠，抑制細菌的生長，因而產生清晰的圓圈，稱為抑制圈（inhibition zone）。抗生素愈強，抑制圈愈大。

⊟ 計算抑制面積

洋菜膠上的抑制圈是圓形的，所以你可以使用圓形面積的公式來計算抑制圈大小：

$$area = \pi r^2 \ (r是半徑)$$

不需要打開培養皿，直接用直尺測量幾個抑制圈的直徑，然後計算平均直徑。把結果減半，得出平均半徑。把平均半徑值放進上述公式，算出答案。

⚙ 方法

1. 利用滴管和塗抹棒或是棉棒，把細菌均勻覆蓋在準備好的洋菜平板上。

2. 把浸泡過抗生素溶液的紙圓盤放在洋菜平板上。

3. 把浸泡過蒸餾水而非抗生素溶液的紙圓盤放在第二個平板上。這個平板是控制組。這兩個洋菜平板之間的任何差異都會是抗生素而不是紙造成的。

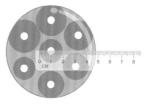

4. 在25°C培養洋菜平板48小時，然後測量每個菌落周圍的抑制圈。

運輸與細胞

擴散作用

液體和氣體中的粒子會持續移動及混合。因此，它們會逐漸從高濃度區域散布到低濃度區域，這種移動稱為擴散作用。細胞與周遭環境交換物質的主要方式就是擴散作用。

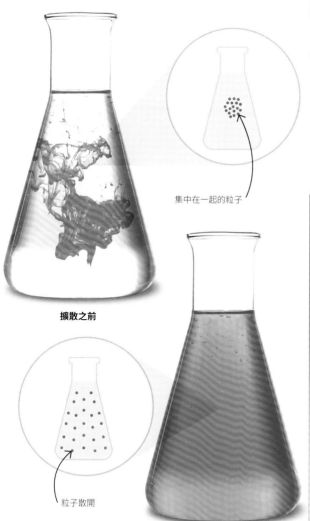

集中在一起的粒子

擴散之前

粒子散開

完全擴散

重點

✓ 擴散作用是粒子從高濃度區域往低濃度區域的運動。

✓ 擴散作用是細胞吸收重要物質與排除廢物的主要方式。

✓ 擴散作用是一種被動過程，所以不需要能量。

擴散作用是怎麼發生的

當兩個區域之間的粒子濃度不同，且粒子可以自由在這兩個區域之間移動時，就會發生擴散作用。雖然粒子是隨機移動，但隨著時間過去，它們會逐漸均勻混合，形成一股從高濃度區域往低濃度區域的淨（整體）運動。

影響擴散作用的因素

擴散作用是細胞吸收氧氣等物質及排除二氧化碳等廢物的主要方式。有幾個因素能加快或減慢擴散速率。

● **溫度**
粒子在比較溫暖時會移動較快，所以擴散速率在較高溫度時會加快，在較低溫度時會減慢。

● **濃度梯度**
兩個區域之間的濃度差異愈大，物質在兩個區域之間的擴散就愈快。

● **表面積**
細胞或器官的表面積愈大，物質就能愈快擴散進入或離開。

● **距離**
粒子需要擴散的距離愈短，擴散速率愈快。細胞膜非常薄，能允許很高的擴散速率。

滲透作用

滲透作用是水穿過半透膜（partially permeable membrane）的運動。水會從高水濃度（低溶質濃度）的區域往低水濃度（高溶質濃度）的區域（例如糖溶液）移動。

📌 **重點**

✓ 滲透作用是水穿過半透膜的擴散作用。

✓ 半透膜會讓小分子通過，卻會阻擋大分子。

✓ 滲透作用不需要來自呼吸作用的能量（它是一種被動過程）。

✓ 在滲透作用期間，水會沿著濃度梯度向下移動（從高濃度往低濃度移動）。

半透膜

細胞膜具有微小的空隙，能允許小分子（例如水）自由通過，卻會阻擋大分子（例如糖）。如果由於溶質（例如糖）的存在，細胞內液體的水濃度比細胞外液體還低，那麼水分子就會穿過細胞膜，進入細胞。水的這種流動稱為滲透作用。

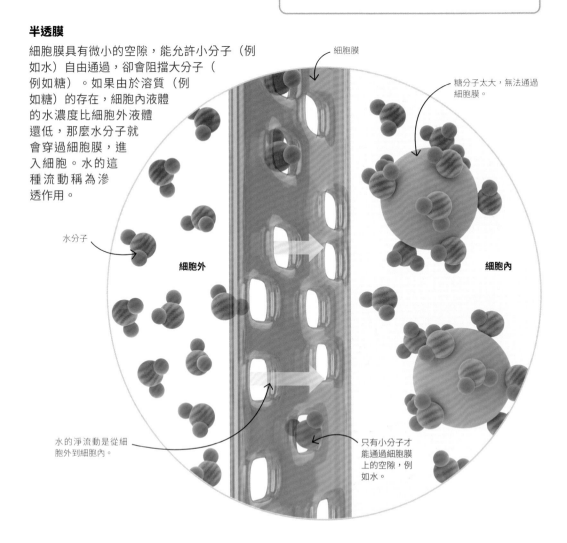

細胞膜

糖分子太大，無法通過細胞膜。

水分子

細胞外

細胞內

水的淨流動是從細胞外到細胞內。

只有小分子才能通過細胞膜上的空隙，例如水。

🔍 植物的滲透作用

植物依賴滲透作用來幫助它們的柔軟組織維持堅固，這樣整株植物才會保持挺立。
植物細胞液胞裡的液體含有已經溶解的糖和其他溶質，使細胞藉由滲透作用來吸收
水分。這個過程會使細胞維持飽滿（膨脹又堅挺）。

健康的植物

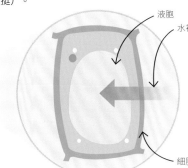

液胞
水被滲透作用吸入

飽滿的細胞有一個很大的液胞，含有大量水分。液胞會向外推擠，在細胞壁上施壓，使細胞膨脹起來。

細胞壁

凋萎中的植物

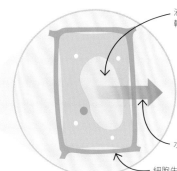

液胞較小，使細胞較不堅固。

萎縮的細胞有一個很小的液胞，含有少量水分。這使細胞變得柔軟，而且整株植物可能會變軟及凋萎。

水的淨移動

細胞失去膨脹的形狀。

嚴重凋萎的植物

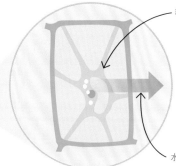

細胞質與細胞壁分離。

質壁分離（plasmo-lyzed）的細胞已經因為滲透作用而失去太多水分，使它的細胞質與細胞壁分離。如果植物沒有得到灌溉，細胞就會死亡。

水的淨移動

研究
滲透作用

你可以把馬鈴薯塊放進裝有不同
濃度糖溶液的燒杯裡,藉此來研
究滲透作用對植物的影響。

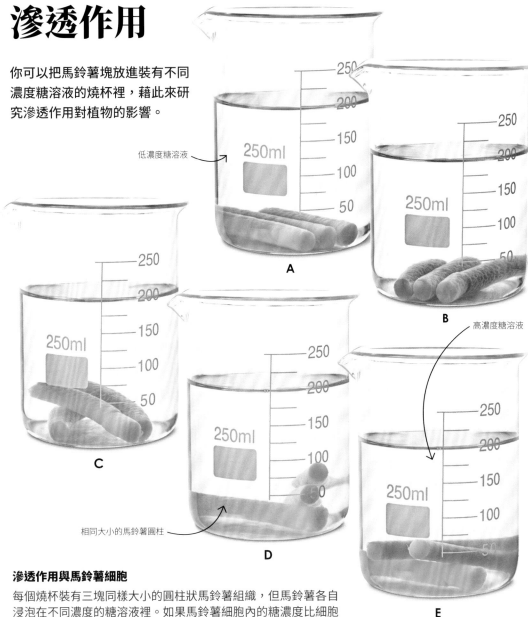

低濃度糖溶液

250ml

A

B

250ml

C

相同大小的馬鈴薯圓柱

250ml

D

高濃度糖溶液

250ml

E

滲透作用與馬鈴薯細胞

每個燒杯裝有三塊同樣大小的圓柱狀馬鈴薯組織,但馬鈴薯各自
浸泡在不同濃度的糖溶液裡。如果馬鈴薯細胞內的糖濃度比細胞
外高,水就會藉由滲透作用進入馬鈴薯細胞。如果馬鈴薯細胞內
的糖濃度比細胞外低,水就會藉由滲透作用離開馬鈴薯細胞。

⚙ 方法

1. 把五個燒杯以A到E標示，並在每個燒杯加入200毫升的水。

每個燒杯裡有200毫升水

14公克糖	27公克糖	41公克糖	55公克糖	68公克糖
A	B	C	D	E

2. 按照上面顯示的量，在每個燒杯裡溶解餐用砂糖（蔗糖）。

3. 使用木塞鑽孔器切下15個一樣長的圓柱狀馬鈴薯組織，把它們分成五組，每組各三個，並把各組以A到E標示。

4. 測量各組的質量並記錄下來。

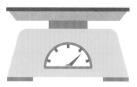

5. 把馬鈴薯三個一組各放進一個燒杯，靜置一小時。

6. 取出馬鈴薯組織，以衛生紙拍乾，然後再次測量各組的質量，記錄測量的結果。

7. 計算各組質量變化的百分比：

$$質量變化的百分比 = \frac{最終質量 - 原始質量}{原始質量} \times 100$$

🖹 結果

把你的結果記錄在表格裡。你可以畫成一張圖表來估測馬鈴薯細胞內的糖濃度。y軸是質量變化的百分比，而x軸是糖濃度，單位是每公升莫耳數（體積莫耳濃度）。在圖表上打叉來標示各組馬鈴薯的數值。接著畫出一條通過這些點的最佳配適線。最佳配適線與x軸的交點顯示了完全沒有水進出馬鈴薯細胞的糖濃度是多少。這個濃度等於細胞內的糖濃度。

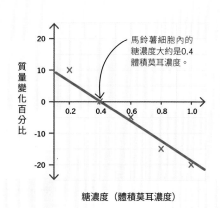

馬鈴薯細胞內的糖濃度大約是0.4體積莫耳濃度。

結果記錄表	A	B	C	D	E
糖濃度（體積莫耳濃度）	0.2	0.4	0.6	0.8	1.0
質量變化百分比	10	0	-5	-15	-20

主動運輸

活體細胞不能使用擴散作用來獲取細胞內濃度比細胞外高的物質。為了吸收這類物質，細胞會使用一套稱為主動運輸的系統，這套系統會利用細胞呼吸作用釋放的能量來運作。

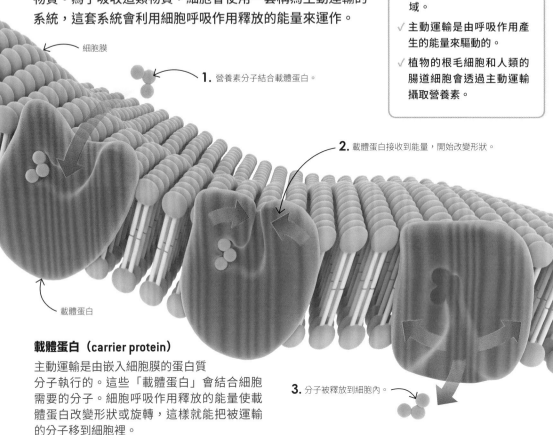

細胞膜

1. 營養素分子結合載體蛋白。

2. 載體蛋白接收到能量，開始改變形狀。

載體蛋白

3. 分子被釋放到細胞內。

載體蛋白（carrier protein）

主動運輸是由嵌入細胞膜的蛋白質分子執行的。這些「載體蛋白」會結合細胞需要的分子。細胞呼吸作用釋放的能量使載體蛋白改變形狀或旋轉，這樣就能把被運輸的分子移到細胞裡。

🔍 根毛細胞

動植物要獲取可能短缺的營養素時，主動運輸是重要途徑之一。植物會從土壤中的水取得礦物質，但這些礦物質在土壤水分中的濃度往往比植物細胞中低。因此，微小的根毛細胞（右圖）會利用主動運輸來吸收這些礦物質。人類腸道內膜的細胞也利用主動運輸來吸收營養素，例如糖類。

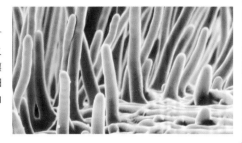

表面積與體積

細胞或生物和周遭環境交換重要物質或熱的能力，取決於細胞或生物的表面積與體積比。小型物體的表面積與體積比大於大型物體。

表面積與溫度

老鼠等小型動物具有較大的表面積與體積比，所以牠們會快速散失熱量。為了彌補這一點，牠們會攝取高熱量食物，而且有濃密的毛皮來保暖。而大象等大型動物具有較小的表面積與體積比，牠們散失熱量的速度較慢，所以不需要毛皮，而且能以低熱量食物來存活。

大大的耳朵會增加皮膚表面積，有助於大象在炎熱天氣降溫。

老鼠

大象

🔍 **表面積與體積比**

物體的表面積是它外表的總面積，物體的體積是它佔據的空間量。這兩個數字的比率就是表面積與體積比。

小型物體具有較高的表面積與體積比。

表面積 = 3^2 x 6 = 54
體積 = 3^3 = 27
表面積：體積 = 54:27
　　　　　　= 2

表面積 = 2^2 x 6 = 24
體積 = 2^3 = 8
表面積：體積 = 24:8
　　　　　　= 3

表面積 = 1^2 x 6 = 6
體積 = 1^3 = 1
表面積：體積 = 6:1
　　　　　　= 6

交換與運輸

人類等大型多細胞生物沒有足夠大的表面積與體積比（見第57頁），無法透過身體表面以擴散作用來吸收重要物質。因此這些生物具有特殊的適應特徵，使負責吸收物質的身體部位增加表面積，並有運輸系統來輸送生物周圍的物質。

重點

√ 大型生物需要交換表面和運輸系統來獲取重要物質，如氧氣及營養素。

√ 交換表面有很大的表面積，以便盡可能提高擴散速率。

√ 運輸系統會把重要物質輸送到動植物身體各處。

小腸非常長，創造出很大的內裡表面積。

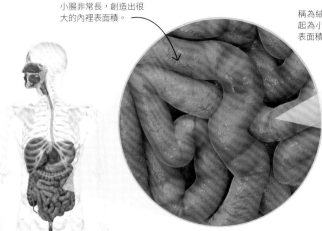

稱為絨毛的數千個突起為小腸提供很大的表面積。

小腸

人類小腸需要很大的表面積，以便有效率地從食物吸收營養素。為了盡量增加表面積，小腸的內裡表面覆蓋了數以千計如手指般的突起，稱為絨毛（villus）。

🔍 交換表面與運輸系統

交換表面是具有高表面積的生物身體部位，能吸收重要營養素或排除廢物。運輸系統是負責把物質輸送到動物或植物身體各處的組織及器官。

水流過魚的鰓。

鰓是水生動物用來從水中吸收氧氣的器官。鰓有一種摺疊構造，以便盡可能增加與水接觸的表面積。

呼吸道把氧氣送入肺臟。

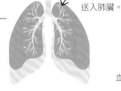

肺是在空氣中呼吸的動物用來取得氧氣及排出二氧化碳的器官。肺有數千條末端為氣囊的呼吸道，這些氣囊稱為肺泡（alveolus），能創造出很大的表面積進行氣體交換。

心臟

血管

血管與心臟構成了動物的循環系統。血液流過這個管道系統，把氧氣和營養素輸送給細胞，而細胞會藉由擴散作用來吸收這些物質。

呼吸

呼吸作用

每個生物體都需要能量，這來自呼吸作用——一種無時無刻在所有生物的細胞內發生的化學反應。呼吸作用是一種放熱反應（exothermic reaction），代表它會釋放原本儲存的化學能。這些能量會用來驅動各式各樣的生命程序。

重點

√ 呼吸作用是一種發生在細胞內的化學反應，由酵素控制。

√ 呼吸作用是一種放熱反應（能量會轉移到周遭環境）。

√ 呼吸作用釋放的能量被儲存在一種稱為 ATP（三磷酸腺苷〔adenosine triphosphate〕）的化學物質裡。

來自食物的能量

在呼吸作用期間，酵素控制的化學反應會分解葡萄糖等食物分子中的化學鍵。這個過程會釋放能量，接著能量會被轉移到一種稱為ATP的化學物質。ATP能驅動活體細胞內的許多程序。

呼吸作用產生的能量會驅動肌肉收縮。

行動
動物需要能量來讓肌肉收縮，才能行走、奔跑或跳躍。有些肌肉無時無刻都在運作，例如使心臟搏動的肌肉。

企鵝利用大量能量來維持高體溫。

保暖
哺乳類與鳥類利用能量來保持體溫恆定。牠們呼吸時，熱量會被釋放並透過血液輸送到身體各處。呼吸速率會在較冷的環境中增加，以便協助維持體溫。

生長
生物生長及修復時需要能量。毛蟲成長得非常迅速。在整個生命週期中，牠們都仰賴呼吸作用產生的能量來製造成長需要的新細胞。

根毛

物質運輸
在植物中，硝酸鹽等來自土壤的礦物質會藉由主動運輸運送到根毛細胞，主動運輸是一種需要能量的過程（見第56頁）。

老鷹具有極佳視覺——牠們能發現獵物的距離是我們的五倍。

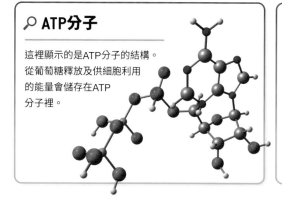

建構大分子
有細胞都需要透過結合較小的分子來製造大分子。樹木會利用小的胺基酸來製造大的蛋白質。建構這些大分子需要呼吸作用產生的能量。

傳遞資訊
神經信號（衝動）會傳遞資訊到腦部，使動物能立即對環境中的變化做出反應——從發現獵物到警覺危險都涵蓋在內。呼吸作用提供所需的能量，使身體在幾毫秒內就把這些神經信號從一個部位送到另一個部位。

🔍 ATP分子

這裡顯示的是ATP分子的結構。從葡萄糖釋放及供細胞利用的能量會儲存在ATP分子裡。

🔍 植物的呼吸作用

白天的時候，植物會透過光合作用來製造自己的養料（葡萄糖與澱粉），這需要來自太陽的光能、二氧化碳及水（見第76頁）。夜晚的時候，光合作用停止，所以植物會藉由呼吸作用來分解養料，而呼吸作用在白天及夜晚都會發生。

研究呼吸速率

生物會依據溫度等特定因素，以不同速率呼吸。你可以測量生物從空氣中攝入多少氧氣，藉此來研究呼吸速率。

溫度對呼吸作用的影響

發芽的種子會呼吸，以提供成長所需的能量。有一種稱為呼吸計（respirometer）的儀器能用來測來種子在不同溫度下呼吸得多快。

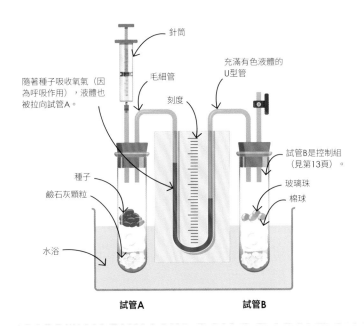

針筒

充滿有色液體的
U型管

毛細管

隨著種子吸收氧氣（因為呼吸作用），液體也被拉向試管A。

刻度

種子

鹼石灰顆粒

試管B是控制組
（見第13頁）。

玻璃珠

棉球

水浴

試管A　　　　　　試管B

🗐 方法

1. 把儀器放在10℃的水浴裡。

2. 把鹼石灰（soda lime）顆粒加入試管，並用棉球覆蓋這些顆粒來避免種子接觸到具有腐蝕性的鹼石灰。使用鹼石灰的理由是因為它會把呼吸生物釋放的二氧化碳吸收掉，這樣我們就能測量生物的氧氣攝取量（消耗量）。

3. 把一些種子放在試管A的棉球上面，另外把相同質量的玻璃珠放在試管B——這是為了確定呼吸計內的液體流動是由生物而非其他因素引起的。

4. 使用針筒，在U型管裡加入有色液體到選定的高度。標記液體的位置，並靜置儀器五分鐘。接著用刻度來測量液體移動的距離。

5. 在不同溫度（15℃、20℃和25℃）重複這項實驗來比較呼吸速率。呼吸速率愈快，有色液體在固定時間內移動的距離就愈多。

🗐 計算呼吸速率

U型管裡液體移動的距離代表生物攝取的氧氣量。這個數據可以用於下列的公式來計算生物的呼吸速率。

$$呼吸速率 = \frac{氧氣攝取量（立方公分）}{時間（分鐘）}$$

範例：一名海洋生物學家測量了一隻鬣蜥在不同溫度的呼吸速率。她發現鬣蜥在60分鐘內吸入了420立方公分的氧氣，所以呼吸速率是：

$$呼吸速率 = \frac{420立方公分}{60分鐘} = 7立方公分／分鐘$$

有氧呼吸

有氧呼吸包含一系列由酵素控制的反應，這些反應在每個植物細胞和動物細胞裡持續發生。有氧呼吸會分解葡萄糖來持續釋放能量。它傳遞能量的效率比無氧呼吸更好（見第64–65頁）。

📌 **重點**

- ✓ 有氧呼吸是使用氧氣的呼吸作用。它是一種放熱反應（釋放能量到環境）。
- ✓ 葡萄糖與氧氣會在粒線體裡進行反應，製造二氧化碳、水及能量。
- ✓ 有氧呼吸傳遞能量的效率比無氧呼吸更好。

粒線體

有氧呼吸的大多數化學反應發生在稱為粒線體的微小細胞構造裡。使用大量能量的細胞含有很多粒線體，例如肌細胞。

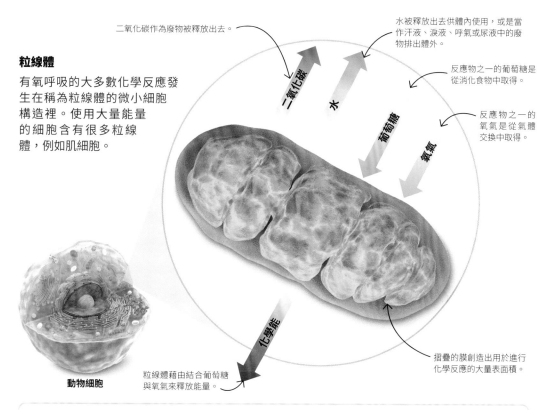

二氧化碳作為廢物被釋放出去。

水被釋放出去供體內使用，或是當作汗液、淚液、呼氣或尿液中的廢物排出體外。

反應物之一的葡萄糖是從消化食物中取得。

反應物之一的氧氣是從氣體交換中取得。

摺疊的膜創造出用於進行化學反應的大量表面積。

二氧化碳　水　葡萄糖　氧氣　化學能

動物細胞

粒線體藉由結合葡萄糖與氧氣來釋放能量。

🗐 **有氧呼吸的方程式**

這裡用符號和文字顯示的是有氧呼吸的方程式。這則方程式代表了從葡萄糖釋放能量的化學反應。

$$C_6H_{12}O_6 + 6O_2 \longrightarrow 6CO_2 + 6H_2O \ (+ 能量)$$

葡萄糖 + 氧氣 $\longrightarrow$ 二氧化碳 + 水 （+ 能量）

無氧呼吸

當葡萄糖部分分解來釋放能量卻沒有使用氧氣的時候，就會發生無氧呼吸。雖然無氧呼吸釋放的能量遠比有氧呼吸少（見第63頁），但它能在特殊狀況下使用，例如為了在激烈運動時獲得較大的能量爆發，或是在氧氣濃度低下的時候。

運作中肌肉的呼吸作用

當肌肉正在努力運作（例如在賽跑時），它們會更加收縮，因此需要更多能量。這些能量是從呼吸作用中釋放的。大多數能量來自有氧呼吸，但也會發生一些無氧呼吸來提供額外的能量。

重點

✓ 無氧呼吸是沒有氧氣的呼吸作用。

✓ 葡萄糖不會完全分解，而且會在動物細胞內產生乳酸，或是在植物細胞及酵母菌細胞中產生二氧化碳及乙醇。

✓ 比起有氧呼吸，無氧呼吸時的每個葡萄糖分子釋放的能量較少。

準備起跑
賽跑開始時，肺臟與心臟會為全身提供充足的氧氣，用於有氧呼吸。

活動之前，肌肉沒有乳酸。

無氧呼吸發生時，它的代謝廢物乳酸會堆積在肌細胞裡。

🗒 無氧呼吸的方程式

動物無氧呼吸的方程式是：

$$C_6H_{12}O_6 \longrightarrow 2C_3H_6O_3$$

葡萄糖 $\longrightarrow$ 乳酸 （+ 能量）

植物與酵母菌無氧呼吸的方程式是：

$$C_6H_{12}O_6 \longrightarrow 2C_2H_5OH + 2CO_2$$

葡萄糖 $\longrightarrow$ 乙醇 + 二氧化碳 （+ 能量）

奔跑中
在賽跑期間，心臟會跳動更快，呼吸也會加速，使更多氧氣被輸送到肌肉，進行更多的有氧呼吸。但是心臟和肺臟很快就會達到它們運作速度的極限。此時有些額外的能量會來自無氧呼吸，這種呼吸作用不需要任何氧氣，卻會產生一種廢物：乳酸。

🔍 其他生物的無氧呼吸

動物細胞和植物細胞的無氧呼吸過程不一樣。動物在無氧呼吸時會生成乳酸作為廢物,而植物與酵母菌(一種真菌)在無氧呼吸時則會產生乙醇和二氧化碳作為廢物。

來自酵母菌細胞的二氧化碳會使麵包膨脹起來。

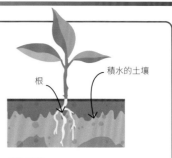

根　　　積水的土壤

酵母菌

在酵母菌等某些微生物中,葡萄糖會分解為二氧化碳和乙醇。酵母菌的無氧呼吸能用於製作麵包和酒精飲料,這是一種稱為發酵作用(fermentation)的過程。

植物根部

如果土壤積水,能提供給植物根細胞的氧氣量就會減少。根細胞必須進行無氧呼吸,產生二氧化碳和乙醇而非乳酸。

恢復

賽跑之後,肌肉停止運作,所以需要的能量較少,無氧呼吸也停止了。不過,心臟和肺臟會持續強力運作一陣子——它們輸送的額外氧氣現在會用於分解乳酸。

氧債(oxygen debt)

賽跑之後的一小段時間內,跑者會持續深呼吸,直到償還了氧債為止。氧債是分解乳酸所需的氧氣量,而分解乳酸會生成二氧化碳及水。

堆積的乳酸有時可能導致抽筋,使肌肉疼痛到難以活動。

乳酸濃度開始下降。

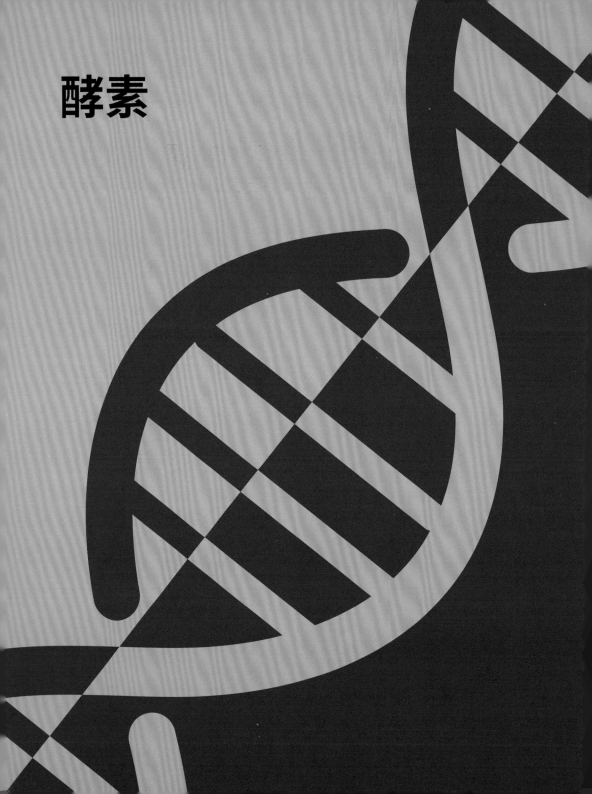

酵素

酵素

酵素是生物製造的蛋白質，目的是加速化學反應——這些化學反應從消化到光合作用都涵蓋在內。有些酵素會把受質分子分解為較小的分子，而其他酵素則會結合小分子來形成較大的分子。酵素是催化劑，也就是會改變反應速率但本身不會改變的化學物質。

鎖鑰模型

每種酵素具有適合特定受質（由酵素改變的化學物質）的獨特形狀，這稱為鎖鑰模型。每種酵素只能催化一種反應，所以受質必須能嵌入酵素的活性部位。

重點

✓ 酵素是大型且複雜的蛋白質分子。

✓ 酵素是催化劑，也就是會改變反應速率但本身不會改變的化學物質。

✓ 由酵素改變的化學物質稱為受質。

✓ 受質會嵌入酵素的活性部位，因為它們具有互補的形狀。

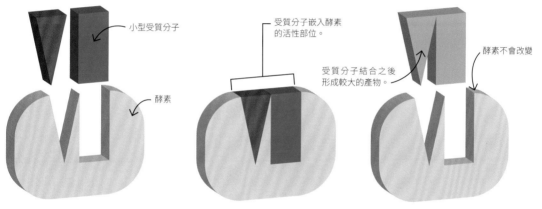

1. 酵素作用的分子稱為受質。酵素與受質分子具有能夠互補的形狀。

2. 酵素的獨特形狀使酵素能與受質形成暫時性連結，然後這兩個受質分子會相互作用。

3. 新的較大產物與酵素分離。酵素在反應結束時不會改變，而且可以重複使用。

🔍 酵素結構

酵素是由結合在一起形成長鏈的胺基酸所構成的。長鏈會摺疊形成特殊的立體形狀，使酵素能控制特定的化學反應。

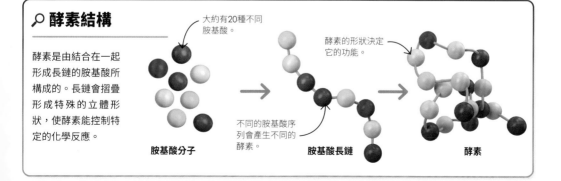

大約有20種不同胺基酸。

酵素的形狀決定它的功能。

不同的胺基酸序列會產生不同的酵素。

胺基酸分子

胺基酸長鏈

酵素

酵素與溫度

酵素需要適當環境才能發揮作用。每種酵素都需要最適溫度（optimum temperature）來催化（加速）酵素控制的反應。

最適溫度

這張圖表顯示溫度如何影響酵素活性率。如果環境太熱，酵素會變性（形狀改變，使它無法作用），反應速率也會降低。如果環境太冷，就沒有足夠能量使反應發生得夠快。

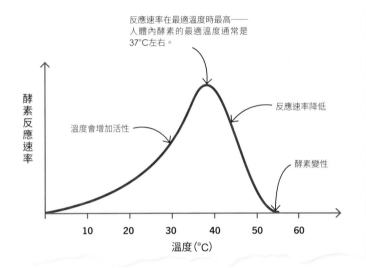

反應速率在最適溫度時最高——人體內酵素的最適溫度通常是37°C左右。

反應速率降低

溫度會增加活性

酵素變性

酵素反應速率

溫度(°C)

🔍 黑暗中發光

螢火蟲是具有翅膀的甲蟲。牠們利用體內的化學物質來發光，目的是吸引繁殖伴侶。發光反應是由稱為螢光素酶（luciferase）的酵素催化。這種酵素的最適溫度介於22°C與28°C之間；高於30°C的溫度會使酵素變性。

螢火蟲身體的尾巴末端細胞含有螢光素酶。

酵素與pH值

酵素會受到pH值變化的影響，pH值是一種顯示物質酸鹼性的度量。酵素最有效時的pH值稱為最適pH值（optimum pH）。特別低或特別高的pH值會使酵素變性而影響反應速率——酵素變性會改變活性部位的形狀，使酵素無法再催化反應。

消化酵素

消化酵素胃蛋白酶（pepsin）在人類胃中pH值為2的酸性環境裡能發揮最佳作用。胰蛋白酶（trypsin）會協助消化蛋白質，在pH值大約為8時最有效。

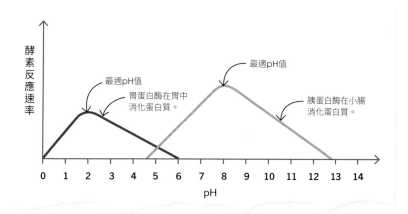

最適pH值
胃蛋白酶在胃中消化蛋白質。

最適pH值
胰蛋白酶在小腸消化蛋白質。

酵素反應速率

pH

🔍 **pH值**

pH值的範圍是從0到14，可表示物質是酸性或鹼性。酵素會受到物質酸鹼度的影響。

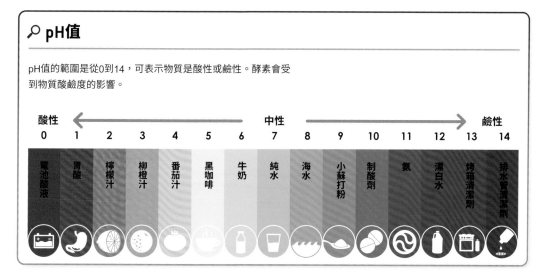

酸性						中性							鹼性
0	1	2	3	4	5	6	7	8	9	10	11	12	13	14
電池酸液	胃酸	檸檬汁	柳橙汁	番茄汁	黑咖啡	牛奶	純水	海水	小蘇打粉	制酸劑	氨	漂白水	烤箱清潔劑	排水管清潔劑

酵素與受質

酵素與受質的濃度能影響酵素催化反應的速率。隨著酵素或受質的濃度增加，酵素與受質分子之間的碰撞就會更頻繁地發生，使反應速率增加到最大值。

重點

✓ 酵素活性率會隨著受質濃度上升而增加。

✓ 最後，沒有受質分子能再嵌入酵素分子了——酵素已經達到飽和。

✓ 隨著酵素濃度上升，反應速率也會增加，但有最大值的限制。

反應速率

受質濃度愈高，反應速率就愈快，直到沒有更多酵素分子可供受質結合為止。酵素濃度也是如此。

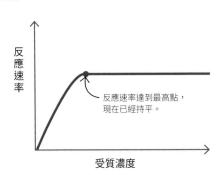

反應速率達到最高點，現在已經持平。

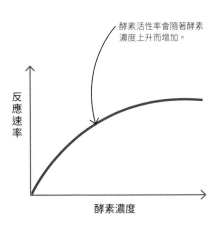

酵素活性率會隨著酵素濃度上升而增加。

🔍 飽和點 （saturation point）

所有酵素都在作用的時候就稱為飽和點——反應並沒有停止，只是會以相同速率繼續進行。酵素都在發揮作用，但無法再加快了，因為受質分子比可用的活性部位更多。

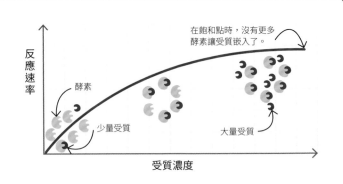

在飽和點時，沒有更多酵素讓受質嵌入了。

酵素

少量受質

大量受質

產業中的酵素

酵素廣泛用於食品工業及其他化學物質製造業，能使製造過程符合成本效益，因為酵素會加速化學反應，而且可以重複使用（見第67頁）。

重點

√ 酵素被用於許多產業。

√ 酵素會加速化學反應的速率。

√ 酵素可以一次次重複使用。

生物酵素洗衣粉

酵素可用於生物酵素洗衣粉，協助分解汙漬。汙漬是從不同分子形成的，所以需要多種酵素來清除。酵素在低溫環境中作用，減少有效清洗衣物所需的熱量。它們對環境的傷害比其他去汙化學物質更小，因為它們具有生物可分解性（會自然分解）。

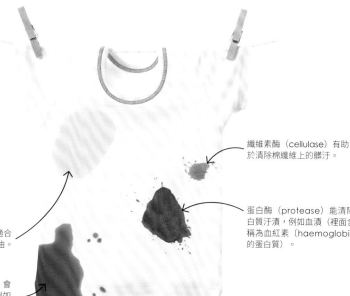

纖維素酶（cellulase）有助於清除棉纖維上的髒汙。

蛋白酶（protease）能清除蛋白質汙漬，例如血漬（裡面含有稱為血紅素〔haemoglobin〕的蛋白質）。

脂肪酶（lipase）適合清除油漬，例如奶油。

澱粉酶（amylase）會分解澱粉類食物，例如馬鈴薯和義大利麵。

🔍 其他用途

分解塑膠

PET酶（PETase）是一種能在幾天內消化塑膠的酵素。科學家正在設法讓它作用得更快。

果汁

酵素能用於生產果汁。它們會協助分解細胞壁，釋放液體和糖類。它們也會分解稱為多醣（polysaccharide）的複醣（complex sugar），使果汁變得更清澈。

無乳糖牛奶

體內缺乏足量乳糖酶（lactase）的人不易消化含有乳糖（一種存在於乳中的糖）的產品。因此，乳糖酶被用於製造無乳糖牛奶與其他去乳糖產品。

研究酵素

每一種酵素都會在最適溫度和最適pH值有最好的效果。在人體內，最適溫度大約是37°C。如果溫度高於或低於這個溫度，酵素就會變性，反應速率也會下降。

溫度對酵素的影響

溫度對酵素活性的影響能藉由測量反應速率來檢測。這項實驗研究澱粉酶如何在不同的溫度環境下把澱粉分解成葡萄糖。

碘液被放進呈色反應盤的各個孔裡。

冰能用來使水變得夠冷。

碘的顏色是橙色，但如果有澱粉存在，碘就會變成藍黑色。

🔖 重點

✓ 每一種酵素都有最適溫度和最適pH值，酵素在最適溫度及pH值下作用最快。

✓ 在低溫環境中，酵素與受質分子移動緩慢，會花較久時間碰撞及引起反應。

✓ 隨著溫度升高，反應會加速進行——酵素與受質粒子會更頻繁碰撞。

✓ 高於最適溫度時，酵素的活性部位會改變形狀——酵素會變性，反應速率也會下降。

📑 方法

1. 準備一個呈色反應盤，在每個孔裡放入幾滴碘液。

2. 把澱粉溶液放入試管 A，澱粉酶溶液放入試管 B。

3. 把兩根試管都放在4°C的水浴中，直到溶液達到正確溫度為止。

4. 在一根試管內混合溶液，然後把這根試管重新放回水浴，並開始計時。

5. 5分鐘後，用滴管吸出一些反應溶液，滴入呈色反應盤的一個孔裡。每隔30秒重複這個步驟，直到碘不再變成藍黑色為止。

6. 使用設定在37°C和60°C的水浴重複步驟1–5。在最短時間內停止出現澱粉陽性反應的樣本（碘的顏色維持橙色）就代表澱粉酶的最適溫度。

pH值對酵素的影響

有一種實驗類似於上述檢測溫度的實驗，也能用來觀察pH值如何影響酵素活性率。大多數酵素在中性環境（pH值大約是7）有最好的效果，但存在於胃裡的胃蛋白酶則在強酸環境（pH值大約是1–2）有最好的效果。

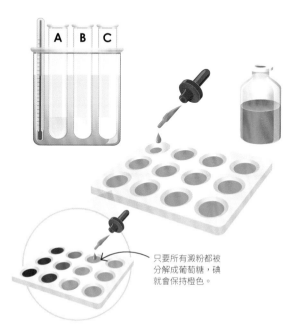

只要所有澱粉都被分解成葡萄糖，碘就會保持橙色。

📝 方法

1. 在一個呈色反應盤的孔裡放入幾滴碘液。

2. 把澱粉溶液放入試管 A，澱粉酶溶液放入試管 B，pH4 的緩衝溶液放入試管 C（緩衝溶液能使 pH 溶液維持穩定）。

3. 把這三根試管都放進 37°C 的水浴（37°C 是澱粉酶的最適溫度），等待 10 分鐘，使溶液達到最適溫度。

4. 在一根試管內混合這三種溶液。把試管重新放回水浴，並開始計時。

5. 5 分鐘後，用滴管吸出一些反應溶液。每隔 30 秒就把溶液加進呈色反應盤各個孔內的碘液，直到碘不再變成藍黑色為止。

6. 以不同 pH 值的緩衝液重複步驟 1–5。在最短時間內停止出現澱粉陽性反應的樣本就代表澱粉酶的最適 pH 值。

📝 計算反應速率

第一則公式

反應速率是一種顯示反應多快發生的度量。計算反應速率的方式之一是測量在一定時間內消耗了多少受質，或是生成了多少產物，所以：

$$反應速率 = \frac{消耗的受質量或生成的產物量}{時間}$$

範例：過氧化氫酶（catalase）會催化過氧化氫分解成水和氧氣。研究過氧化氫酶的活性時，如果有20立方公分的氧氣在40秒內釋放出來，那麼：

$$反應速率 = \frac{20 \text{ cm}^3}{40} = 0.5 \text{ cm}^3/\text{s}$$

第二則公式

有時我們知道反應要花多久時間進行，但不知道受質或產物的量是怎麼變化的。上述的澱粉酶實驗就是如此。為了計算這種狀況的反應速率，你需要把1除以花費的時間。

$$反應速率 = \frac{1}{時間}$$

範例：如果澱粉酶分解某一溶液中的澱粉，花費的時間是10秒，那麼：

負1記號代表我們把1除以秒數。

$$反應速率 = \frac{1}{10} = 0.1 \text{ s}^{-1}$$

代謝

代謝是細胞或身體內所有化學反應的總和。代謝由酵素控制（見第67頁），會持續不斷地進行，藉由建構或分解的方式來改變分子。有些反應會釋放能量，有些反應則會吸收能量。

重點

✓ 代謝包括細胞內或身體內所有由酵素控制的化學反應。

✓ 化學反應會建構或分解分子。

✓ 酵素會使用呼吸作用釋放的能量，在細胞內製造新的分子。

分解

有些代謝反應會分解大分子內的鍵結，藉此製造較小的分子。

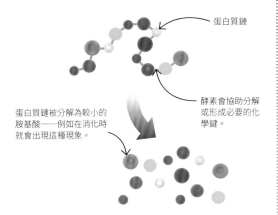

蛋白質鏈

蛋白質鏈被分解為較小的胺基酸——例如在消化時就會出現這種現象。

酵素會協助分解或形成必要的化學鍵。

建構

有些代謝反應會以化學鍵連接較小的分子來製造較大的分子。

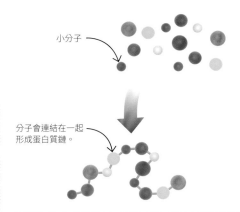

小分子

分子會連結在一起形成蛋白質鏈。

範例

- 所有細胞都會在呼吸作用中分解葡萄糖（一種糖）來釋放能量。這種能量被用於驅動需要能量的程序，例如生長及行動。
- 只要細胞需要葡萄糖，儲存的醣類（植物體內的澱粉、動物體內的肝醣〔glycogen〕）就會分解成葡萄糖。
- 食物被消化時，大分子會分解成小的分子——蛋白質變成胺基酸、澱粉變成葡萄糖，脂質變成脂肪酸及甘油（glycerol）。
- 動物體內累積過多胺基酸時，會分解多餘的胺基酸，產生一種稱為尿素的廢物。

範例

- 小分子結合起來形成較大的分子，幫助身體生長——胺基酸結合形成蛋白質分子，脂肪酸和甘油結合形成脂質。
- 葡萄糖分子結合形成較大的醣類用來儲存（植物體內的澱粉、動物體內的肝醣）。
- 植物也會結合葡萄糖分子來製造纖維素，而纖維素能用於建構細胞壁。
- 植物會在光合作用時結合二氧化碳和水分子來製造葡萄糖，然後從葡萄糖建構它們需要的所有其他種類的分子。舉例來說，植物會結合葡萄糖和硝酸根離子來製造胺基酸及蛋白質。

植物的營養

光合作用

所有生物都需要食物或養料才能生存。跟動物不同的是，植物不會透過進食來取得食物——它們會利用一種稱為光合作用的程序，以化學方式製造自己的養料。這就是為什麼綠色植物被稱為食物鏈中的生產者——它們從光能（陽光）、水、二氧化碳製造葡萄糖（一種單醣）。

光合作用如何進行

光合作用時，綠色植物會結合二氧化碳和水來製造葡萄糖，而葡萄糖被用來當作一種養料來源。光合作用也會製造氧氣。一部分氧氣會被植物用於呼吸作用，其餘氧氣則被當作廢物釋放出去。

> ### 📌 重點
>
> ✓ 植物透過一種稱為光合作用的程序來製造自己的養料。
>
> ✓ 光合作用在植物的綠色部位進行。
>
> ✓ 光合作用時，植物利用光能來結合二氧化碳及水，製造葡萄糖和氧氣。
>
> ✓ 光合作用是一種吸熱反應（endothermic reaction），作用過程中會吸收光能（來自太陽）。

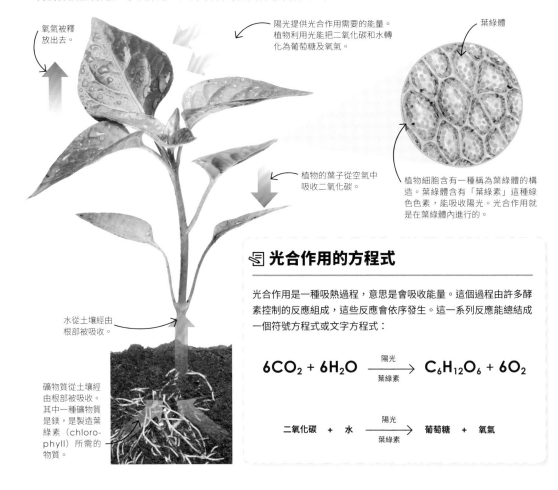

氧氣被釋放出去。

陽光提供光合作用需要的能量。植物利用光能把二氧化碳和水轉化為葡萄糖及氧氣。

葉綠體

植物的葉子從空氣中吸收二氧化碳。

植物細胞含有一種稱為葉綠體的構造。葉綠體含有「葉綠素」這種綠色色素，能吸收陽光。光合作用就是在葉綠體內進行的。

水從土壤經由根部被吸收。

礦物質從土壤經由根部被吸收。其中一種礦物質是鎂，是製造葉綠素（chlorophyll）所需的物質。

> ### 📑 光合作用的方程式
>
> 光合作用是一種吸熱過程，意思是會吸收能量。這個過程由許多酵素控制的反應組成，這些反應會依序發生。這一系列反應能總結成一個符號方程式或文字方程式：
>
> $$6CO_2 + 6H_2O \xrightarrow[\text{葉綠素}]{\text{陽光}} C_6H_{12}O_6 + 6O_2$$
>
> 二氧化碳 ＋ 水 $\xrightarrow[\text{葉綠素}]{\text{陽光}}$ 葡萄糖 ＋ 氧氣

葉

光合作用主要在植物的葉裡進行。葉的表面積很大，所以能盡量充分利用陽光。葉的上表面附近有較多葉綠體，因為這是照到最多陽光的部位。

葉的構造

一片葉子或許看起來很薄，但它是由數層細胞構成，如下所示。葉內的構造適合把光合作用最大化。

> ### 重點
>
> ✓ 葉具有較大表面積，且上表面附近有大量葉綠體，因此適合進行光合作用。
> ✓ 光合作用在葉的柵狀層（palisade layer）進行。
> ✓ 氣體交換在葉的海綿葉肉層（spongy mesophyll layer）進行。
> ✓ 氣孔（stoma）是葉子裡的孔洞，能讓二氧化碳進入，讓氧氣與水蒸氣散出。

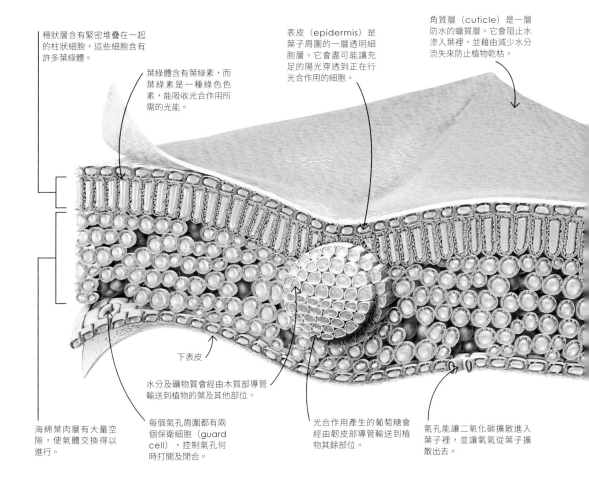

柵狀層含有緊密堆疊在一起的柱狀細胞，這些細胞含有許多葉綠體。

葉綠體含有葉綠素，而葉綠素是一種綠色色素，能吸收光合作用所需的光能。

表皮（epidermis）是葉子周圍的一層透明細胞層。它會盡可能讓充足的陽光穿透到正在行光合作用的細胞。

角質層（cuticle）是一層防水的蠟質層。它會阻止水滲入葉裡，並藉由減少水分流失來防止植物乾枯。

下表皮

水分及礦物質會經由木質部導管輸送到植物的葉及其他部位。

海綿葉肉層有大量空隙，使氣體交換得以進行。

每個氣孔周圍都有兩個保衛細胞（guard cell），控制氣孔何時打開及閉合。

光合作用產生的葡萄糖會經由韌皮部導管輸送到植物其餘部位。

氣孔能讓二氧化碳擴散進入葉子裡，並讓氧氣從葉子擴散出去。

氣孔

光合作用所需的氣體交換會經由稱為氣孔的微小開口來進行。這些氣孔大多分布在葉的下表面，它們具有光敏性，會在夜間關閉以節省水分。

重點

√ 氧氣（光合作用產生的廢物之一）會從氣孔散失出去。

√ 二氧化碳會在光合作用時擴散進入葉裡。

√ 水蒸氣會在蒸散作用（transpiration）時經由氣孔散失出去。

√ 保衛細胞控制氣孔的張開與閉合。

張開與閉合

氣孔周圍有兩個彎曲的保衛細胞，它們會改變形狀來打開及關閉微小的氣孔。葉的下表面不易照到陽光，往往有較多氣孔，所以經由蒸散作用流失的水分也較少。

葉的下表面

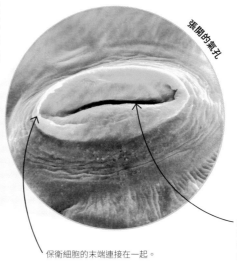

張開的氣孔

保衛細胞的末端連接在一起。

水蒸氣及氧氣會從張開的氣孔散失出去，而二氧化碳會經由張開的氣孔進入。

🔍 保衛細胞如何作用

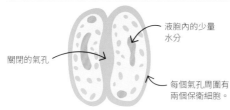

液胞內的少量水分

關閉的氣孔

每個氣孔周圍有兩個保衛細胞。

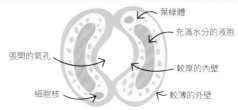

葉綠體

充滿水分的液胞

張開的氣孔

較厚的內壁

細胞核

較薄的外壁

氣孔關閉

當環境不適合進行光合作用，例如光線昏暗時，水分會從保衛細胞流出。這會使保衛細胞變得萎縮（軟塌塌），導致氣孔關閉。這也有助於在植物含水量低下時防止水分流失。

氣孔張開

當環境中有充足光線及水分時，水會在白天藉由滲透作用流入保衛細胞（見第52~53頁）。這會使保衛細胞變得飽滿（腫脹）。它們腫脹時會彎曲，使氣孔張開。

植物與葡萄糖

光合作用主要發生在葉子裡，而且會製造葡萄糖形式的養料，葡萄糖有許多不同用途。有些葡萄糖會被原本的細胞使用，但大部分葡萄糖最後會輸送到植物的其他部位。

重點

✓ 植物的所有部位都需要葡萄糖來生長。

✓ 葡萄糖會以澱粉的形式來儲存，用來做為能量以及製造纖維素和蛋白質，而且會轉變成蔗糖（sucrose）。

✓ 呼吸作用是一種把能量從葡萄糖轉移到細胞的程序。

植物如何使用葡萄糖

植物製造的葡萄糖有一部分會直接用於呼吸作用——為了運作，細胞需要能量，而能量是從呼吸作用取得的。其餘的葡萄糖則用於其他許多方面。

稱為粒線體的細胞內**微小結構**會在呼吸作用時把儲存在葡萄糖的能量轉移到細胞。

粒線體

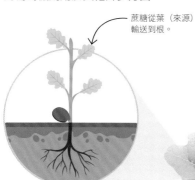

蔗糖從葉（來源）輸送到根。

有一部分葡萄糖被用於製造一種稱為蔗糖的複醣。蔗糖會被轉移到需要蔗糖的植物部位。

細胞壁

纖維素由葡萄糖組成，是製造細胞壁時必要的成分。纖維素會為植物提供力量及支持。

脂肪與油脂（稱為脂質）是由葡萄糖製成，用來當作一種養料儲備，也是新幼苗的養料來源之一。

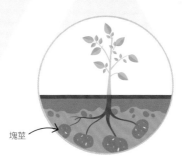

塊莖

葡萄糖如果沒有被直接使用，會被轉化成澱粉。澱粉儲存在葉、根及塊莖（tuber）裡，供未來使用。

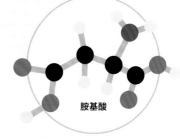

胺基酸

胺基酸會在葡萄糖與氮結合時形成，而氮是從土壤吸收硝酸鹽而來。這些胺基酸會構成蛋白質，用於生長及細胞修復。

植物營養素

植物除了需要光合作用製造的葡萄糖之外，也需要礦物質才能健康生長。這些礦物質會以礦物質離子的形式溶於土壤中的水。沒有獲得足量礦物質的植物會罹患缺乏症，變得不健康。

 重點

✓ 植物健康生長所需的三種主要礦物質離子是硝酸鹽、磷酸鹽及鉀。

✓ 鎂（需要少量）對於光合作用非常重要。

✓ 如果植物沒有獲得足量的正確礦物質離子，就會罹患缺乏症。

礦物質離子	作用	健康植物	不健康植物
硝酸鹽（含氮）	植物需要硝酸鹽離子來製造胺基酸，再以胺基酸來製造蛋白質，而蛋白質可用於細胞生長。	如果植物缺乏硝酸鹽，就會生長遲緩，葉子也會變黃。 玉米植株	
磷酸鹽（含磷）	植物需要磷酸鹽來進行呼吸作用，以及製造DNA和細胞膜。	缺乏磷酸鹽會使葉子變紫，也會使根部生長不佳。 番茄植株	
鉀	參與光合作用與呼吸作用的酵素需要鉀。	缺乏鉀的植物葉子會從邊緣變黃，稱為黃化（chlorosis），根、花、果實的生長也不佳。 葡萄植株	
鎂	鎂離子被用於製造葉綠素，而葉綠素是光合作用需要的色素。	植物缺乏葉綠素，葉子會變黃（或者黃化）。 馬鈴薯植株	

適應極端環境

多數植物物種都無法在非常炎熱、乾燥的環境生存，例如沙漠。能生存在這種環境的植物具有特殊適應特徵，使它能進行光合作用及氣體交換。

沙漠植物

仙人掌有好幾種適應特徵，使它能在沙漠中生存。已經適應在非常乾旱的環境中生長的植物稱為旱生植物。

光合作用發生在莖的綠色表層。

肉質莖儲存水分。

肥厚的蠟質角質層能減少水分散失。

仙人掌沒有典型的葉子，而是刺針。刺針能減少表面積，因而限制了經由蒸發作用散失的水量。

氣孔（見第78頁）分布在莖表面上的凹痕裡，只會在晚上開放，以減少水分蒸發。

淺淺的根系散布出去，偶爾下雨時能盡量吸收水分。

重點

√ 幫助生物在特定環境生存的特徵稱為適應特徵。

√ 植物的適應特徵會影響根系、葉的形狀及大小，以及一株植物有多少氣孔、何時打開氣孔。

√ 旱生植物（xerophyte）是已經適應在乾旱環境中生長的植物。

√ 水生植物（hydrophyte）是已經適應在水中生長的植物。

🔍 水生植物與極地植物如何生存

生活在水中的植物稱為水生植物。大多數水生植物沒有氣孔，因為溶於水的氣體能直接在水及植物組織之間流通。不過，睡蓮具有浮在水面上的葉子，因此具有位於葉子上表面的氣孔。

在北極，植物都很小，而且往往聚集在一起生長，避免受到風的侵襲。它們也有小小的葉子來減少水分散失，而且能在極端寒冷的溫度下進行光合作用。

研究光合作用

除了水以外，綠色植物也需要光、葉綠素及二氧化碳來進行光合作用。有一項澱粉試驗能證明，只要缺乏上述條件的任何一個，就無法進行光合作用。

檢測葉中的澱粉

光合作用會產生葡萄糖，而植物會把葡萄糖轉換成澱粉來儲存。你可以使用碘液來測試葉中是否存在澱粉——曾進行過光合作用的葉子會出現澱粉陽性反應。

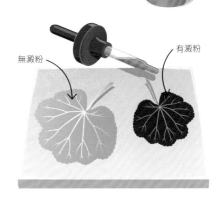

碘液

裝有乙醇的試管

無澱粉

有澱粉

1. 把一片葉子放在裝著沸水的燒杯裡1分鐘，這會軟化細胞壁，有助於碘穿透細胞。

2. 把乙醇倒入沸騰管至半滿，把葉子放進管內5分鐘，然後把它放回裝水的燒杯裡。乙醇會去除葉綠素（綠色色素），使我們更容易看到碘液試驗的結果。

3. 把葉子放在冷水中洗去乙醇，然後放在白色磁磚上。加上幾滴碘液——碘液是橙色，如果它變成藍黑色，就顯示有澱粉存在。

🔍 植物裡的澱粉

任何沒有立即使用的葡萄糖都會被植物轉化成澱粉，然後葉子裡的澱粉會在晚上植物無法行光合作用時使用。馬鈴薯等某些植物會在塊莖裡儲存澱粉，我們就能把它當作食物中的澱粉來源。

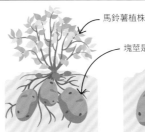

馬鈴薯植株

塊莖是特化的地下莖

新芽生長

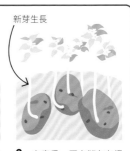

1. 在生長季，蔗糖會轉化成澱粉，儲存在塊莖裡。

2. 在冬季，葉子會凋零，但塊莖則會因為儲存的澱粉而脹大。

3. 在春季，原本儲存在根裡的澱粉被用於長出新的嫩芽和花。

檢測葉綠素

斑葉能用於顯示葉綠素是光合作用必需的要素。

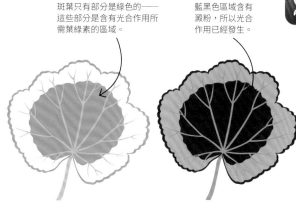

斑葉只有部分是綠色的——這些部分是含有光合作用所需葉綠素的區域。

藍黑色區域含有澱粉，所以光合作用已經發生。

⬚ 方法

1. 把一株斑紋植物（variegated plant）放進黑暗的櫥櫃裡至少24小時，使它把儲存的澱粉用光。接著把它放在陽光下大約6小時。

2. 使用澱粉試驗來測試澱粉是否存在。加入碘液時，只有植物的綠色區域會變成藍黑色——綠色區域含有葉綠素，而光合作用需要葉綠素才能進行，以製造葡萄糖，葡萄糖又會轉化成澱粉來儲存。

試驗前的斑葉　　　　**試驗後的斑葉**

檢測二氧化碳

你能藉由從植物的環境中除去二氧化碳，來顯示二氧化碳是光合作用必需的要素。

塑膠袋

脫去澱粉的植物

鹼石灰

⬚ 方法

1. 把脫去澱粉的植物封進裝有鹼石灰的塑膠袋裡——鹼石灰是一種吸收二氧化碳的化學物質——然後把葉子放在光下數小時。檢測葉子是否含有澱粉。

2. 葉子應該不會改變顏色，因為缺乏二氧化碳，葉子無法行光合作用，所以沒有澱粉存在。

檢測光

你可以藉由避免光線照射到葉子的某一部分，來顯示光是光合作用必需的要素。

黑紙條使光無法穿透。

澱粉

無澱粉

⬚ 方法

1. 用鋁箔紙或黑紙把植物上一片脫去澱粉的葉子某一部分遮起來，然後把植物放在光下數小時。

2. 接著檢測葉子是否存在澱粉。葉子上沒有照光的部分應該不會改變顏色，顯示光合作用並未發生。

光合作用速率

植物需要光、二氧化碳、溫暖環境來進行光合作用。當這些因素中有任何一個增加時，能使光合作用發生得更快，但光合作用的速率有上限。任何限制光合作用等某一程序速率的因素稱為限制因素（limiting factor）。較快的光合作用代表植物能較有效率地產生養料。

重點

✓ 光合作用的三項限制因素是光強度、二氧化碳及溫度。

✓ 溫度有最適值——如果太熱或太冷，光合作用就會停止。

✓ 限制因素的組合能影響光合作用速率。

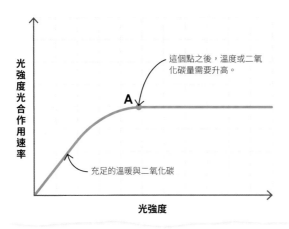

光強度

隨著光強度提高，光合作用速率會上升到最大值，然後持平。光強度愈高，會提供愈高能量給愈快的光合作用，直到光合作用無法再變得更快，而且其他因素（溫度或二氧化碳濃度）會阻止光合作用繼續加速。

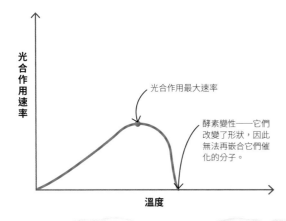

溫度

隨著溫度提高，光合作用速率會上升到最大值，然後下降。在較高溫度時，分子會碰撞得較快，這會增加光合作用的化學反應速率。但超過最大速率之後，用於光合作用的酵素會變性，因而無法再催化反應，光合作用速率就下降了。

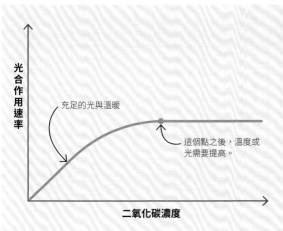

光合作用速率

充足的光與溫暖

這個點之後，溫度或
光需要提高。

二氧化碳濃度

二氧化碳

隨著二氧化碳濃度提高，光合作用速率會上升到最大值，然後持平。更多二氧化碳分子與酵素碰撞，這會提高光合作用速率，直到酵素無法再作用得更快，而且其他因素（溫度或光強度）會阻止光合作用繼續加速——在最高速率，二氧化碳分子會把酵素填滿。

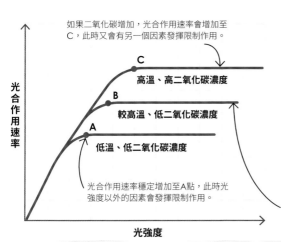

光合作用速率

如果二氧化碳增加，光合作用速率會增加至
C，此時又會有另一個因素發揮限制作用。

C
高溫、高二氧化碳濃度

B
較高溫、低二氧化碳濃度

A
低溫、低二氧化碳濃度

光合作用速率穩定增加至A點，此時光
強度以外的因素會發揮限制作用。

光強度

如果溫度增加，光合作用速率就會上升到B
點，此時另一個因素開始發揮限制作用。

不只一項限制因素

隨著光強度升高，光合作用速率會上升到A。在A點之前，光強度是限制因素。接著速率會持平，所以改由其他因素（溫度及二氧化碳濃度）發揮限制作用。如果只有較高的溫度，光合作用速率會稍微升高，在B點處持平——但高溫加上高二氧化碳濃度會使光合作用速率變得更高，到達C點。

🔍 影響光合作用速率的植物特徵

植物的不同特徵會影響植物行光合作用的效果。舉例來說，較大的葉子或含有較多葉綠素（葉綠體內的綠色色素）的葉子能捕捉更多光能，增加植物在一定時間內能製造的葡萄糖量。比如斑紋植物的葉子上有缺乏葉綠素的斑塊，所以它們的光合作用整體速率可能會低於具有全綠葉的植物，使它們製造養料的效率較低。

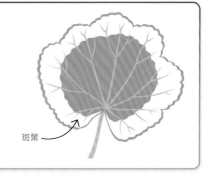

斑葉

測量光合作用速率

你可以檢測一定時間內產生了多少氧氣，藉此來測量光合作用速率。產生的氧氣愈多，光合作用速率就愈快。

重點

✓ 要測量光合作用速率，可以計算一株水生植物產生的氣泡量。

✓ 眼子菜（pondweed）離光源較遠時，光合作用速率會降低。

✓ 與光源的距離增加時，氧氣泡數量會下降。

光如何影響光合作用速率

這項實驗是藉由計算一株水生植物產生的氣泡數量，來測量光合作用速率。光強度會根據植物與光源的距離變化而改變。

光強度是自變數——你可以改變光源和眼子菜之間的距離。

光源

產生的氧氣泡數量是依變數。

燒杯裡的水能為試管中的植物隔熱，有助於防止燈光加熱植物。

直尺

眼子菜的種類、溫度、碳酸氫鈉量全都是控制變數（controlled variable）。它們會維持恆定，這樣就只有跟光源的距離會影響試驗結果。

方法

1. 把碳酸氫鈉溶液加入一根沸騰管——碳酸氫鈉會釋放二氧化碳，而植物需要二氧化碳行光合作用。

2. 把這根沸騰管放進裝水的燒杯裡，並留意燒杯裡的水溫——水溫需要在實驗過程中保持恆定。把眼子菜浸入沸騰管，切口位於上方。靜置眼子菜 5 分鐘。

3. 眼子菜行光合作用時，氧氣泡會從切口釋放出來。利用碼表來計算眼子菜距離光源 10 公分時，1 分鐘內會產生多少氣泡。再重複計算兩遍，然後算出平均值。

4. 以距離光源 20 公分和 30 公分的眼子菜重複這項試驗。維持變數為恆定狀態（見第 13 頁）。你結束試驗時，會發現當光源與眼子菜之間的距離增加，氣泡量就會減少。

測量氧氣量

在第一項實驗中，氣泡可能出現得太快，使你無法準確計算。氣泡也可能有不同大小，這可能影響釋放的氧氣量。這些問題都能解決，方法是在試管中收集所有氣體，並測量產生的氣泡總長，這樣就能為你提供更加準確的光合作用速率了。

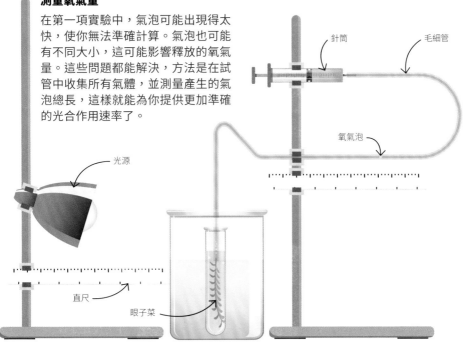

光源

針筒

毛細管

氧氣泡

直尺

眼子菜

📑 方法

1. 把眼子菜放在裝有碳酸氫鈉溶液的試管中，切口位於上方。接著把試管放進裝水的燒杯裡，並留意水溫。

2. 把眼子菜的切口插進毛細管末端，並放在光源前方 5 分鐘。氧氣開始釋放時，使用一根針筒把氣泡抽入毛細管。

3. 測量氣泡長度。為了減少誤差，在相同距離用眼子菜重複試驗，並記錄結果。

4. 把眼子菜放在離光源不同距離的位置上，重複試驗，並記錄每一次的氣泡長度。

🔍 結果

這張圖表顯示氧氣泡數量和離光源的距離，結果發現離光源愈遠，光合作用速率就會陡降。

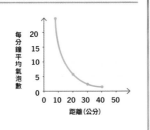

每分鐘平均氣泡數

距離（公分）

📑 計算光合作用速率

為了計算光合作用速率，我們需要把產生的氧氣量除以花費的時間。範例：在一項實驗中，過了20分鐘後，眼子菜生了4公分的氧氣。把氣泡長度除以時間，就會得出單位為每分鐘公分的答案。

$$速率 = \frac{氣泡長度}{經過時間} = \frac{4公分}{20分鐘} = 0.2公分／分鐘$$

平方反比定律

如果你讓植物遠離光源，光合作用速率就會陡降。這是因為光合作用速率與光強度成正比，但光強度會隨著距離增加而大幅降低。光強度隨著距離的變化遵循一種稱為平方反比定律（inverse square law）的模式。

重點

✓ 光強度與距離的平方成反比。

✓ 平方反比定律公式是：

$$光強度 \quad \propto \quad \frac{1}{距離^2}$$

✓ 光合作用速率與光強度成正比。

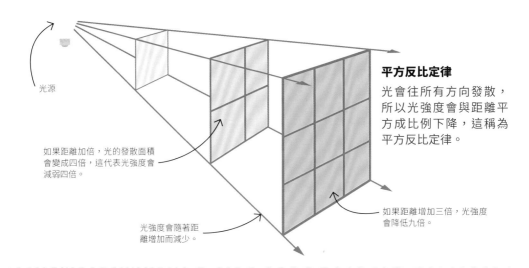

光源

如果距離加倍，光的發散面積會變成四倍，這代表光強度會減弱四倍。

光強度會隨著距離增加而減少。

平方反比定律

光會往所有方向發散，所以光強度會與距離平方成比例下降，這稱為平方反比定律。

如果距離增加三倍，光強度會降低九倍。

利用平方反比定律

以下是平方反比定律的寫法：

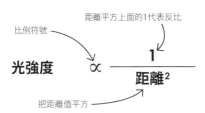

比例符號

距離平方上面的1代表反比

$$光強度 \quad \propto \quad \frac{1}{距離^2}$$

把距離值平方

範例：如果燈的位置距離植物20公分，請使用平方反比定律計算光強度。

1. 使用公式：　　　　光強度 $\propto \dfrac{1}{距離^2}$

2. 代入數字。　　　　相對光強度 $= \dfrac{1}{20^2}$

3. 先把20平方再求倒數。　　相對光強度 $= \dfrac{1}{400}$

4. 使用計算機求得答案。　　相對光強度 $= 0.0025$

溫室栽培

農民利用溫室創造完美的生長環境，使植物能以盡可能最快的速率行光合作用。這會增加作物產量，卻也會增加成本，而成本必須與額外作物產量帶來的收入達成平衡。

重點

✓ 溫室能用於增加光合作用速率。

✓ 把光合作用速率最大化，會增加植物生長的速率，進而增加作物產量。

✓ 在溫室裡，水、光、二氧化碳的量及溫度都能受到控制。

受控條件

在有遮蔽的溫室裡，農民能控制害蟲以及光合作用所需的條件：二氧化碳、光強度、溫度和水。作物也能在一年內任何時間、世界上任何地方生長。

空氣中的**二氧化碳**濃度可以人為增加。由於二氧化碳是光合作用必需的要素，所以二氧化碳濃度較高時，光合作用速率會增加。

由於玻璃的隔熱效果，溫室裡的**溫度**較高。在冬季能使用加熱器，也能避免霜害。

能使用**人工照光**，這樣植物行光合作用的時間就會比在開闊的田地中更久。光強度也能增加，這樣光合作用就會加速。

灌溉能受到控制，這樣植物就會擁有生長所需的確切水量。有些農民也會使用一套稱為水耕（hydroponics）的系統，植物生長在富含營養的水中，而不是土壤裡。

在溫室裡**栽種植物**讓農民能避免蚜蟲等害蟲的侵襲，這能確保植物會保持健康，並維持高產量。

人類的營養

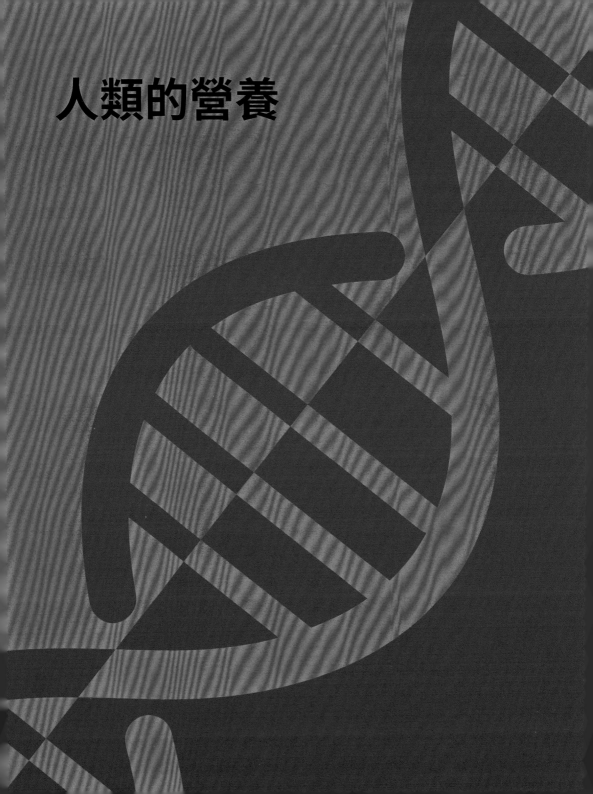

營養素

營養素是生物賴以為生的必需物質。動物吃喝時，身體會吸收營養素。有些營養素用於產生能量，有些則用於建構新細胞。

醣類、脂質與蛋白質

除了水以外，細胞主要由醣類、脂質（固態脂肪與液態油脂）、蛋白質組成。因此，這些化合物必須構成所有異營生物（consumer organism）飲食的一部分。這些化合物也稱為巨分子（macromolecule），因為它們是由許多較小單位聚集在一起形成的。

重點

✓ 營養素是生物生存所必需的。

✓ 營養素包括醣類、脂質、蛋白質、維生素、礦物質、水及纖維素。

✓ 醣類提供熱量。

✓ 脂質提供熱量與溫暖，並保護重要器官。

✓ 蛋白質用於生長及修復。

蛋白質能用於製造生長所需的新細胞。它們也用於修復身體組織。肌肉與身體器官主要由蛋白質組成。

牛奶等乳製品富含蛋白質。

酪梨富含脂質。

義大利麵是緩釋性熱量的良好來源之一。

醣類是生物的主要能量來源。醣類在食物中以兩種形式存在──單醣及複醣（例如澱粉）。糖類提供了快速的熱量來源。澱粉必須被身體分解，所以釋放熱量的速度較慢。

脂質具有儲存熱量的作用，並提供皮膚下的一層保暖層來維持生物溫暖。這層脂肪也用於保護腎臟等器官不受傷害。乳酪與奶油的脂肪含量很高，而某些食物則同時是脂肪及蛋白質的來源，例如蛋。

🔍 其他必需膳食營養素

為了正常運作，生物也需要攝取維生素、礦物質（見第92頁）、水、纖維素。

纖維素

纖維素是一種醣類，會形成膨脹團塊，使食物持續在消化系統中移動。這代表廢物會被推出體外，預防便祕。早餐穀片是纖維素的良好來源之一。

水

你的身體需要經常攝取水分。這對於維持細胞結構（身體細胞的組成有大約70%是水）以及血液等體液都非常重要。水也有助於輸送營養素及清除廢物。

維生素與礦物質

維生素與礦物質對於良好健康非常重要。人類只需要少量維生素與礦物質，通常是從蔬果攝取。有些維生素與礦物質能儲存在體內，有些則需要以進食來攝取。

📌 **重點**

- ✓ 人類需要少量的維生素與礦物質來維持健康。
- ✓ 蔬果富含維生素和礦物質。
- ✓ 必需維生素有 13 種。
- ✓ 礦物質包括鈣和鐵。

維生素與礦物質的來源

飲食中缺乏特定維生素或礦物質，可能導致缺乏症，也可能損害人體健康。

🔍 **維生素與礦物質補充品**

大多數人可從食物中攝取到所有需要的維生素與礦物質。不過，孕婦和罹患特定疾病的人可能需要服用補充品。長期服用不必要的補充品可能對人體健康有害。

身體會把胡蘿蔔內的β-胡蘿蔔素（beta-carotene）轉化成維生素A。維生素A是良好視力及健康皮膚所需的要素。

柑橘類水果是維生素C（抗壞血酸〔ascorbic acid〕）的良好來源，癒合傷口與建立強健的免疫系統都需要維生素C。

堅果富含鐵。鐵能用於製造紅血球內的血紅素，你需要血紅素把氧氣輸送到身體各處。缺乏鐵會導致疲倦（貧血）。

乳製品是鈣的良好來源，健康的骨骼與牙齒需要鈣。

維生素與礦物質之間的差異		
	維生素	**礦物質**
初始來源	活體生物：植物與動物	非生物材料：土壤、岩石、水
化學組成	有機化合物	無機化合物
穩定性／脆弱度	會被熱（如烹調時）、空氣或酸分解	不易被熱、光或化學反應摧毀
營養需求	需要所有維生素來維持健康	只需要某些礦物質來維持健康

測量食物中的熱量

食物儲存著化學能。要估算食物中所含的熱量多寡，可以把食物放在裝水的試管下燃燒，水溫的增加幅度就能用來估算食物中所含的熱量。

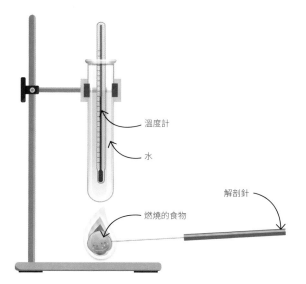

溫度計

水

解剖針

燃燒的食物

1. 把 20 立方公分的水加入一根夾在鐵架上的沸騰管，並計算水的質量── 1 立方公分的水質量為 1 公克。接著記錄初始水溫。

2. 把食物樣本秤重，記錄質量。接著把食物放在解剖針上，使用本生燈點燃食物樣本。

3. 把燃燒的食物樣本放在裝水的沸騰管下方，直到食物完全燃盡為止。然後記錄最終水溫。

4. 計算燃燒的食物樣本造成的溫度變化。溫度大幅提高代表食物含有許多熱量。

5. 計算食物釋放的熱量（算法如下）。釋放的熱量顯示了食物含有多少熱量。

燃燒食物實驗

這裡提供的方法可用於估算不同食物的熱量含量。這種方法對於乾燥食物很有效，例如堅果、脆片、麵包。

📋 計算食物釋放的熱量

要計算食物釋放的熱量，可使用下列公式：

$$\frac{食物中所含}{熱量（焦耳）} = \frac{水的質量}{（公克）} \times \frac{溫度上升值}{（°C）} \times 4.2$$

要比較不同食品，可使用每公克所含熱量：

$$\frac{每公克熱量}{（焦耳/公克）} = \frac{食物中所含熱量（焦耳）}{食品質量（公克）}$$

範例：15公克的脆片放在裝有10公克水的試管下方燃燒，水溫從20°C變成27°C，請估算每公克食物中所含的熱量。

食物中所含熱量 ＝ 水的質量 x 溫度上升值 x 4.2

食物中所含熱量 ＝ 10 x 7 x 4.2 ＝ 294焦耳

$$每公克熱量 = \frac{食物中所含熱量}{食品質量}$$

$$每公克熱量 = \frac{294}{15} = 19.6焦耳／公克$$

均衡飲食

為了維持健康，人必須擁有均衡飲食。這代表必須吃含有必需營養素且份量適宜的食物。食物能為你提供熱量，這些熱量除了用於走路或奔跑等活動，也用於那些維持身體正常運作所需的重要化學反應。每人需要的食物量取決於年齡、性別、身體活動程度、是否懷孕。

重點

✓ 均衡的飲食包含了具有必需營養素且份量適宜的食物。

✓ 吃太少食物會導致體重不足。

✓ 吃太多食物會導致肥胖。

✓ 每人需要的食物量會受到年齡、性別、是否懷孕、身體活動程度的影響。

攝取均衡飲食

下面的盤子代表每類食物應該在你的飲食中占的比例。

每餐的食物攝取量有大約四分之一應該由富含醣類的食物所組成，這些食物能為你提供熱量。

蔬菜是纖維素的良好來源，能幫助消化系統維持健康，並預防特定疾病，包括心臟病和糖尿病。

麵包、早餐穀片、米飯、義大利麵

蔬菜

肉、魚、蛋、乳製品、堅果

水果是維生素、礦物質、纖維素的良好來源。

水果

富含蛋白質的食物包括肉、魚、堅果和豆類。你的身體需要蛋白質來建構及修復組織。

身體質量

吃得太少

有些人沒有吃到足量食物。如果人的熱量攝取少於必需量，就會喪失身體質量，變得體重不足。體重不足的人往往較難抵抗疾病，因為他們有虛弱的免疫系統、缺乏能量且感覺疲倦，而且可能罹患維生素和礦物質缺乏症。如果飲食提供的熱量低於人的需求，可能導致飢餓，最終死亡。

吃得太多

有些人吃太多食物，或是吃太多油膩食品或含糖食品。如果人的熱量攝取大於每日必需量，就會在皮膚下和器官周圍儲存一層脂肪，因而增加身體質量。如果人的體重變得非常過重，就算是肥胖。體重過重的人罹患心臟病、中風、第二型糖尿病、某些癌症的風險會增加。

人的身體質量指數（body mass index; BMI）是一種指標，顯示身體質量與身高的比例是否處於健康狀態。如果它過高或過低，就可能造成健康問題。右邊的表格顯示身體質量指數值的意義。人的身體質量指數能以下列公式計算：

$$身體質量指數 = \frac{以公斤為單位的身體質量}{以公尺為單位的身高^2}$$

範例：如果一名16歲的男孩身體質量為65公斤，身高為1.8公尺，他的身體質量指數是：

$$身體質量指數 = \frac{以公斤為單位的身體質量}{以公尺為單位的身高^2} = \frac{65}{1.8^2} = 20.1$$

這個身體質量指數代表他的體重是健康的。

體重類別	身體質量指數(公斤/平方公尺)
體重不足	< 18.5
健康體重	18.5–24.9
體重過重	25–29.9
肥胖	30–34.9

食物的熱量含量

食品標示會告知消費者食物的熱量含量——千焦（kilojoule; kJ）和大卡（kilocalorie; kcal）能告訴你該產品含有多少熱量。紅色、琥珀色、綠色標示會顯示食物的脂肪、飽和脂肪、糖類及鹽的含量是高、中或低。許多國家都使用這套顏色編碼系統，幫助民眾做出健康的食品選擇。

熱量 924千焦 220大卡	脂肪 13公克	飽和脂肪 5.9公克	糖 0.8公克	鹽 0.7公克
15%	19%	30%	<1%	12%

這告訴你該食品的營養素含量占成人每日建議攝取量的多少百分比。

紅標食物應該只能偶爾吃。

綠標食物是較健康的選擇。

食物檢測

化學試劑幫助科學家檢測食物中醣類、蛋白質、脂質的存在。試劑會依據生物分子是否存在而改變顏色。檢測食品之前，可能需要用研杵和研缽來碾碎食品，接著把碾碎的粉末溶進蒸餾水來製作溶液。

📌 **重點**

✓ 如果食物含澱粉，加入碘液會變成藍黑色。

✓ 如果食物含糖（葡萄糖），加入本氏液（Benedict's solution）會變成磚紅色。

✓ 如果食物含蛋白質，加入雙縮脲溶液（Biuret's solution）會變成紫色。

✓ 如果食物含脂質，加入乙醇會形成白色乳化液。

檢測食物中的澱粉

碘液會在澱粉（一種複醣）存在時變成藍黑色。

📝 **方法**

1. 把幾滴碘液加入食物溶液中。碘液是一種橙色溶液。
2. 攪拌混合液。
3. 如果溶液變成藍黑色，就表示含有澱粉。

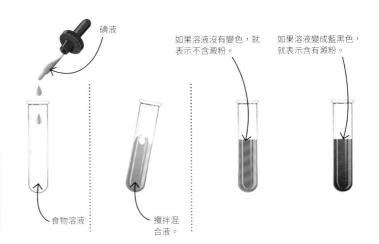

碘液

如果溶液沒有變色，就表示不含澱粉。

如果溶液變成藍黑色，就表示含有澱粉。

食物溶液

攪拌混合液。

檢測食物中的單醣

本氏液會在葡萄糖等單醣存在時變成紅色。

📝 **方法**

1. 把幾滴本氏液加入食物溶液中。本氏液的顏色是亮藍色。
2. 攪拌混合液，然後放在設定為50°C的水浴中加熱。
3. 如果溶液變成紅色，就表示含有糖。

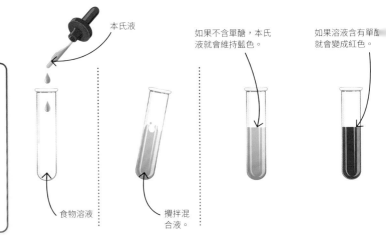

本氏液

如果不含單醣，本氏液就會維持藍色。

如果溶液含有單醣就會變成紅色。

食物溶液

攪拌混合液。

檢測食物中的蛋白質

雙縮脲溶液會在蛋白質存在時變成紫色。

🗒 **方法**

1. 把幾滴雙縮脲溶液（一種混合氫氧化鈉和硫酸銅的溶液）加入食物溶液中。雙縮脲溶液是藍色的。

2. 攪拌混合液。

3. 如果溶液變成紫色，就表示含有蛋白質。

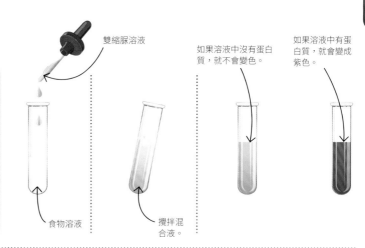

雙縮脲溶液

如果溶液中沒有蛋白質，就不會變色。

如果溶液中有蛋白質，就會變成紫色。

食物溶液

攪拌混合液。

檢測食物中的脂質

如果脂質存在於溶液中，乙醇就會使白色乳化液出現。

🗒 **方法**

1. 把幾滴乙醇加入食物溶液中。乙醇是透明溶液。

2. 攪拌混合液。

3. 把一些混合液倒入裝蒸餾水的試管裡。

4. 如果白色乳化液出現，就表示含有脂質。

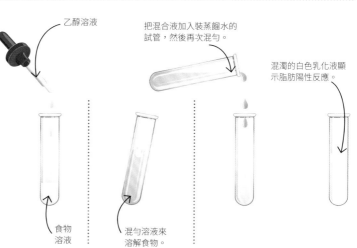

乙醇溶液

把混合液加入裝蒸餾水的試管，然後再次混勻。

混濁的白色乳化液顯示脂肪陽性反應。

食物溶液

混勻溶液來溶解食物。

🔍 定性與定量食物檢測

以上描述的所有試驗都是定性食物檢測。這些試驗能讓科學家知道食物中存在哪些營養素，但無法顯示營養素的含量。定量食物檢測會量食物樣本中特定營養素的含量。

需要愈多滴溶液，就代表食物中的維生素C含量愈少。

1. 維生素C存在於柳橙等柑橘類水果中。你可以使用來自水果或維生素C錠的維生素C溶液來進行這項定量食物檢測。

2. 然後你可以測量需要多少滴溶液才能使2,6-二氯酚靛酚（DCPIP）從藍色變成無色，藉此確定食物中的維生素C濃度。

消化系統

食物主要由大型不可溶分子組成，例如脂質和蛋白質。這些分子需要經過消化：分解成小型可溶分子，才能被吸收到血流中，然後被身體利用。這個過程會發生在消化系統。

消化系統的器官

消化系統主要由一條長長的肌肉管組成，這條長管會擠壓食物通過身體。消化系統從口腔開始，在肛門結束。

1. 食物在口中經由咀嚼被分解。牙齒會切斷食物，並把食物碾碎成較小的碎塊。

2. 食物會跟唾液腺製造的唾液混合。唾液是一種消化液，而消化液是含有澱粉酶等消化酵素的液體。

3. 吞嚥時，食道（一條肌肉管）會把食物移到胃裡。

4. 胃壁的肌肉會收縮來攪拌食物，這會使食物跟更多消化液及胃酸混合，進一步分解食物。胃酸能殺死許多可能與食物一起吞嚥的有害微生物，並為胃酵素提供最適pH值來發揮作用。

5. 在小腸裡，來自肝臟及胰臟的消化液會加入腸道，消化作用也會在這裡完成。消化時產生的小型可溶營養素分子會通過腸壁進入血流，這個過程稱為吸收（見第102頁）。

肝臟也會參與消化。肝臟製造膽汁，並把膽汁釋放到小腸來乳化脂質，讓酵素更容易消化脂質。

6. 只有無法消化的食物會到達大腸。在這裡，水會被吸收到血流中，留下大量未消化的食物，稱為糞便。

7. 糞便在排出身體之前會儲存在直腸裡。

8. 肛門是一圈肌肉環，糞便會通過肛門排出身體。這種清除未消化廢物的過程稱為排便（egestion）。

🔍 蠕動（Peristalsis）

食物會透過一種稱為蠕動的過程來通過消化系統：食道和腸道壁的肌肉會收縮來擠壓食物，收縮波會在消化系統傳播來推動半消化的食物球。

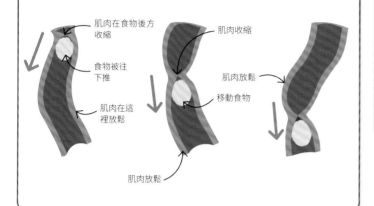

肌肉在食物後方收縮

肌肉收縮

食物被往下推

肌肉放鬆

移動食物

肌肉在這裡放鬆

肌肉放鬆

📌 重點

✓ 消化時，大型不可溶分子會分解成較小的可溶分子。

✓ 食物分子會在口腔、胃和小腸中分解。

✓ 可溶食物分子會在小腸被吸收到血液裡。

✓ 水會在大腸被吸收到血流中。

✓ 未消化的食物會通過肛門排出身體。

🔍 物理消化

消化有兩種類型：物理（又稱為機械）消化和化學消化（見第100–101頁）。物理消化包含了咀嚼和碾碎等過程，藉由物理性方式把食物分解成較小的碎塊。這種消化主要發生在口腔。不過，這種消化也包含在胃裡攪拌食物以及使用膽汁（見第101頁），膽汁是一種分解大型脂肪滴的液體。

牙齒

在口腔中，食物會透過咀嚼來分解成較小的碎塊。食物會與唾液混合，然後被吞嚥及推下食道。牙齒有四種類型——每種牙齒的形狀使它們能進行不同功能。

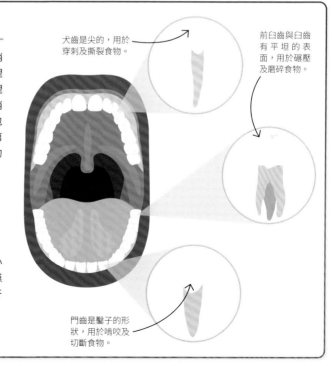

犬齒是尖的，用於穿刺及撕裂食物。

前臼齒與臼齒有平坦的表面，用於碾壓及磨碎食物。

門齒是鑿子的形狀，用於啃咬及切斷食物。

消化酵素

化學消化的過程中有酵素參與，它們是具有生物催化劑功能的蛋白質（見第67頁）。消化酵素會把大型營養素分解成能被身體吸收的小型可溶解食物分子。

發揮作用的酵素

唾液腺等腺體以及胃、胰臟、小腸內的細胞都會製造酵素。不同種類的酵素負責分解不同的營養素。

📌 **重點**

- √ 化學消化的過程中有酵素參與。
- √ 醣酶（carbohydrase）會把大型醣類分解成小型醣類。
- √ 蛋白酶會把蛋白質分解成胺基酸。
- √ 脂肪酶會把脂質分解成脂肪酸及甘油。

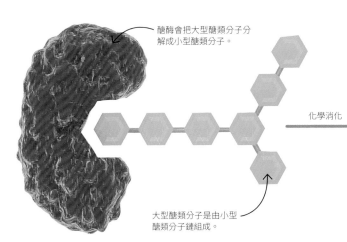

醣酶會把大型醣類分子分解成小型醣類分子。

大型醣類分子是由小型醣類分子鏈組成。

化學消化

酵素會把大型醣類分子分解成小型醣類分子，接著小型醣類分子會進入血流，被身體利用。

醣酶
醣類消化發生在口腔及小腸。分解醣類的酵素稱為醣酶。它們會把醣類分解成可用於提供能量的單醣。澱粉酶就是醣酶的一個例子，它會把澱粉分解成糖分子。

🔍 **維持最適宜的酵素環境**

每種酵素會在特定pH值有最好的作用效果（見第69頁）。舉例來說，有一種蛋白酶稱為胃蛋白酶，它的最適pH值大約為2（酸性）。胃中的鹽酸確保胃蛋白酶能以最大速率催化反應。

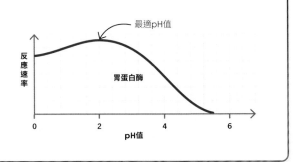

最適pH值

反應速率

胃蛋白酶

pH值

蛋白酶

蛋白質消化發生在胃及小腸裡。分解蛋白質的酵素稱為蛋白酶。蛋白酶會把蛋白質分解成用於生長與修復的胺基酸。人體內使用了大約20種不同胺基酸。

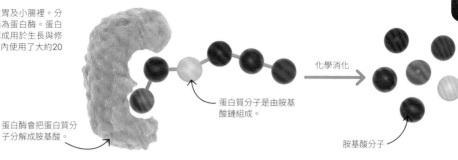

化學消化

蛋白質分子是由胺基酸鏈組成。

蛋白酶會把蛋白質分子分解成胺基酸。

胺基酸分子

脂肪酶

脂質消化發生在小腸裡。脂質的用途是儲存能量與保暖。分解脂質的酵素稱為脂肪酶，它們把脂質分解成脂肪酸和甘油分子。

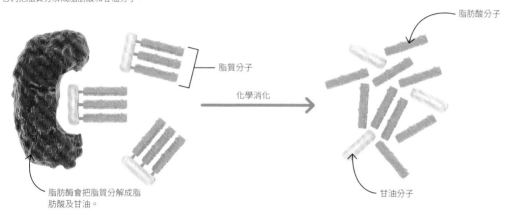

脂肪酸分子

脂質分子

化學消化

甘油分子

脂肪酶會把脂質分解成脂肪酸及甘油。

🔍 分解脂肪

小腸內的酵素在鹼性環境中效果最好。然而，因為食物會先經過胃再到小腸，所以非常酸。身體會把膽汁分泌到小腸裡，發揮兩種功能：

- 提供所需的鹼性環境來中和胃酸。

- 乳化脂肪滴，這代表把脂肪滴分解成數百個小滴，提供更大的表面積讓脂肪酶作用。

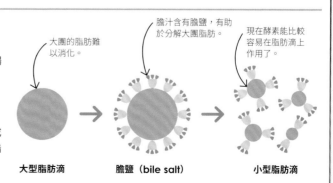

大團的脂肪難以消化。

膽汁含有膽鹽，有助於分解大團脂肪。

現在酵素能比較容易在脂肪滴上作用了。

大型脂肪滴　　　膽鹽（bile salt）　　　小型脂肪滴

食物的吸收作用

消化時產生的小型營養素分子會通過小腸壁進入血流，這個過程稱為吸收作用。接著，營養素分子會被運輸到需要它們的身體部位。小腸具有許多適應特徵，以確保營養素在未消化食物排出身體之前被順利吸收。

重點

✓ 小腸會透過擴散作用與主動運輸，把營養素吸收進血液中。

✓ 鋪滿小腸的絨毛創造出很大的吸收表面積。

✓ 絨毛具有豐富血液供應，用途是盡可能提升擴散作用及輸送營養素。

小腸的構造

為了使吸收速率最大化，超過5公尺長的小腸摺疊內膜覆蓋著稱為絨毛的指狀突起。絨毛增加了小腸的表面積，使營養素吸收速率最大化。

絨毛壁非常薄——這樣的短距離使擴散作用易於發生。

稱為乳糜管（lacteal）的管道會吸收脂肪酸及甘油，然後這些分子會在進入血流之前先輸送到淋巴液中。

絨毛會經由擴散作用吸收食物分子。

微血管會吸收單醣、胺基酸與其他營養素，血液會把這些營養素送到肝臟。透過擴散作用與主動運輸的組合，營養素會被吸收到血液裡。血液會迅速排出這些物質，使它們的血中濃度維持在低值。這會使擴散作用發生得較快。

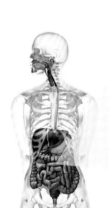

人類的消化系統

🔍 食物的同化作用（assimilation）

已消化的食物分子進入細胞、被細胞利用的過程稱為同化作用。例如，葡萄糖會擴散進入身體細胞，而細胞就在呼吸作用中利用葡萄糖來釋放能量。

肝臟是同化作用的重要器官之一：

- 肝臟會把多餘葡萄糖轉化成一種複醣：肝醣。肝醣被儲存起來，直到身體需要額外能量時才會被再次轉化成葡萄糖。
- 肝臟會把多餘胺基酸轉化成醣類及脂肪，這個過程會製造一種稱為尿素的廢物，然後尿素會被腎臟排出體外。

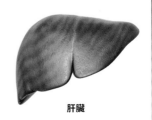

肝臟

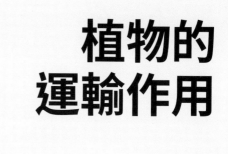

植物的
運輸作用

運輸系統

植物內部有兩套微小的管道，一套屬於木質部，會把水和礦物質從根輸送到莖跟葉，另一套屬於韌皮部，負責把糖分從葉輸送到植物的其餘部位。這兩套運輸管道都是由細胞構成的連續通道，供液體流動。

木質部

木質部管道是由死細胞聚集在一起組成的。這些細胞內沒有細胞質。木質部會把光合作用所需的已溶解物質及水向上輸送到植物的所有部位。水的這種移動現象稱為蒸散流。

重點

✓ 木質部管道把水與礦物質從根輸送到葉。

✓ 韌皮部管道把已溶解的糖分輸送到植物各處。

✓ 木質部與韌皮部組織合起來，形成稱為維管束（vascular bundle）的較大結構。

✓ 水向上移動到植物所有部位的現象稱為蒸散流（transpiration stream）。

✓ 糖分移動到植物各處的現象稱為輸導作用（translocation）。

韌皮部

韌皮部管道是由活細胞組成，這些細胞的細胞壁末端有小孔，形成一種稱為篩板（sieve plate）的結構。篩板能允許光合作用產生的已溶解糖類通過細胞壁，物質會以雙向移動，這稱為輸導作用。

細胞壁是由一種稱為木質素（lignin）的堅固物質構成，能為植物提供支撐。

水與礦物質在木質部中單向往上流。

死細胞

細胞壁不透水。

物質在韌皮部中可雙向流動。

篩板

🔍 葉、莖、根的內部

木質部與韌皮部管道會形成一種稱為維管束的構造。維管束在根、莖、葉內的位置並不相同，如這些剖面所示。

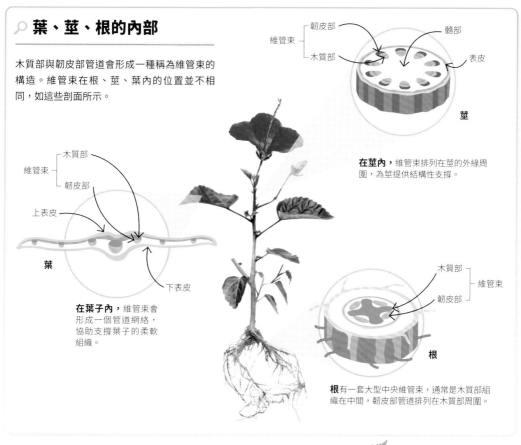

維管束 ─ 韌皮部 / 木質部   髓部   表皮

莖

在莖內，維管束排列在莖的外緣周圍，為莖提供結構性支撐。

維管束 ─ 木質部 / 韌皮部

上表皮

葉

下表皮

在葉子內，維管束會形成一個管道網絡，協助支撐葉子的柔軟組織。

木質部 / 韌皮部 ─ 維管束

根

根有一套大型中央維管束，通常是木質部組織在中間，韌皮部管道排列在木質部周圍。

🔍 水在植物內的流動

木質部管道比一根頭髮還細。如果你把芹菜放進一罐染色的水中，豎立靜置一天，這些微小管道就會呈現出染料的顏色。

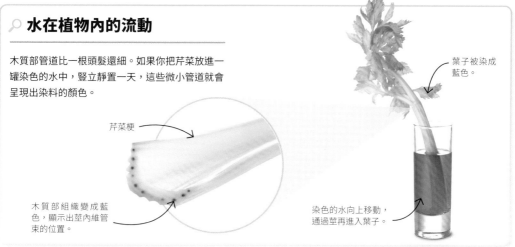

芹菜梗

葉子被染成藍色。

木質部組織變成藍色，顯示出莖內維管束的位置。

染色的水向上移動，通過莖再進入葉子。

蒸散作用

植物經由根部吸收水分，然後透過蒸發作用從葉子散失水分。從葉子散失水分會使更多水分通過植物往上移動。這種由蒸發作用驅使水分持續在植物裡流動的現象稱為蒸散作用。

運輸水分

植物經由葉子散失水分，再透過根部來補充。這種從根到葉的不間斷水流稱為蒸散流。

重點

✓ 蒸散作用是水在植物內往上流動的現象，由葉子的蒸發作用驅使。

✓ 植物藉由張開氣孔（葉子裡的孔洞）來調節蒸散作用。

✓ 水會透過木質部管道在植物內流動。

水蒸發進入空氣

張開的氣孔

葉肉細胞具有潮溼的細胞壁。

1. 氣孔是葉子裡的微小孔洞，水分會經由氣孔蒸發。二氧化碳會通過這些孔洞進入葉子，而氧氣則會通過這些孔洞擴散出去。

2. 葉子含有覆蓋著一層薄薄水氣的海綿狀葉肉細胞。這層水氣蒸發時，會經由氣孔擴散出去。

水從葉子蒸發，會把更多水往上拉進木質部。

木質部

水往上流過莖。

水藉由滲透作用進入根部。

4. 根部由伸入土壤的特化細胞覆蓋，具有很大的表面積，適合從土壤吸收水和礦物質。

3. 稱為木質部管道的微小管道會穿過莖部。從葉子散失的水分會使更多水分通過這些管道，補充那些從葉肉細胞散失的水分。

植物根部

植物根部具有適應特徵，能幫助植物盡可能從土壤吸收水及礦物質。如果植物從葉子散失的水比從根部獲得的水還多，就會開始凋萎（下垂），最後可能死亡。

📌 **重點**

✓ 根毛給予植物很大的表面積，從土壤吸收水與礦物質離子。

✓ 水藉由滲透作用進入根部。

✓ 根毛細胞膜藉由主動運輸攝取礦物質離子。

根系

根表面上的細胞覆蓋著數百萬條如頭髮般細小的延伸構造，這些構造會伸入土壤，從土壤攝取水及礦物質。水會經由滲透作用（見第52–53頁）吸收，而礦物質離子則經由主動運輸（見第56頁）吸收。

凋萎

水會被向上拉，從根運輸到莖和葉。如果水分不足，整株植物細胞內的液胞就會縮小。細胞壁上沒有被施加壓力來維持植物挺立，所以植物就會開始凋萎（見第53頁）。

根毛

根部向下延伸進入土壤，協助把植物固定在地面，同時吸收水與礦物質。

根毛細胞

根覆蓋著一層稱為表皮的細胞。根毛是表皮細胞的延長構造。這些根毛創造了很大的表面積，適合從土壤吸收水與礦物質。

⚙️ **水與礦物質如何吸收**

來自土壤的水與水中溶解的礦物質會被根毛細胞吸收，這些物質會穿過一個又一個的細胞，直到抵達微小管狀的木質部管道為止。從這裡開始，水就會被輸送到植物的所有部位。

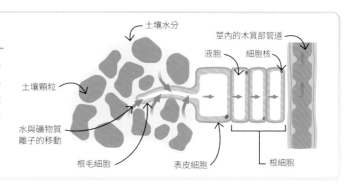

土壤水分

莖內的木質部管道

液胞　細胞核

土壤顆粒

水與礦物質離子的移動

根毛細胞　　表皮細胞　　根細胞

蒸散速率

蒸散速率即水從植物蒸發的速率，會受到四個因子影響：溫度、溼度、風速與光強度。

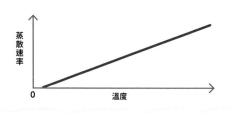

溫度

溫度升高會增加蒸散速率，因為這會使水從葉細胞經由氣孔（分布在多數葉子下表面的微小孔洞）蒸發到空氣中的速率加快。

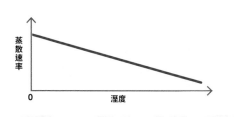

溼度

溼度是空氣中的水蒸氣量。溼度低的時候，空氣比較乾燥，水分也會比較容易從葉子蒸發，導致蒸散速率升高。溼度高的時候，水分較不容易蒸發，蒸散作用也會較慢。

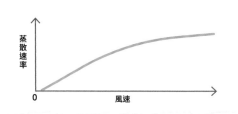

風速

風速較高會使蒸散速率增加，這是因為從葉子擴散出去的水蒸氣會被風快速帶走，使植物周圍的溼度無法上升。

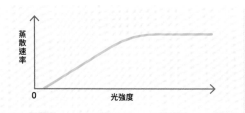

光強度

光強度高會增加光合作用的速率，使氣孔張開，這樣葉細胞就能獲得足量二氧化碳。氣孔完全張開時，水蒸氣會比較容易散失，增加蒸散速率。明亮的陽光也會加熱葉子，蒸散速率就會因為溫度上升而增加。

測量蒸散作用

有一種儀器稱為蒸散計（potometer），可用來測量植物吸收水分的速率，藉此估算蒸散速率。你可以改變光強度、溫度、溼度及風速來觀察環境因子如何影響蒸散速率。

重點

✓ 蒸散計是一種儀器，可用於測量植物攝取水分的速率。

✓ 蒸散計可以用來研究環境條件對蒸散作用的影響。

原理

隨著水分從葉子蒸散（蒸發）出去，植物會從管子攝入水分來補充。有些進入植物的水分會用於光合作用，所以並不是所有水分都是蒸散出去的。

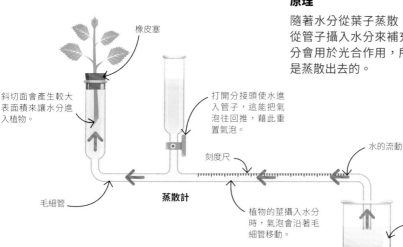

橡皮塞

斜切面會產生較大表面積來讓水分進入植物。

打開分接頭使水進入管子，這能把氣泡往回推，藉此重置氣泡。

水的流動

刻度尺

蒸散計

毛細管

植物的莖攝入水分時，氣泡會沿著毛細管移動。

裝水的燒杯

⚙ 方法

1. 在水下把蒸散計組裝在一起，以防止空氣進入。接著把一株植物的莖插進橡皮塞的孔裡。

2. 為了要產生一個氣泡，把裝水的燒杯從毛細管移開。產生一個氣泡之後，再把裝水的燒杯移回去。

3. 等氣泡到達刻度尺的起點之後，使用計時器來計算氣泡移動一定距離所花的時間。

4. 改變其中一項影響蒸散作用的環境因子之後，重複進行測量。舉例來說，如果要增加光強度，可以把蒸散計放在有陽光的窗戶旁。

🖩 計算蒸散速率

如果氣泡在60秒內移動30毫米，可以如下計算蒸散速率：

$$蒸散速率 = \frac{氣泡移動的距離（毫米）}{花費時間（秒）}$$

$$\frac{30毫米}{60秒}$$

使用計算機計算答案，然後加上單位：

$$蒸散速率 = 0.5毫米/秒$$

動物的
運輸作用

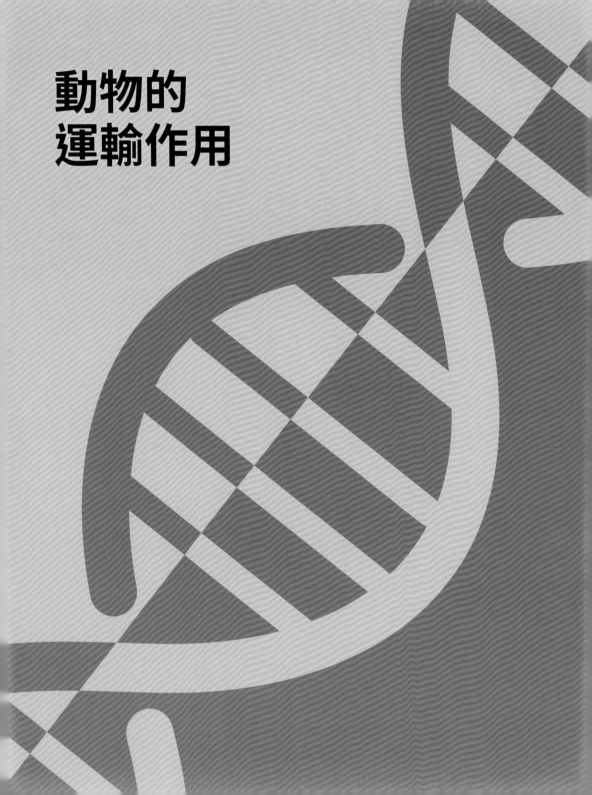

循環系統

大多數動物都有一套把營養素及氧氣輸送到身體各個部位的循環系統。循環系統也會輸送二氧化碳等廢物到能把它們排出體外的器官。

重點

✓ 人類有一套雙循環系統——血流在每一次全身循環時都會通過心臟兩次。

✓ 循環系統會把營養素及氧氣輸送到全身的每個細胞，也會運輸二氧化碳等廢物。

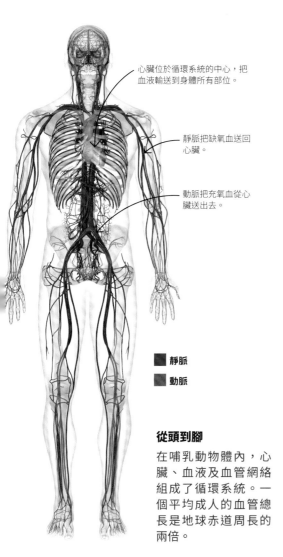

心臟位於循環系統的中心，把血液輸送到身體所有部位。

靜脈把缺氧血送回心臟。

動脈把充氧血從心臟送出去。

■ 靜脈
■ 動脈

從頭到腳

在哺乳動物體內，心臟、血液及血管網絡組成了循環系統。一個平均成人的血管總長是地球赤道周長的兩倍。

🔍 循環系統的類型

雙循環系統

人類與其他哺乳動物具有一套雙循環系統，這代表血液在一次完整循環中會經過心臟兩次。

肺臟

第一個循環
心臟把缺氧血輸送到肺臟。在這裡，血液會在回到心臟前吸收氧氣。

心臟

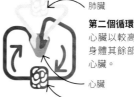

肺臟

第二個循環
心臟以較高的壓力把充氧血輸送到身體其餘部位，然後缺氧血會回到心臟。

心臟

身體其餘部位

單循環系統

有些動物是單循環系統，例如魚類。來自身體的缺氧血會輸送到心臟，接著輸送到魚鰓來充氧，然後再回到身體。

鰓微血管

心臟

身體微血管

■ 缺氧血
■ 充氧血

血管

血液會流經三種血管：動脈、靜脈、微血管。這些血管形成一套管狀結構的廣泛網絡，能把營養素及氧氣輸送到身體的每個細胞。

運輸系統

動脈把血液送出心臟，靜脈把血液送回心臟。這兩種血管都由細小的微血管連接，而微血管分布在身體的各個部位。從微小的動脈分支出去的微血管稱為小動脈（arteriole），然後跟來自靜脈的小靜脈（venule）會合。

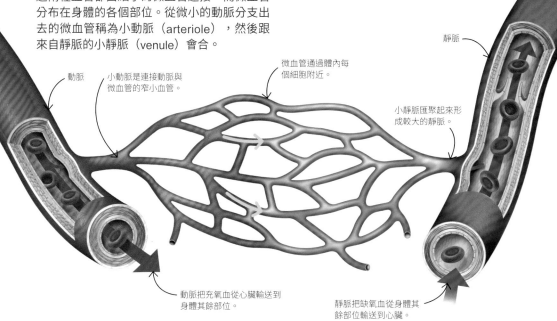

動脈

小動脈是連接動脈與微血管的窄小血管。

微血管通過體內每個細胞附近。

靜脈

小靜脈匯聚起來形成較大的靜脈。

動脈把充氧血從心臟輸送到身體其餘部位。

靜脈把缺氧血從身體其餘部位輸送到心臟。

> ### 📌 重點
>
> ✓ 主要的血管有三類，分別是動脈、靜脈、微血管。
> ✓ 動脈把血液送出心臟。
> ✓ 靜脈把血液送回心臟。
> ✓ 微血管連接動脈與靜脈。

🖩 計算血流速率

血液會依據通過的血管而有不同的流速。要計算血液的流速，可使用下列公式：

$$血流速率 = \frac{血量}{分鐘數}$$

範例：1866毫升的血在3分鐘內通過一條動脈，請計算血液的流速。

$$血流速率 = \frac{1866毫升}{3分鐘}$$

$$= 622毫升/分鐘$$

血管的構造

血管的大小與結構會依功能而異。動脈與靜脈的血管壁都是由三層主要結構層組成，而微血管的血管壁只有單層細胞。

動脈

心臟收縮時會以非常高的壓力迫使血液流過動脈。動脈必須要非常強韌才能承受這種壓力，它具有肌肉構成的厚血管壁及一層彈性層，在血液湧入狹窄開口（管腔）時能夠延展。

靜脈

靜脈是在較低的壓力下把血液輸送回心臟，所以靜脈血管壁不會像動脈那麼厚或那麼有彈性。為了使血液比較容易流回心臟，靜脈的管腔很大，並有瓣膜來確保血液往單一方向流動。

微血管

微血管非常小，會擠進間隙來輸送物質到體內的每個細胞。血液進入這些血管時會減速，使營養素、氧氣、廢物等物質擴散通過又薄又可通透的血管壁。

重點

✓ 動脈的血管壁是由肌肉構成，厚又有彈性，能承受很高的血壓。

✓ 靜脈具有瓣膜（valve）來確保血液往正確方向流動。

✓ 微血管的血管壁非常薄，因此物質能在血液與細胞之間輕易流通。

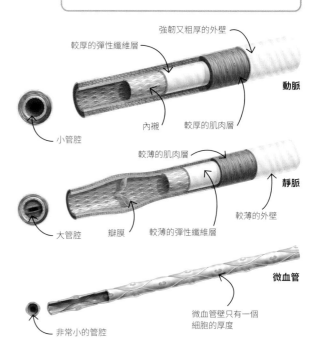

強韌又粗厚的外壁
較厚的彈性纖維層
動脈
內襯　較厚的肌肉層
小管腔

較薄的肌肉層
靜脈
較薄的外壁
大管腔　瓣膜　較薄的彈性纖維層

微血管
微血管壁只有一個細胞的厚度
非常小的管腔

⚙ 瓣膜如何作用

靜脈具有一種稱為瓣膜的口蓋狀結構，會打開和關閉，使血液往正確方向流動。血液推擠瓣膜時，瓣膜會打開，而血液回流時，瓣膜會關閉。靜脈周圍的身體肌肉施加的壓力也會協助維持血液向前流動。這裡顯示的是下肢靜脈的瓣膜。

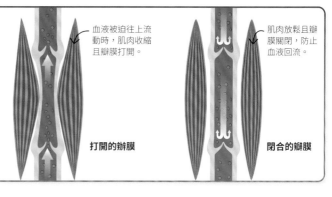

血液被迫往上流動時，肌肉收縮且瓣膜打開。

肌肉放鬆且瓣膜關閉，防止血液回流。

打開的瓣膜　　**閉合的瓣膜**

血液

血液為你的身體供應維持身體機能所需的氧氣與營養素。血液是由數以兆計的細胞及無數物質組成的,這些物質漂浮在稱為血漿 (plasma) 的稻草色液體裡。

重點

✓ 血液的四種成分是紅血球、白血球、血小板、血漿。

✓ 紅血球含有負責運輸氧氣的血紅素。

✓ 白血球(淋巴球與吞噬細胞)會抵抗病原體。

✓ 血小板會協助血液凝結。

✓ 血漿會輸送已溶解的物質。

血液的組成

血液中占最大比例的是血漿,其次是三種血液細胞:紅血球、白血球、血小板。

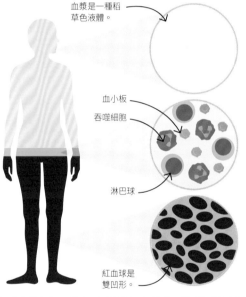

血漿是一種稻草色液體。

血漿

紅血球、白血球和血小板漂浮在一種稱為血漿的液體裡,血漿主要由水構成。營養素、廢物(二氧化碳及尿素)、激素、抗體等物質會溶在這種液體裡,被輸送到身體的所有細胞。

血小板

吞噬細胞

淋巴球

白血球與血小板

白血球主要有兩種:淋巴球(lymphocyte)與吞噬細胞(phagocyte)(見第264-265頁)。淋巴球會生產稱為抗體的化學物質,抗體能攻擊病原體,而吞噬細胞則會吞沒及摧毀病原體。白血球有一個細胞核,血小板則是沒有細胞核的微小細胞碎片,會聚集在一起形成血塊。

紅血球

紅血球是柔韌的小型圓盤,能擠進血管裡移動。它們被形容是雙凹形,因為每個圓盤的兩面各有一個向內凹陷的坑。紅血球沒有細胞核,而且充滿了攜帶氧氣的血紅素。

紅血球是雙凹形。

🔍 輸送氧氣

細胞需要氧氣進行呼吸作用——這是一種釋放能量的化學程序。紅血球含有血紅素分子,而血紅素會在肺臟攝取氧氣,然後把氧氣輸送到身體的所有細胞。血紅素裡的鐵會協助血紅素攜帶氧氣。

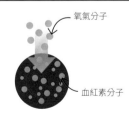

氧氣分子

血紅素分子

1. 氧氣在肺裡擴散進入血液中。它與血紅素分子結合,形成氧合血紅素(oxyhae-moglobin)。

氧合血紅素分子

2. 氧合血紅素分子被輸送到身體的細胞。

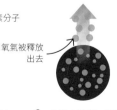

氧氣被釋放出去

3. 在微血管裡,氧合血紅素會分離出氧氣並將其釋放,然後身體的細胞會吸收氧氣。

心臟

人類心臟會把血液輸送到身體各處。右心把血液送到肺臟獲取氧氣，而左心則把血液送到身體其餘部位。

心臟的構造

心臟由四個腔室組成——位於上方的兩個小腔室稱為心房，位於下方的兩個腔室稱為心室。把血液送入及送出心臟的四條主要血管是：腔靜脈（vena cava）、肺動脈（pulmonary artery）、主動脈（aorta）、肺靜脈（pulmonary vein）。心臟內的瓣膜能確保血液往單一方向流動。

重點

✓ 心臟具有四個腔室：右心房與左心房，以及右心室與左心室。

✓ 心房從肺臟與身體接收血液。

✓ 心室把血液送出心臟。

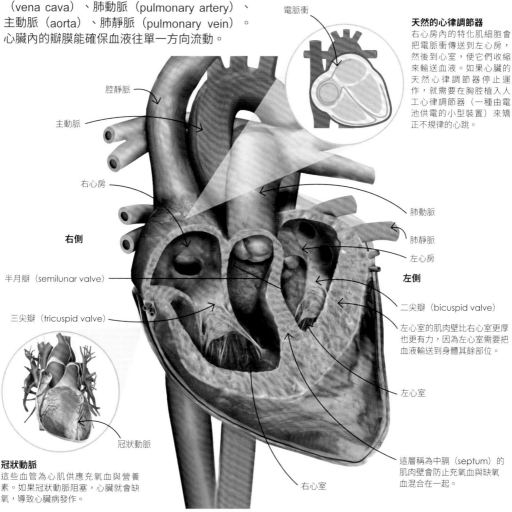

電脈衝

天然的心律調節器
右心房內的特化肌細胞會把電脈衝傳送到左心房，然後到心室，使它們收縮來輸送血液。如果心臟的天然心律調節器停止運作，就需要在胸腔植入人工心律調節器（一種由電池供電的小型裝置）來矯正不規律的心跳。

腔靜脈

主動脈

右心房

右側

半月瓣（semilunar valve）

三尖瓣（tricuspid valve）

肺動脈

肺靜脈

左心房

左側

二尖瓣（bicuspid valve）

左心室的肌肉壁比右心室更厚也更有力，因為左心室需要把血液輸送到身體其餘部位。

左心室

這層稱為中膈（septum）的肌肉壁會防止充氧血與缺氧血混合在一起。

右心室

冠狀動脈

冠狀動脈
這些血管為心肌供應充氧血與營養素。如果冠狀動脈阻塞，心臟就會缺氧，導致心臟病發作。

心臟如何運作

每一次心跳都是由一套受到仔細控制的步驟循環組成，不到一秒就會完成一次循環。每一次循環時，缺氧血會被壓送通過右心流到肺臟，而充氧血會壓送通過左心流到身體其餘部位。

> ### 📌 重點
>
> ✓ 心房收縮會壓送血液進入心室。
> ✓ 心室收縮會壓送血液進入動脈並離開心臟。
> ✓ 右心室通過肺動脈把缺氧血輸送到肺臟。
> ✓ 左心室通過主動脈把充氧血輸送到身體各處。

受到控制的順序

心跳是由心臟產生的電脈衝控制的。每次心跳有三個階段。肌肉收縮時，腔室會變小，把血液擠出去。腔室放鬆後，血液會再次充滿腔室。

■ 缺氧血

■ 充氧血

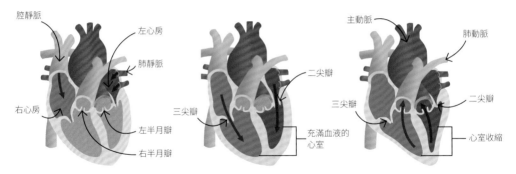

1. 心肌放鬆時，心房（上方的腔室）會充滿來自腔靜脈與肺靜脈的血液。半月瓣會關閉，避免血液流入心室。

2. 心房收縮時，會把血液壓送通過三尖瓣及二尖瓣進入心室（下方的腔室）。

3. 心室收縮且半月瓣打開，此時血液會經由肺動脈與主動脈湧出心臟。同時，二尖瓣與三尖瓣也會關閉。

🖩 計算心輸出量（cardiac output）

心輸出量是每分鐘左心室輸出的總血量。心率（這跟你的脈搏率是一樣的）是每分鐘的心跳次數（單位是bpm）。心輸出量的計算公式如下：

心輸出量 ＝ 心率 x 心搏出量 (stroke volume)

範例：心臟每次搏動會輸出60立方公分的血，且心率為55 bpm，計算心輸出量。

心輸出量	＝	心率	x	心搏出量
	＝	55	x	60
	＝	3300立方公分／分鐘		

心率

心率是心臟每分鐘跳多少次的度量值。一般的靜止心率（resting heart rate）介於每分鐘60下到100下之間，這個值會受到年齡、性別、健康狀況的影響。

脈搏

每次心肌收縮輸送血液時，都會有一股血液通過動脈，輸送到身體各處。這個現象可以在動脈接近皮膚表面的位置感受到，例如手腕。

重點

✓ 心率是每分鐘心跳數的度量值。

✓ 靜止心率會隨著年齡、性別及健康程度而異。

✓ 心率與脈搏率相同。

✓ 人的心率可以透過感受手腕的動脈來測量。

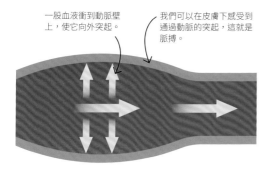

一股血液衝到動脈壁上，使它向外突起。

我們可以在皮膚下感受到通過動脈的突起，這就是脈搏。

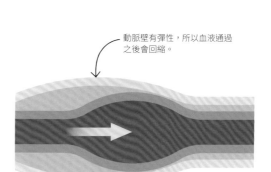

動脈壁有彈性，所以血液通過之後會回縮。

⚙ 測量脈搏率

因為每次心臟搏動時都會感受到一次脈搏，所以脈搏率就跟心率一樣，也會受到同樣因素的影響，例如運動。

1. 用兩根手指感受脈搏。把食指跟中指輕輕放在手腕內側，然後壓住皮膚直至感受到脈搏為止。

2. 計算30秒內感受到的脈搏數。把這個數字乘以二，就能計算每分鐘的心跳數。重複至少三次，計算平均值。

🔍 心音

一次正常的心跳會產生一次「拉－答」音。瓣膜關閉以阻止血液回流時，就會產生這個聲音。三尖瓣與二尖瓣關閉來阻止血液回流到心房，會產生「拉」音，而半月瓣關閉時則會產生「答」音。

聽診器用來聆聽心臟搏動的聲音。

改變心率

運動時肌肉較用力，你的心率就會加速。心臟受到一種稱為腎上腺素（adrenaline）的激素刺激時，心率也會上升。我們感到興奮、生氣或害怕時，腎上腺素就會被釋放到血流中。

重點

✓ 心率會隨著運動程度上升。

✓ 心臟跳動得愈快，就會輸送愈多充氧血到運作中的肌肉。

✓ 人感到興奮、生氣或害怕時產生的腎上腺素會使心率加快。

心率與運動

心臟在激烈運動時會跳得更快，這會增加輸送到身體各處的血量，以及血液到達細胞的速度。下圖顯示一個普通人在行走與奔跑的混合活動時，心率的改變情形。

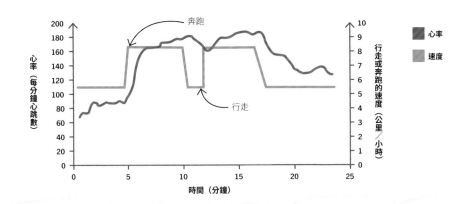

⚙ 測量心率在運動中的變化

	每分鐘心跳數
坐著	70
行走	85
蹦跳	105

運動愈激烈，心率就增加得愈多。規律運動的人比較健康，也往往具有比較低的靜止心率。他們的心率也會在運動之後較快回到靜止心率。想觀察心率如何隨著運動變化，可透過檢查自己的脈搏率來進行這項實驗。你可以在手腕內側感受自己的脈搏（見第117頁）。

1. 坐著至少5分鐘，然後計算30秒內的脈搏次數，測量你的脈搏率。

2. 接下來，做一些輕度運動，例如行走或跳躍2分鐘。運動之後，記錄你的脈搏率。

3. 休息一段時間後，進行更激烈的運動2分鐘，然後檢查你的脈搏率。

4. 把脈搏數乘以二，算出每分鐘脈搏數。把結果記錄在表格上，你就會看到自己的心率如何變化。

淋巴系統

淋巴系統是一套管道網絡，負責把一種稱為淋巴液（lymph）的液體輸送到身體各處。淋巴系統各處散布一種組織叢集，稱為淋巴結（lymph node）。淋巴結含有會抵抗病原體的淋巴球細胞。

重點

✓ 淋巴系統輸送的液體稱為淋巴液。

✓ 淋巴系統會把淋巴液送回血液中。

✓ 淋巴液含有淋巴球。

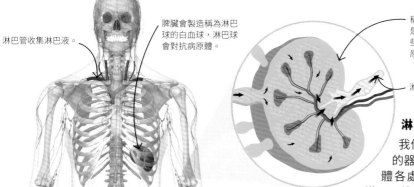

脾臟會製造稱為淋巴球的白血球，淋巴球會對抗病原體。

淋巴管收集淋巴液。

稱為淋巴球的新生白血球是在淋巴結內製造的。這些細胞會保衛身體抵禦病原體（致病生物）。

淋巴液

淋巴管

淋巴液的流動

我們體內沒有像泵一樣的器官能淋巴液推送到身體各處，不過淋巴管有瓣膜，可維持淋巴液往單一方向流動。淋巴管周圍的肌肉（比如腿部肌肉）也會提供協助──肌肉收縮時會擠壓淋巴管，迫使淋巴液流動。

⚙ 淋巴管

身體所有細胞的周圍都有一種從組織及微血管滲出的液體。淋巴系統會收集這種液體，把它送回血流中。這種液體通過淋巴系統時會被淋巴結過濾，淋巴結中的淋巴球會檢查其中是否含有病原體，一旦發現就加以攻擊。

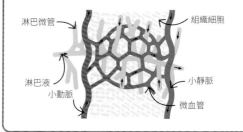

淋巴微管

組織細胞

淋巴液

小動脈

小靜脈

微血管

肺臟

肺臟是呼吸系統的一部分，在氣體交換方面扮演重要角色──吸氣時，空氣中的氧氣會進入血流，而呼氣時，作為廢物的二氧化碳會離開血流。

📌 **重點**

✓ 空氣大多是透過鼻子吸入，然後通過氣管（trachea）、支氣管（bronchus）、細支氣管（bronchiole），最後到達肺泡。

✓ 氣體交換發生在肺泡內。

✓ 氣體交換表面是氧氣進入血流及二氧化碳離開血流的區域。

呼吸系統

吸入的空氣會進入氣管，而氣管會分成兩根稱為支氣管的管道。在兩側的海綿狀肺臟內，這些支氣管會分成更小的管道，稱為細支氣管。

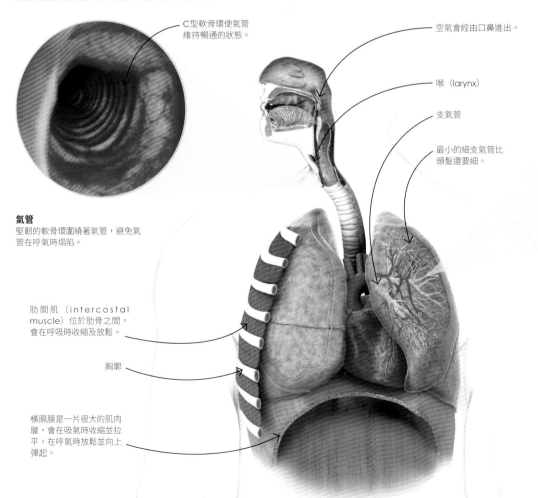

C型軟骨環使氣管維持暢通的狀態。

氣管
堅韌的軟骨環圍繞著氣管，避免氣管在呼氣時塌陷。

空氣會經由口鼻進出。

喉（larynx）

支氣管

最小的細支氣管比頭髮還要細。

肋間肌（intercostal muscle）位於肋骨之間，會在呼吸時收縮及放鬆。

胸廓

橫膈膜是一片很大的肌肉層，會在吸氣時收縮並拉平，在呼氣時放鬆並向上彈起。

氣體交換

所有活體生物都具有氣體交換表面，例如肺臟，而氣體會在肺臟進出血液。每根細支氣管末端都有微小的氣囊，稱為肺泡。肺泡就是氣體交換發生的地方：氧氣從肺泡進入血液，二氧化碳從血液進入肺泡。這兩種氣體都是經由擴散作用移動的（見第51頁）。

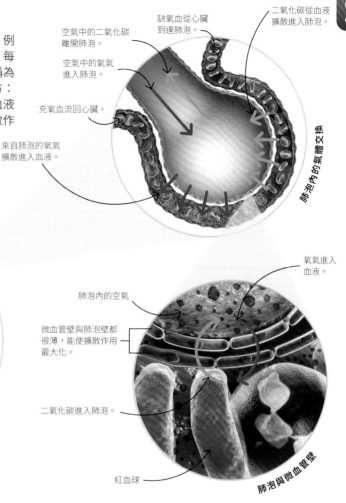

二氧化碳從血液擴散進入肺泡。

缺氧血從心臟到達肺泡。

空氣中的二氧化碳離開肺泡。

空氣中的氧氣進入肺泡。

充氧血流回心臟。

來自肺泡的氧氣擴散進入血液。

肺泡內的氣體交換

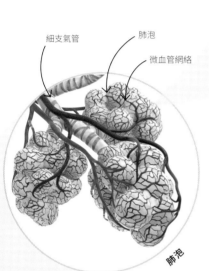

細支氣管

肺泡

微血管網絡

肺泡

氧氣進入血液。

肺泡內的空氣

微血管壁與肺泡壁都很薄，能使擴散作用最大化。

二氧化碳進入肺泡。

紅血球

肺泡與微血管壁

🔍 魚類的氣體交換

魚類的鰓是氣體交換表面。鰓是由許多鰓絲（gill filament）構成。這會使藉由擴散作用進行氣體交換的表面積增加——如同人類肺臟中無數個肺泡也增加了氣體交換面積一樣。

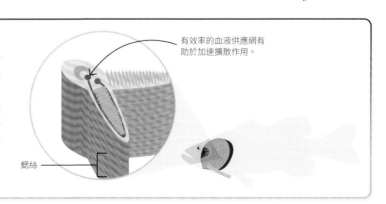

有效率的血液供應網有助於加速擴散作用。

鰓絲

呼吸

你吸氣時，富含氧的空氣會進入肺臟，這樣氧才能進入你的血流。呼氣時，呼出的氣體中含有較少的氧，但有較多從血流排出的廢棄二氧化碳。

吸氣與呼氣

呼吸的動作由一系列肌肉控制，這些肌肉會一起運作，使胸腔容積增減，進而使氣體進出。

重點

✓ 吸進氣體稱為吸入（inhalation），或是吸氣（inspiration）；呼出氣體稱為呼出（exhalation），或是呼氣（expiration）。

✓ 呼吸由肋骨、肋間肌和橫膈膜控制。

✓ 氣體是因為壓力與容積的變化而進出肺臟。

✓ 黏稠的黏液會捕捉灰塵及粒子。

✓ 呼吸道內壁表面的纖毛細胞（ciliated cell）會把黏液捕捉到的灰塵及微生物掃出去。

吸氣

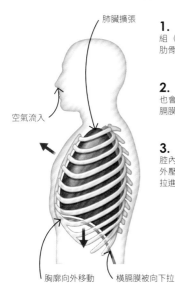

肺臟擴張

空氣流入

胸廓向外移動　　橫膈膜被向下拉

1. 肋骨之間的外層肌肉組（外肋間肌）收縮，使肋骨向上及向外移動。

2. 同時，橫膈膜的肌肉也會收縮，把穹頂狀的橫膈膜往下拉，使它變平。

3. 胸腔容積增加，使胸腔內壓力下降到低於肺臟外壓力。因此，空氣會被拉進肺臟裡。

呼氣

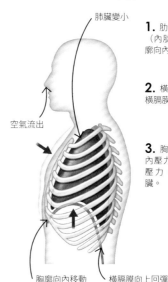

肺臟變小

空氣流出

胸廓向內移動　　橫膈膜向上回彈

1. 肋骨之間的內層肌肉組（內肋間肌）收縮，使胸廓向內向下移動。

2. 橫膈膜的肌肉放鬆，使橫膈膜向上復位。

3. 胸腔容積減少，使胸腔內壓力上升到高於肺臟外壓力，空氣就會離開肺臟。

🔍 纖毛與黏液

吸氣時，鼻毛會捕捉塵埃粒子與微生物。氣管與支氣管內也鋪滿具有微小毛狀構造（稱為纖毛）的細胞，以及釋放黏液的細胞。這些細胞會一起協助預防塵埃粒子和微生物進入肺臟。

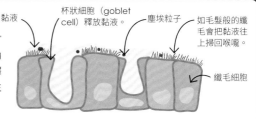

黏液　杯狀細胞（goblet cell）釋放黏液。　塵埃粒子　如毛髮般的纖毛會把黏液往上掃回喉嚨。

纖毛細胞

運動對呼吸的影響

人在運動時會呼吸得更快更深，使更多氧氣攝入體內，更多二氧化碳被排出。額外的氧氣會用來滿足肌細胞提高的呼吸需求。

重點

✓ 人在運動時的呼吸速率與呼吸深度都會增加。

✓ 收縮的肌細胞需要額外的氧氣，才能更迅速呼吸。

✓ 呼吸速率的測量方式是計算一分鐘內的呼吸次數。

呼吸深度與呼吸速率的變化

人在休息時，進出肺臟的氣體量大約是500立方公分。下圖顯示這個數據在運動時會如何改變。不只是吸入及呼出的氣體量（呼吸深度）增加了，呼吸速率也增加了：呼吸變得更快，因為每分鐘發生的呼吸次數更多。

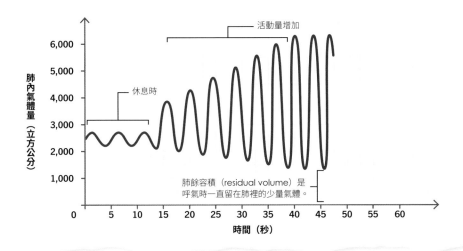

測量呼吸速率

人的呼吸速率可以藉由計算每分鐘的呼吸次數來測量。健康成人的靜止呼吸速率通常介於每分鐘12次到18次之間。

1. 計算休息時一分鐘內的呼吸次數。重複三次，然後計算平均呼吸速率。

2. 運動一分鐘，然後再度測量呼吸速率。你會發現，運動得愈激烈，呼吸速率就愈快。

神經系統

刺激與反應

為了生存，生物需要對持續變化的環境做出反應，例如動物可能需要逃離捕食者或覓食。任何會引發生物產生反應的變化都稱為刺激。

重點

✓ 刺激是生物偵測到並做出反應的任何變化。

✓ 受器是感覺器官內負責偵測刺激的細胞。

✓ 動器是對刺激做出反應的身體部位，例如肌肉或腺體。

✓ 受器會經由神經系統、激素，或同時經由兩者來傳送信號到動器。

1. 對於巢鼠而言，看見貓頭鷹等捕食者是一種強力刺激。

2. 巢鼠利用受器（比如眼睛裡的受器）來偵測刺激（比如光線）。受器傳送信號到腦，而腦會決定如何反應。

3. 巢鼠的腦傳送信號到動器（也就是身體部位，如腿部肌肉）來產生反應。逃跑和躲藏就是巢鼠的反應。

🔍 受器與動器

動物用來偵測刺激的主要受器是感覺器官。老鼠的感覺器官就是牠的眼睛、耳朵、觸鬚、鼻子及嘴巴。動器不僅包括老鼠用來逃跑的肌肉，也包括牠體內的腺體。例如老鼠看到捕食者時，牠的腎上腺會產生一種激素稱為腎上腺素，腎上腺素會使老鼠的身體準備採取緊急行動。

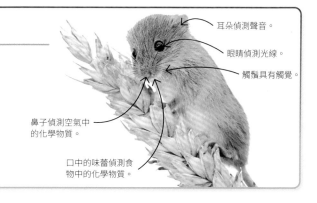

耳朵偵測聲音。

眼睛偵測光線。

觸鬚具有觸覺。

鼻子偵測空氣中的化學物質。

口中的味蕾偵測食物中的化學物質。

神經系統

動物的神經系統使動物能偵測周遭環境中的變化
（刺激），並迅速做出反應。神經系統由叫做
神經元（neuron）的細胞構成，神經元會高速
傳遞電脈衝到身體各處。

📌 重點

✓ 感覺器官含有稱為受器的神經元，會對特
定刺激做出反應。

✓ 腦與脊髓構成了中樞神經系統（central
nervous system），也就是神經系統的控
制中心。

✓ 神經會在中樞神經系統與身體其餘部位之
間傳遞電脈衝。

⚙ 神經系統的運作

感覺神經元——例如人眼的感光細胞——會偵測
周遭環境的變化，然後傳送電脈衝到腦或脊髓，
這兩者共同構成中樞神經系統，也就是神經系統
的控制中心。中樞神經系統會處理資訊並決定如
何反應，然後沿著運動神經元傳送電脈衝到動器
（例如肌肉）來做出反應。

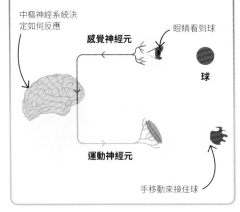

中樞神經系統決
定如何反應

眼睛看到球

感覺神經元

球

運動神經元

手移動來接住球

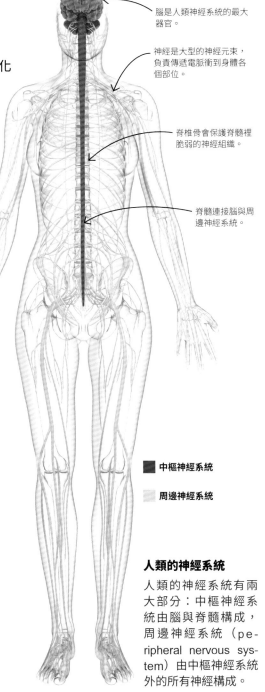

腦是人類神經系統的最大
器官。

神經是大型的神經元束，
負責傳遞電脈衝到身體各
個部位。

脊椎骨會保護脊髓裡
脆弱的神經組織。

脊髓連接腦與周
邊神經系統。

■ 中樞神經系統

▨ 周邊神經系統

人類的神經系統

人類的神經系統有兩
大部分：中樞神經系
統由腦與脊髓構成，
周邊神經系統（pe-
ripheral nervous sys-
tem）由中樞神經系統
外的所有神經構成。

神經元

構成神經系統的細胞稱為神經元或神經細胞。神經元會把資訊從感覺器官傳遞到中樞神經系統，也會把資訊從中樞神經系統傳遞到肌肉和腺體。以電脈衝形式傳送的資訊稱為神經衝動。

重點

✓ 神經元傳遞的電訊息稱為神經信號或神經衝動。

✓ 神經元的三大類型是感覺神經元、運動神經元、中間神經元。

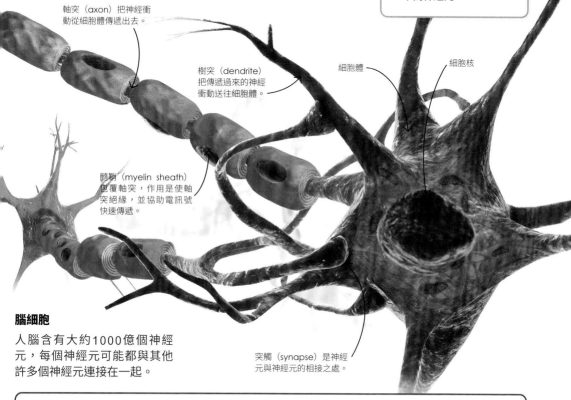

軸突（axon）把神經衝動從細胞體傳遞出去。

樹突（dendrite）把傳遞過來的神經衝動送往細胞體。

細胞體

細胞核

髓鞘（myelin sheath）包覆軸突，作用是使軸突絕緣，並協助電訊號快速傳遞。

突觸（synapse）是神經元與神經元的相接之處。

腦細胞

人腦含有大約1000億個神經元，每個神經元可能都與其他許多個神經元連接在一起。

🔍 神經元的類型

有些神經元的長度超過1公尺。神經元有三大類型，每個類型分布在神經系統的不同部位。

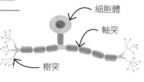

細胞體

軸突

樹突

感覺神經元會偵測刺激，例如光線，然後傳送電脈衝到中樞神經系統。

細胞體

中間神經元會把信號從感覺神經元傳送到運動神經元。

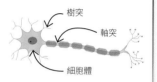

樹突

軸突

細胞體

運動神經元會把信號從中樞神經系統傳遞到作用器官。

突觸

神經細胞會在稱為突觸的接合處相互銜接。神經衝動無法直接通過突觸，因為相鄰細胞之間有個微小的間隙，而是透過神經傳導物質（neurotransmitter）通過間隙。

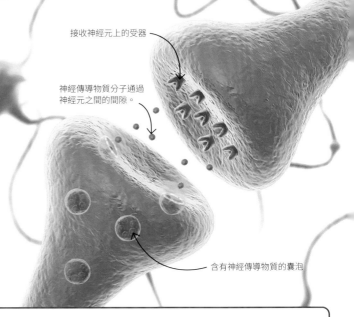

接收神經元上的受器

神經傳導物質分子通過神經元之間的間隙。

含有神經傳導物質的囊泡

📌 重點

- ✓ 神經元相接的地方稱為突觸。
- ✓ 電訊號到達突觸時，會促使突觸釋放稱為神經傳導物質的化學物質。
- ✓ 神經傳導物質會與接收神經元上的受器結合，這可能引發新的神經衝動。

會合點

突觸是兩個神經元的相接處。神經衝動會促使突觸釋放神經傳導物質，由神經傳導物質跨越這個間隙。這會使接收神經元產生新的電脈衝，訊息就會繼續在神經系統中傳遞。

🔍 神經傳導物質

神經傳導物質只在神經元的輸出端產生，所以神經衝動只能以單一方向通過突觸。影響神經系統的藥物往往是透過干擾神經傳導物質及其受器來發揮作用。

電訊號無法穿過間隙。

1. 電脈衝沿著神經元傳遞，直到抵達神經細胞末端為止。

神經傳導物質擴散通過間隙。

2. 信號促使神經傳導物質從稱為囊泡（vesicle）的小泡泡中釋放出來。神經傳導物質擴散通過相鄰細胞之間的微小間隙。

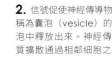

信號繼續傳遞。

受器

3. 神經傳導物質分子跟下一個細胞的受器結合，可能引發新的電訊號。

反射弧

如果你碰到某個導致疼痛的東西，你不需要思考就會馬上縮手，這稱為反射動作。為了節省時間，反射動作往往是由走捷徑的神經信號來控制，這種神經信號會繞過大腦，直接經過身體傳遞，這個路徑稱為反射弧（reflex arc）。

📌 **重點**

✓ 腦通常不會參與反射動作。

✓ 反射弧是引起反射動作的神經信號所採用的路徑。

✓ 許多反射動作都由脊髓來協調。

疼痛反射

縮回反射（withdrawal reflex）是最快的反射之一。這種反射會迅速把受影響的身體部位從疼痛來源縮回來，或是從異常或意料之外的感覺中縮回來。

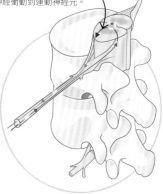

3. 脊髓
脊髓內的中間神經元接收到神經衝動，並傳送一個神經衝動到運動神經元。

2. 受器
皮膚的受器細胞偵測到刺激，會產生一個神經衝動，沿著感覺神經元傳遞到脊髓。

1. 刺激
仙人掌上的刺針刺入皮膚，這就是一種刺激。

4. 動器
運動神經元傳送神經衝動到手臂肌肉（動器），接著肌肉會收縮，把手從疼痛來源拉回來。

🔍 反射動作

反射動作比正常自主反應更快，因為神經信號不需要經過腦。你可能會在身體做出反應之後才察覺到刺激。許多反射之所以發生，是為了保護你不受傷害。

「戰」或「逃」反應是一種對危險刺激（比如看到一條毒蛇）的反應。這使你的心率加速、呼吸變深，讓你能夠逃離危險。

如果有快速移動的物體接近你的臉，**閉眼反射**會使你緊閉雙眼。這個反射保護你的眼睛不會受傷。

瞳孔在明亮環境中會自動**收縮**，在黑暗環境中會再次放大。這個反射會避免眼睛裡的感光細胞受損。

測量反應時間

反應時間是人對刺激做出反應所花的時長。這項實驗讓你能夠用直尺和一些簡單計算來測量人的反應時間。

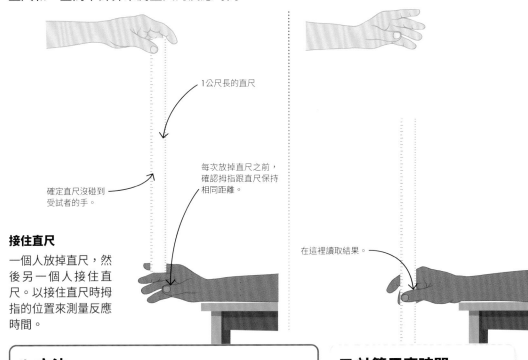

1公尺長的直尺

每次放掉直尺之前，確認拇指跟直尺保持相同距離。

確定直尺沒碰到受試者的手。

在這裡讀取結果。

接住直尺

一個人放掉直尺，然後另一個人接住直尺。以接住直尺時拇指的位置來測量反應時間。

⚙ 方法

1. 請受試者坐直身體，手臂放在一處平坦表面上，例如桌面，手上不要拿任何東西。

2. 你拿著一根1公尺長的直尺，刻度為0的地方放在受試者的食指和拇指之間，但直尺不能碰到他的手。

3. 請你的受試者準備好，一看到直尺落下就接住，但不要提示他們直尺何時會落下。

4. 經過一段任意長度的時間之後放掉直尺。

5. 讀取受試者拇指上方的數字，並記錄結果。

6. 可利用這項測試來比較不同人的反應時間，或比較同一個人在一天內不同時間的反應時間。

🖩 計算反應時間

利用下列公式，把以公分為單位的落下距離（d）轉換成以秒為單位的反應時間（t）。

$$t = \sqrt{\dfrac{d}{500}}$$

為了得到比較準確的結果，重複測試幾遍。把每次測試的讀數加起來，接著把總和除以測試次數，就能得到平均距離。

腦

人腦由大約1000億個神經元組成，這些神經元以複雜的迴路相連。腦負責控制心智程序，包括有意識的思考、記憶、語言、情緒。腦也負責協調身體肌肉動作，並控制無意識的程序，例如呼吸。

腦的各個部位

腦是由不同區域組成，每個區域參與一項特定功能。腦的外表面有很深的皺褶，能增加腦的表面積，為神經元創造更多空間，進而增加腦的處理能力。

重點

✓ 腦與脊髓都屬於中樞神經系統。

✓ 腦控制許多複雜的程序，例如語言和記憶。

✓ 不同部位的腦具有不同功能。

🔍 分為兩半的腦

從上方俯瞰時，腦的外層部位，也就是大腦，是由兩半（大腦半球）構成的，大致互為鏡像。有些功能只由一個半球控制，例如右半球控制左側身體的肌肉。不過，大部分功能是由兩個半球一起運作的。如果一邊受損，另一邊往往能夠接管受損組織的工作。

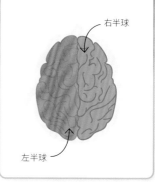

右半球

左半球

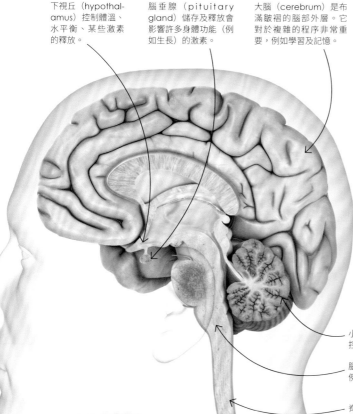

下視丘（hypothalamus）控制體溫、水平衡、某些激素的釋放。

腦垂腺（pituitary gland）儲存及釋放會影響許多身體功能（例如生長）的激素。

大腦（cerebrum）是布滿皺褶的腦部外層。它對於複雜的程序非常重要，例如學習及記憶。

小腦（cerebellum）協調肌肉，並協助控制身體動作及平衡。

腦幹（brainstem）控制無意識的活動，例如心跳和呼吸速率。

脊髓與腦構成中樞神經系統。

研究腦部

腦是人體最複雜的器官。研究腦部的科學家已經嘗試釐清腦部不同部位的特定功能，例如記憶。不過，許多心智功能需要腦部不同區域一起運作。

功能性磁振造影腦部掃描（fMRI）

功能性磁振造影腦部掃描能顯示說話時會變得活躍的小型區域。腦部掃描儀使科學家能研究腦部不同部位如何參與複雜的心智功能，例如說話。這類儀器也能用於偵測中風、腦腫瘤或其他疾病導致的損傷。

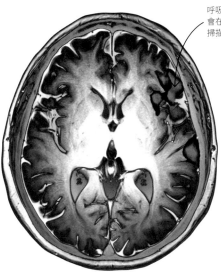

呼吸活躍的腦部區域會在功能性磁振造影掃描中發亮。

🔖 重點

✓ 從前，科學家要研究腦，只能研究腦部受損的人。

✓ 今天，腦部掃描儀能揭露健康的腦部在進行某一項心智活動時，哪些部位會變得活躍。

✓ 許多心智功能需要腦部的多個區域一起運作。

🔍 研究腦部功能

科學家利用各式各樣的方法來研究腦部功能。每種方法各有優缺點。

腦部創傷

從前，研究腦部的科學家必須先找到腦部因疾病或創傷而受損的病患，才能了解什麼樣的損傷會對記憶等心智功能造成什麼影響。

腦部掃描

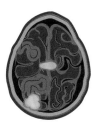

科學家和醫生利用數種不同的掃描儀器來建立腦影像，從影像會可看出哪些腦細胞呼吸得最活躍，就代表它們運作得最賣力。

電極

科學家會用電極刺激腦部表面，了解腦部哪些部位負責控制肌肉。不過這項技術只能在手術時使用。

腦電圖

腦電圖（EEG）儀器會偵測通過整個腦部的微弱電活動波。科學家會利用腦電圖研究腦部在睡眠與做夢時的活動。

神經系統損傷

神經系統受損會導致許多問題，從記憶缺失到感覺喪失都有可能。有些神經能在受損後重新生長，但中樞神經系統的損傷往往是永久性的。

腦部創傷

腦可能受到創傷或疾病的傷害，例如癌症或中風。損傷不可能修復，但腦的健康部位可能會接管受損組織的工作，恢復一些功能。

脊髓損傷

切斷脊髓的損傷會導致感覺完全喪失，以及創傷部位以下的所有身體部位癱瘓。脊髓損傷是永久性的，但科學家正在研究修復的方法。

伽瑪刀

腦腫瘤是長在腦內的癌症，有時很難在不傷害周圍健康組織的情況下，以手術清除腦腫瘤。有一項用來治療腦腫瘤的技術稱為伽瑪刀（gamma knife）。病患躺在一部儀器裡，儀器會從不同角度發射大約200束伽瑪輻射，全都聚焦在腫瘤上。這會給予腫瘤致死劑量的輻射，卻不會傷害周圍的腦組織。

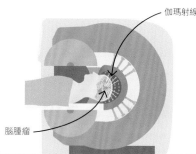

伽瑪射線

腦腫瘤

周邊神經損傷

運動神經的損傷會導致連接該神經的肌肉喪失行動能力，而感覺神經的損傷會導致感覺喪失。

神經系統

神經系統的任何部位都可能因為疾病或創傷而受損。中樞神經系統的損傷會比周邊神經的損傷造成更嚴重的障礙。

眼睛

人眼的運作方式有點像相機，利用一面彎曲透明的透鏡，把光線聚焦在眼球後方表面的一片感光膜上（叫做視網膜），形成影像。

📌 重點

✓ 眼睛藉由聚焦光線來形成影像。

✓ 眼內的感光受器細胞會對光做出反應，並傳送神經衝動到腦部。

✓ 有一組肌肉負責調節進入眼睛的光線量，另一組肌肉負責調節水晶體的聚焦度。

眼睛內部

眼內的大多數構造都是透明的，以便讓光穿透。光抵達眼睛後方的視網膜時，會刺激感光受器細胞。這些細胞會傳送神經衝動到腦部進行影像處理。

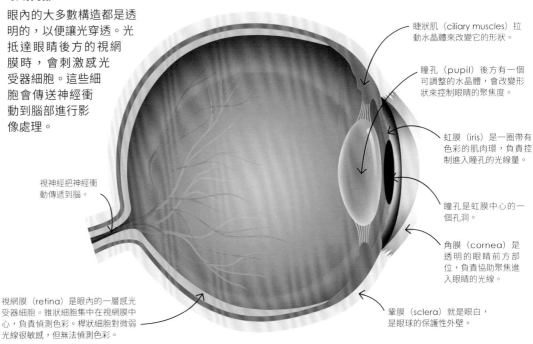

睫狀肌（ciliary muscles）拉動水晶體來改變它的形狀。

瞳孔（pupil）後方有一個可調整的水晶體，會改變形狀來控制眼睛的聚焦度。

虹膜（iris）是一圈帶有色彩的肌肉環，負責控制進入瞳孔的光線量。

視神經把神經衝動傳遞到腦。

瞳孔是虹膜中心的一個孔洞。

角膜（cornea）是透明的眼睛前方部位，負責協助聚焦進入眼睛的光線。

視網膜（retina）是眼內的一層感光受器細胞。錐狀細胞集中在視網膜中心，負責偵測色彩。桿狀細胞對微弱光線很敏感，但無法偵測色彩。

鞏膜（sclera）就是眼白，是眼球的保護性外壁。

⚙ 虹膜反射

虹膜是一圈以兩種型態排列的肌肉纖維——分別是環狀與放射狀。環狀肌肉纖維收縮時，瞳孔會縮小，使較少的光進入眼睛。放射狀纖維收縮時，瞳孔會放大，使較多的光進入。瞳孔會因應進入眼睛的光線量自動改變大小。

收縮的環狀肌

收縮的瞳孔

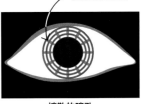

收縮的放射狀肌

擴散的瞳孔

視覺

為了形成影像，眼睛會把來自物體的散射光線彎折，聚集在視網膜上的一個點，稱為聚焦。大部分的聚焦功能是由角膜負責。可調整的視網膜會根據被看物體的遠近來微調。

📌 **重點**

✓ 角膜與水晶體把光線聚焦在視網膜上。

✓ 睫狀肌收縮或放鬆，會改變水晶體的形狀及聚焦力。

✓ 水晶體聚焦近的物體時會變厚，聚焦遠的物體時會變薄。

在視網膜上形成影像

光線穿過角膜與水晶體時會被彎折（折射）。物體的光線會穿過眼睛內部，在視網膜上投射出清晰但倒立的成像。視神經會把這個資訊傳遞到腦，腦再把影像翻轉成正像。

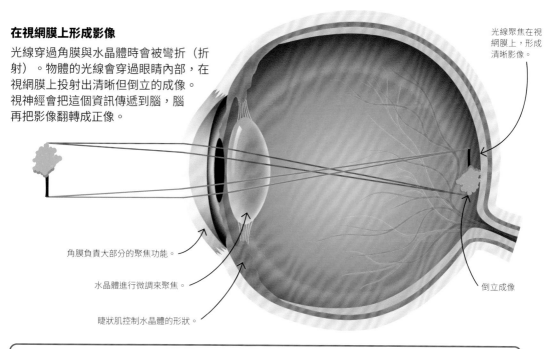

光線聚焦在視網膜上，形成清晰影像。

角膜負責大部分的聚焦功能。

水晶體進行微調來聚焦。

睫狀肌控制水晶體的形狀。

倒立成像

🔍 近距視覺與遠距視覺

為了聚焦不同距離的物體，眼內的水晶體需要改變形狀。它的形狀由睫狀肌控制。睫狀肌肉收縮時，水晶體會變厚，聚焦在近距離的物體上。睫狀肌放鬆時，水晶體會變薄，聚焦在遠距離的物體上。

水晶體變厚

近距視覺

聚焦在視網膜上的光線

水晶體變薄

遠距視覺

聚焦在視網膜上的光線

近視

有些人有近視問題，看不清楚遠處的物體。如果眼球稍微過長，或是水晶體或角膜太過彎曲，聚焦光線的角度太大，就會發生近視。

重點

√ 近視使遠處物體看起來模糊。

√ 在近視的眼睛裡，光線會聚焦在視網膜前方。

√ 凹（向內彎曲）透鏡能矯正近視。

矯正近視

在近視的眼睛裡，光線會在到達視網膜之前就聚焦。凹透鏡能使光線在進入眼睛之前發散，藉此矯正近視。

如果眼睛近視，光線會在到達視網膜之前就聚焦。

用凹透鏡（向內彎曲的透鏡）矯正近視。

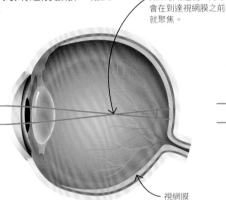

視網膜

近視的眼睛

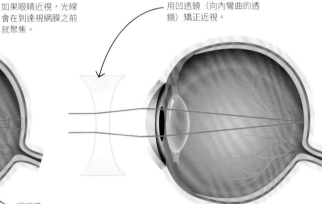

矯正後的視力

⚙ 雷射眼睛手術原理

近視、遠視、散光等視力問題能用眼部雷射手術矯正。矯正近視最常見的技術之一是把角膜重新塑形，使它較不彎曲，降低它的聚焦程度。

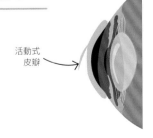

活動式皮瓣

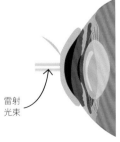

雷射光束

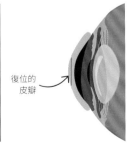

復位的皮瓣

1. 在角膜前方切出一小片皮瓣，向外掀開。

2. 用電腦控制的雷射光束燒掉一小塊角膜組織，使角膜較不彎曲。

3. 把皮瓣放回原位，使它癒合。

遠視

有些人的視力問題是遠視，看不清楚近處的物體。如果眼球過短，或是水晶體或角膜不夠彎曲，使彎折光線的角度太小，就可能發生遠視。老化造成的水晶體硬化也會導致遠視。

重點

✓ 遠視使近處物體看起來模糊。

✓ 在遠視的眼睛裡，光線會聚焦在視網膜後方。

✓ 凸（向外彎曲）透鏡能矯正遠視。

矯正遠視

在遠視的眼睛裡，焦點位於視網膜後方，使視網膜上的成像模糊。凸透鏡能使光線在進入眼睛之前匯聚（向內彎折），藉此來矯正視力。

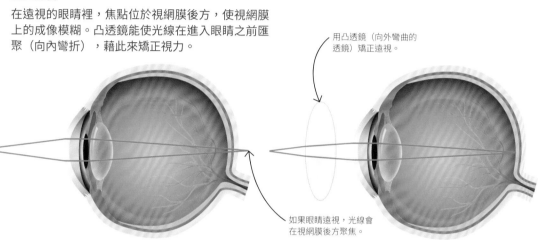

用凸透鏡（向外彎曲的透鏡）矯正遠視。

如果眼睛遠視，光線會在視網膜後方聚焦。

遠視的眼睛

矯正後的視力

⚙ 水晶體置換手術

遠視與近視等視力問題能透過更換眼內水晶體的手術來矯正，在眼球上開一道切口，移除原有的水晶體，然後在原處植入人工水晶體。另一個選項是保留原有水晶體，在它前面植入一個人工水晶體。

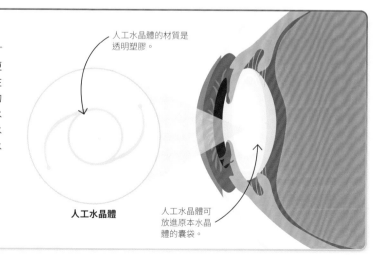

人工水晶體的材質是透明塑膠。

人工水晶體

人工水晶體可放進原本水晶體的囊袋。

散光

散光（astigmatism）是因為角膜或水晶體曲率不均所導致的視力問題，會造成眼睛聚焦某些光線（例如在垂直面傳播的光線）的能力比聚焦其他光線（例如在水平面傳播的光線）的能力更強，影像因此顯得模糊。

矯正散光

散光的眼睛無法正常聚焦光線，在視網膜上形成清晰影像。這會導致視野模糊，可以使用曲率不均的透鏡來治療，這種透鏡在某一方向彎折光線的程度會比在其他方向多。

重點

✓ 在散光的眼睛裡，穹頂狀的角膜或水晶體會稍微偏向橢圓形，而不是均勻的弧形。

✓ 眼睛的聚焦程度因入射光線的方向而異。

✓ 不論物體與觀者相距多遠，成像都是模糊的。

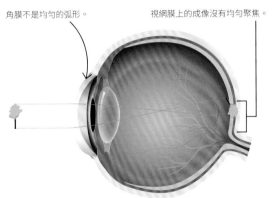

角膜不是均勻的弧形。

視網膜上的成像沒有均勻聚焦。

散光的眼睛

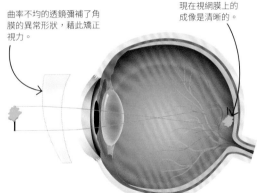

曲率不均的透鏡彌補了角膜的異常形狀，藉此矯正視力。

現在視網膜上的成像是清晰的。

矯正後的視力

🔍 檢查散光

散光會導致特定方向的光線異常聚焦。確認哪個方向受影響的方法之一，是讓患者看一張放射環狀圖（sunburst chart），這張圖由如輪輻般排列的線條組成。在散光的眼睛看來，會有某些方向的線條很清晰，其他方向的線條較模糊。

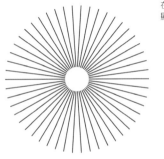

正常眼睛見到的線條

在垂直面顯得模糊

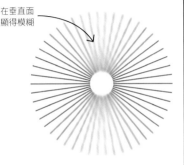

散光眼睛見到的線條

耳朵

聲音是看不見的波,在空氣中傳播。耳朵收集這些波之後加以放大,傳入充滿液體的內耳,內耳的感覺細胞再把神經衝動傳送到腦部。

耳朵內部

耳朵有三個部分:我們看得見的外耳、中耳、內耳。中耳與內耳的精細構造位於顱骨的孔洞裡。聲音透過微小骨骼中的振動在中耳傳遞,透過液體中的振動在內耳傳遞。

重點

✓ 聲波是透過空氣傳播的無形振動。

✓ 外耳收集聲波,並把聲波導向中耳和內耳。

✓ 內耳裡的感覺細胞偵測到聲音,然後把神經衝動傳到腦。

🔍 人工耳蝸

人工耳蝸(cochlear implant)可以用來恢復喪失的聽力。它有一支接收聲音的外部麥克風,把聲音轉換成信號,送到以手術植入皮下的接收器。接收器把電脈衝沿著一條微小的電線送到耳蝸,刺激耳蝸的感覺細胞把神經衝動傳到腦。

傳送器
麥克風

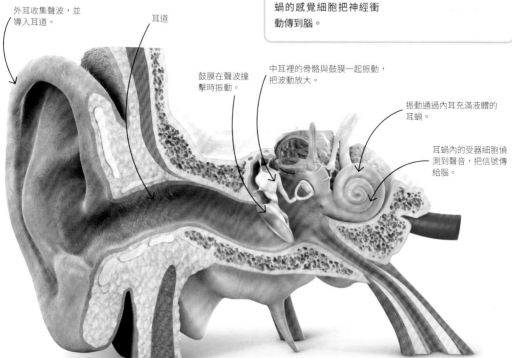

外耳收集聲波,並導入耳道。

耳道

鼓膜在聲波撞擊時振動。

中耳裡的骨骼與鼓膜一起振動,把波動放大。

振動通過內耳充滿液體的耳蝸。

耳蝸內的受器細胞偵測到聲音,把信號傳給腦。

體溫控制

神經系統把人體內的溫度維持在37℃，因為酵素在這個溫度的作用效果最好。如果體溫升高或降低，神經系統會傳送信號給作用器官，接著作用器官就會恢復身體的正常體溫。

📌 **重點**

✓ 體內環境維持不變，稱為恆定（homeostasis）。

✓ 體溫是由一套負回饋系統控制。

✓ 控制體溫的腦部區域稱為下視丘。

皮膚

皮膚會以幾種方式回應溫度變化。體溫上升時，皮膚會協助散發多餘熱量，而體溫下降時，皮膚則會保存熱量。在寒冷天氣裡，身體也能藉由顫抖來產熱——這是一種促使身體肌肉迅速收縮的反射。

毛髮會在體溫降低時豎立，留住皮膚附近的空氣來保暖。這也會造成雞皮疙瘩。

豎毛肌會抬高及降低毛髮。

身體溫暖時，皮膚內的血管會擴張。這會讓更多血流更接近皮膚表面，使熱量能夠散發出去。在寒冷天氣裡，血管會收縮，幫助身體保存熱量。

溫度受器會感覺到皮膚何時太熱或太冷，並傳送神經衝動給腦部。

汗腺會釋放一種稱為汗液的水狀液體到皮膚上。汗液蒸發時會使皮膚冷卻。

⚙ **體溫恆定**

體溫是由稱為下視丘的腦部區域監測及控制的。體溫過高時，下視丘會傳送神經衝動到降低體溫的動器。體溫變低時，下視丘會傳送神經衝動到升高體溫的動器。以逆轉變化的方式來回應變化，稱為負回饋。

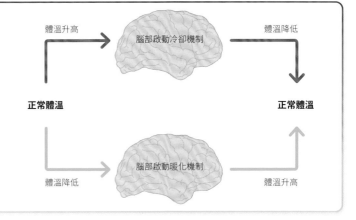

體溫升高　　　腦部啟動冷卻機制　　　體溫降低

正常體溫　　　　　　　　　　　　　　　**正常體溫**

腦部啟動暖化機制

體溫降低　　　　　　　　　　　　　　體溫升高

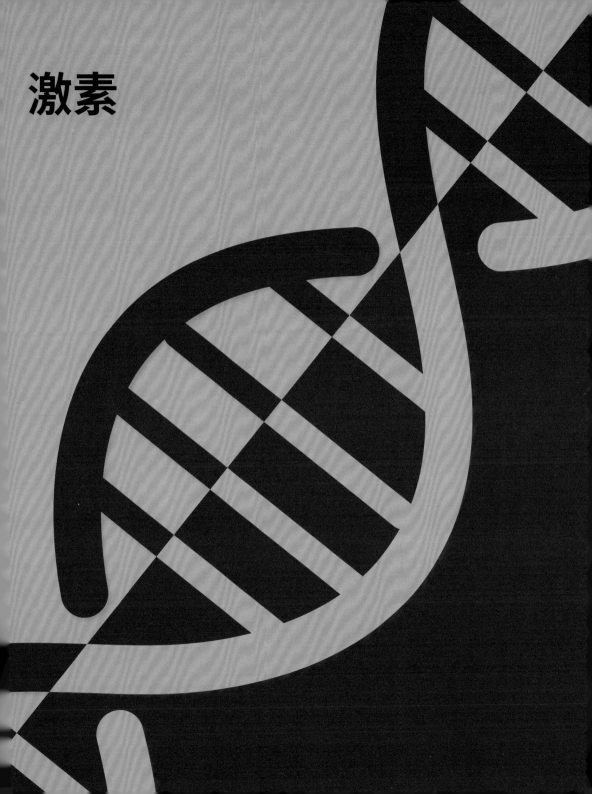

激素

內分泌系統

內分泌系統與神經系統一起運作，共同控制、協調身體機能。內分泌腺會分泌激素到血流中，血液再把激素輸送到目標器官，在目標器官發揮效果。

重點

✓ 內分泌系統能控制與協調身體機能。

✓ 內分泌系統由分泌激素到血中的腺體組成。

✓ 激素會在目標器官發揮效果。

✓ 激素的作用通常比神經衝動慢，但能對較大的區域造成較長遠的影響。

內分泌腺

激素由內分泌腺產生，內分泌腺會合成激素並將之分泌到血管內。內分泌腺分布在身體的許多部位，共同組成內分泌系統。

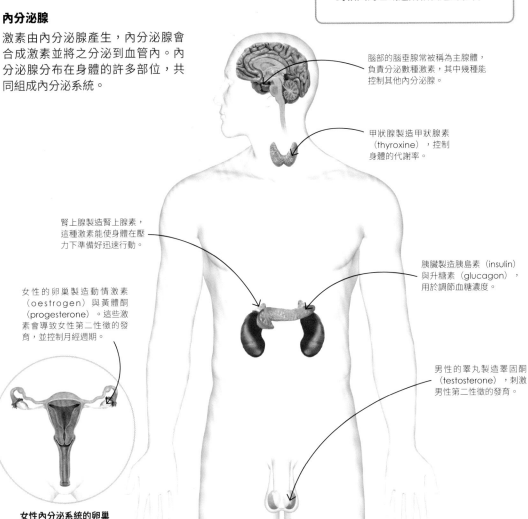

腦部的腦垂腺常被稱為主腺體，負責分泌數種激素，其中幾種能控制其他內分泌腺。

甲狀腺製造甲狀腺素（thyroxine），控制身體的代謝率。

腎上腺製造腎上腺素，這種激素能使身體在壓力下準備好迅速行動。

胰臟製造胰島素（insulin）與升糖素（glucagon），用於調節血糖濃度。

女性的卵巢製造動情激素（oestrogen）與黃體酮（progesterone）。這些激素會導致女性第二性徵的發育，並控制月經週期。

男性的睪丸製造睪固酮（testosterone），刺激男性第二性徵的發育。

女性內分泌系統的卵巢

恆定性

恆定性是指內部環境維持在不變的狀態，為酵素活動及所有身體機能提供最適環境。人體的恆定性包括血糖濃度、體溫及含水量的控制。

人體水分的調節

人體的水分由一套負回饋系統控制：水分過高時，身體會做出反應來降低水分；水分過低時，身體也會做出反應來升高水分。這種循環一直運行，以維持最適水分。

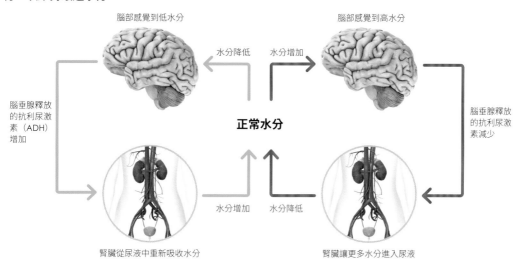

腦部感覺到低水分　　　　　　　腦部感覺到高水分

水分降低　水分增加

脳垂腺釋放的抗利尿激素（ADH）增加

正常水分

脳垂腺釋放的抗利尿激素減少

水分增加　水分降低

腎臟從尿液中重新吸收水分　　　腎臟讓更多水分進入尿液

回饋系統

人體利用負回饋來控制體內溫度、水分、血糖濃度，每個方面都有某些部分受到持續監測。如果升得太高或降得太低，身體就會利用激素或神經衝動來恢復正常值。

血糖
胰島素與升糖素被用於控制血糖濃度。血糖過高時，身體會釋放胰島素來降低血糖。血糖過低時，身體會釋放升糖素來升高血糖。

體溫
如果體溫超過37°C，腦部就會有所反應，傳送神經衝動來促使身體釋放汗液，以及增加流向皮膚表面的血液。如果體溫降低，神經衝動會引起身體顫抖，減少流向皮膚的血液，並豎起體毛來保暖。

胰島素與升糖素

人體內的細胞需要不斷獲得葡萄糖來進行呼吸作用。血中葡萄糖的濃度受到胰臟的監測及控制。如果沒有這個機制，血糖濃度會在進食後顯著增加，接著在幾小時後因為呼吸作用而降得太低。

重點

✓ 血糖濃度受到胰臟的監測及控制。
✓ 胰臟釋放胰島素與升糖素。
✓ 胰島素使血糖濃度下降。
✓ 升糖素使血糖濃度上升。

負回饋系統

血糖濃度上升時（例如進食後），胰臟會釋放胰島素，促使身體細胞從血液中吸收葡萄糖，也會使肝臟把葡萄糖轉化成肝醣來儲存，血糖濃度就會因此下降。血糖過低時（例如運動後），胰臟會釋放升糖素，促使肝臟把肝醣重新轉換成葡萄糖，因而升高血糖濃度。

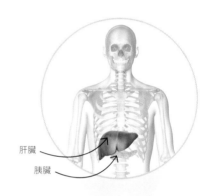

肝臟

胰臟

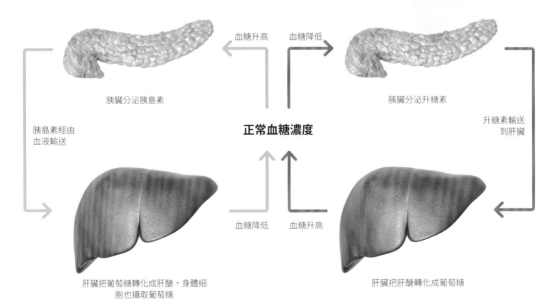

胰臟分泌胰島素　　血糖升高　　血糖降低　　胰臟分泌升糖素

胰島素經由
血液輸送

正常血糖濃度

升糖素輸送
到肝臟

血糖降低　　血糖升高

肝臟把葡萄糖轉化成肝醣，身體細
胞也攝取葡萄糖

肝臟把肝醣轉化成葡萄糖

糖尿病

糖尿病是身體的血糖控制系統不再正常運作的疾病。血糖濃度上升過多，可能需要注射胰島素來降低血糖。糖尿病有兩種類型：第一型與第二型糖尿病。

重點

✓ 糖尿病會導致異常高的血糖濃度。

✓ 罹患第一型糖尿病的人無法製造胰島素。

✓ 第一型糖尿病能以定期注射胰島素來治療。

✓ 第二型糖尿病患者的身體細胞無法對胰島素有正常反應。

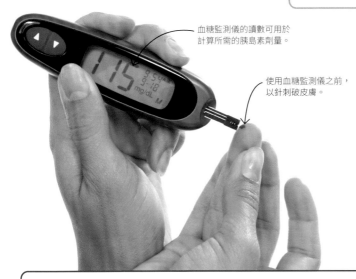

血糖監測儀的讀數可用於計算所需的胰島素劑量。

使用血糖監測儀之前，以針刺破皮膚。

與糖尿病共存

許多罹患糖尿病的人必須在一天內採取少量血液樣本四到十次，藉此定期監測血糖濃度。第一型糖尿病通常在童年病發，成因是胰臟停止製造胰島素，患者需要定期注射胰島素，把血糖維持在健康範圍內。第二型糖尿病通常在成年病發，胰臟依然會製造胰島素，但身體細胞開始對胰島素有抗性。第二型糖尿病往往能藉由減重及改變飲食來治療。

🔍 血糖濃度

這張圖表顯示一名糖尿病患者（紅色）及一名未患病者（綠色）的血糖濃度。未患病者的血糖濃度有變化，但波動維持在小範圍內。相較之下，糖尿病患者的血糖濃度卻顯著增加，需要定期施打胰島素來把血糖降到正常範圍內。注射胰島素不能完全模仿身體自然的控制，但能讓糖尿病患者過正常生活。

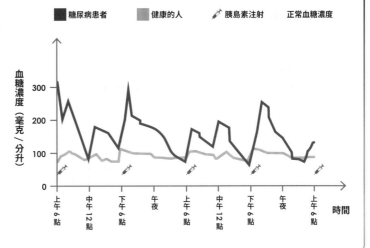

■ 糖尿病患者　　■ 健康的人　　💉 胰島素注射　　正常血糖濃度

血糖濃度（毫克／分升）

300
200
100
0

時間

上午6點　中午12點　下午6點　午夜　上午6點　中午12點　下午6點　午夜　上午6點

腎臟

腎臟負責維持體內正確的水平衡，對恆定性十分重要。腎臟也負責從血液中清除有毒廢物。腎臟藉由製造尿液來進行這兩項工作——尿液是一種含有水、尿素與其他廢棄物質（例如過多的礦物質離子）的溶液。

重點

✓ 尿素是肝臟分解多餘胺基酸所產生的有毒物質。

✓ 腎臟會過濾血液，清除尿素與其他廢物。

✓ 腎臟會控制尿液中的水量，藉此維持水平衡。

✓ 尿液是含有尿素、水及其他廢物的溶液。

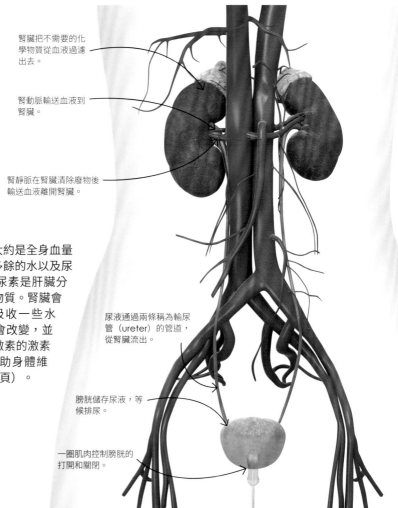

腎臟把不需要的化學物質從血液過濾出去。

腎動脈輸送血液到腎臟。

腎靜脈在腎臟清除廢物後輸送血液離開腎臟。

尿液通過兩條稱為輸尿管（ureter）的管道，從腎臟流出。

膀胱儲存尿液，等候排尿。

一圈肌肉控制膀胱的打開和關閉。

製造尿液

每分鐘經過腎臟的血液大約是全身血量的四分之一。腎臟會把多餘的水以及尿素等廢物過濾出去——尿素是肝臟分解胺基酸所產生的化學物質。腎臟會在尿液流入膀胱前再吸收一些水分。腎臟再吸收的水量會改變，並且是由一種稱為抗利尿激素的激素控制，抗利尿激素會幫助身體維持正常的水分（見第143頁）。

⚙ 過濾血液

1. 腎臟內的血管會分支形成一套微血管網。微血管形成數以千計的球狀叢集，稱為腎絲球（glomerulus）。

2. 血液流經腎絲球時，水、葡萄糖、鹽類、尿素等小分子會進入一種稱為鮑氏囊（Bowman's capsule）的杯狀囊裡。血球及蛋白質等大分子則留在血液裡出不來。

3. 接下來會發生選擇性再吸收。鮑氏囊內的液體會流過一條由血管包圍的小管，這條腎小管會再吸收所有葡萄糖、某些礦物質離子，和不定量的水。身體需要再吸收更多水時，抗利尿激素會提高腎小管管壁的通透性。

4. 剩餘的廢物會流過一條集尿管，最終抵達膀胱。

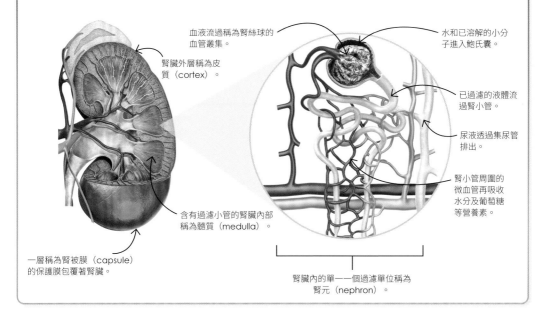

血液流過稱為腎絲球的血管叢集。

腎臟外層稱為皮質（cortex）。

水和已溶解的小分子進入鮑氏囊。

已過濾的液體流過腎小管。

尿液透過集尿管排出。

腎小管周圍的微血管再吸收水分及葡萄糖等營養素。

含有過濾小管的腎臟內部稱為髓質（medulla）。

一層稱為腎被膜（capsule）的保護膜包覆著腎臟。

腎臟內的單一一個過濾單位稱為腎元（nephron）。

🔍 治療腎衰竭

腎臟可能因為疾病或創傷而受損，有時是永久性受損。腎衰竭可以透過腎臟移植或透析（dialysis）來治療。透析機的作用原理類似腎臟，病患的血液流入機器，在周邊圍繞著透析液（dialysate）的半透膜之間流動，而透析液含有跟血液相同濃度的有用物質。尿素等有害廢物會從血液擴散到透析液。葡萄糖及其他有用物質則不會從血液擴散出去，因為它們在血中的濃度與透析液相同。

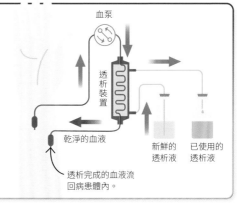

血泵

透析裝置

乾淨的血液

新鮮的透析液

已使用的透析液

透析完成的血液流回病患體內。

男性青春期

性激素在青春期會使男性身體經歷許多生理變化。睪固酮這種性激素會引起男性第二性徵的發育，例如長鬍鬚、聲音變低沉等。睪固酮是由兩個稱為睪丸（testis）的小型器官製造。

男性第二性徵

男性的青春期通常在9歲到15歲之間開始，比女性稍晚。這個過程是由睪固酮濃度升高而引發的。

🔍 變聲是怎麼發生的？

有幾個變化會導致男性的嗓音在青春期時變得低沉。鼻子與喉嚨內的空腔會變大，使聲音有更多空間產生共鳴。喉部會變大及變厚，而喉內的聲帶（振動時會發出聲音）也會變長，使聲帶振動得比較慢，產生比較低沉的音調。喉部在青春期時發育很快，所以可能會拉扯聲帶，造成尖銳的叫聲、嘶啞及沙啞的嗓音——如同一條繃得太緊的吉他弦。

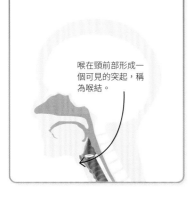

喉在頸前部形成一個可見的突起，稱為喉結。

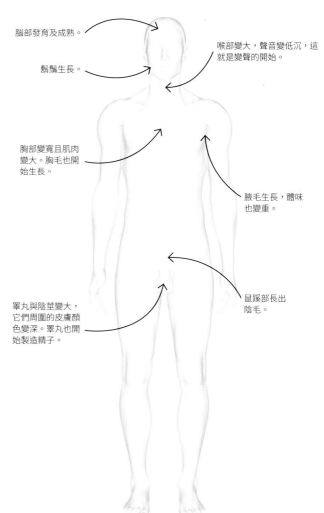

腦部發育及成熟。

鬍鬚生長。

喉部變大，聲音變低沉，這就是變聲的開始。

胸部變寬且肌肉變大。胸毛也開始生長。

腋毛生長，體味也變重。

睪丸與陰莖變大，它們周圍的皮膚顏色變深。睪丸也開始製造精子。

鼠蹊部長出陰毛。

女性青春期

性激素在青春期會使女性身體經歷許多生理變化。卵巢製造的動情激素會引起女性第二性徵的發育，例如乳房變大、臀部變寬。這些變化使女性身體為懷孕與分娩做好準備。

重點

√ 動情激素濃度增加會引起女性第二性徵的發育。

√ 動情激素由卵巢製造。

√ 女性第二性徵包括乳房、髖部變寬、月經開始來潮。

女性第二性徵

女性的青春期由動情激素濃度增加所引發，通常在8歲到14歲之間開始。

痤瘡（acne）的成因是什麼？

男性及女性都會出現痤瘡，在青春期特別明顯。生長毛髮的小坑被一種稱為皮脂（sebum）的油性物質堵塞時，就會形成痘痘。皮脂有助於潤滑及保護皮膚，但青春期時可能會製造過多皮脂。多餘的皮脂會堵塞毛孔，而且可能會被細菌感染而導致發炎（腫脹），形成痘痘。

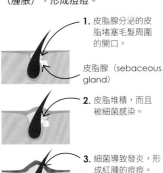

1. 皮脂腺分泌的皮脂堵塞毛髮周圍的開口。

皮脂腺（sebaceous gland）

2. 皮脂堆積，而且被細菌感染。

3. 細菌導致發炎，形成紅腫的痘痘。

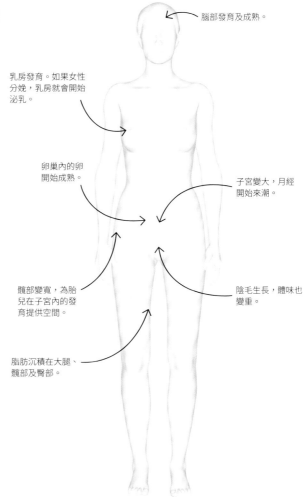

腦部發育及成熟。

乳房發育。如果女性分娩，乳房就會開始泌乳。

卵巢內的卵開始成熟。

子宮變大，月經開始來潮。

髖部變寬，為胎兒在子宮內的發育提供空間。

陰毛生長，體味也變重。

脂肪沉積在大腿、髖部及臀部。

月經週期

女性在青春期時開始有月經。子宮內膜會經由陰道從身體排出,頻率大約一個月一次。接著身體會經歷許多變化,為可能的懷孕做準備,這一系列事件稱為月經週期。月經週期的階段受激素控制。

📌 重點

✓ 月經週期大約 28 天。

✓ 月經週期受到動情激素、黃體酮、濾泡刺激素、黃體成長激素的控制。

✓ 在月經期間,子宮內膜會從身體脫落。

✓ 在排卵(大約是週期的第 14 天)期間,卵巢會釋放卵子。

月經週期的階段

月經週期大約持續28天,不過週期內各階段的長度與時間點因人而異。

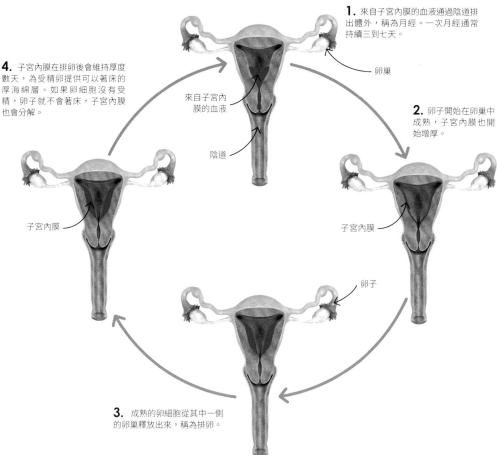

1. 來自子宮內膜的血液通過陰道排出體外,稱為月經。一次月經通常持續三到七天。

卵巢

4. 子宮內膜在排卵後會維持厚度數天,為受精卵提供可以著床的厚海綿層。如果卵細胞沒有受精,卵子就不會著床,子宮內膜也會分解。

來自子宮內膜的血液

陰道

2. 卵子開始在卵巢中成熟,子宮內膜也開始增厚。

子宮內膜

子宮內膜

卵子

3. 成熟的卵細胞從其中一側的卵巢釋放出來,稱為排卵。

⚙ 激素與月經週期

月經週期是由四種激素的交互作用所控制的：動情激素、黃體酮、濾泡刺激素、黃體成長激素。在整個週期中，這些激素的濃度會隨著它們與身體和彼此的交互作用而增減。如果卵子沒有受精，這四種激素的濃度都會降低。這會導致子宮內膜脫離身體，月經週期也會重新開始。

月經週期時的激素濃度

■ 動情激素　　■ 黃體酮　　■ 濾泡刺激素　　■ 黃體成長激素

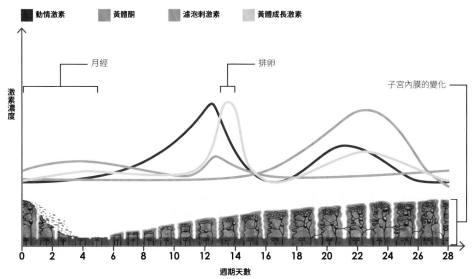

月經週期的激素

激素	製造器官	效果
動情激素	卵巢	使子宮內膜增厚。高濃度會抑制濾泡刺激素的生成（以阻止超過一顆卵子成熟），並刺激黃體成長激素的釋放。
黃體酮	卵巢	維持子宮內膜，並抑制濾泡刺激素及黃體成長激素的釋放（這樣一來要是懷孕，就不會再有卵子發育）。
濾泡刺激素（follicle-stimulating hormone; FSH）	腦垂腺	使卵巢內的卵子成熟，並刺激卵巢釋放動情激素。
黃體成長激素（luteinizing hormone; LH）	腦垂腺	引起排卵（釋放卵子）。

避孕法

任何用於避免懷孕的技術都稱為避孕。避孕法有許多不同形式，激素避孕法會干擾月經週期，例如避孕藥，而障礙避孕法會避免精細胞接觸卵子，例如保險套。

重點

- √ 用於避免懷孕的方法都叫做避孕法。
- √ 激素避孕法會干擾月經週期，包括避孕藥及某些子宮內避孕器（intrauterine device; IUD）。
- √ 障礙避孕法會避免精子與卵子接觸，包括保險套及避孕隔膜（diaphragm）。
- √ 結紮包括剪斷女性的輸卵管或切斷男性的輸精管。

激素避孕藥

這類藥丸含有低劑量的動情激素和黃體酮，能避免腦垂腺釋放濾泡刺激素，這樣就沒有卵子成熟或被釋放。這些激素也會避免子宮內膜發育。

保險套裝在男性陰莖上。

保險套

保險套是裝在男性陰莖上的薄乳膠套，用於收集精液，避免精子進入陰道。保險套也有保護作用，能避免感染性病。

子宮內避孕器

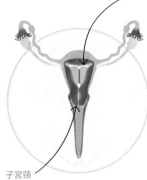

子宮內避孕器

子宮內避孕器是放在子宮內的小型裝置。有些子宮內避孕器有一個銅環，因為銅對精子有毒性。其他子宮內避孕器會釋放黃體酮來發揮作用，使子宮頸製造的黏液變濃，並阻止精子接觸卵子。黃體酮也會阻止子宮內膜增厚，避免受精卵著床。

子宮頸

輸卵管切除或剪斷。

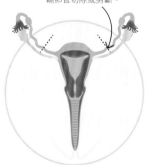

結紮

結紮包含了避免生育的手術。女性的結紮會剪斷輸卵管，避免卵子到達子宮。男性的結紮則是剪斷輸精管，避免精子進入精液。

避孕隔膜

避孕隔膜是在性行為之前放在女性子宮頸上的薄橡膠帽，能避免精子進入子宮。避孕隔膜常與殺死精子的殺精軟膏一起使用。

助孕治療

有些人很難懷孕。無法生育的原因很多，包括男性的輸精管堵塞或精子數量低下，女性的輸卵管堵塞或卵子沒有成熟。醫生能透過體外人工受精（in vitro fertilization; IVF）技術來幫助他們懷孕。

體外人工受精

體外人工受精治療時會從女性卵巢採集卵子，並在實驗室中以男性的精子使卵子受精，製造出胚胎。如果有健康的胚胎開始發育，就會被放進母親的子宮內。在某些狀況下需要使用一種稱為卵細胞質內精蟲注射（intracytoplasmic sperm injection）的特殊技術，這種技術會直接注射單一一個精細胞到一個卵細胞內，而不是讓精子自然進入卵子。

重點

✓ 堵塞的輸精管或精子數量低下是男性不育的原因。

✓ 堵塞的輸卵管或卵子不成熟是女性不育的原因。

✓ 體外人工受精用於治療不育。

✓ 體外人工受精時，卵細胞會在體外與精細胞結合，然後產生的胚胎會被放回子宮內。

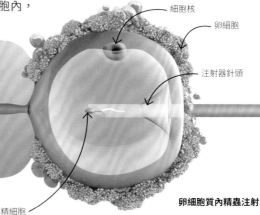

細胞核

卵細胞

注射器針頭

精細胞

卵細胞質內精蟲注射

🔍 體外人工受精治療的階段

1. 給予女性排卵藥。這些藥物所含的激素會刺激卵巢內的許多卵成熟。

2. 從女性的卵巢採集數個卵，並從男性採集精液樣本。

3. 把精細胞和卵細胞放在培養皿內混合，靜置數小時。

4. 在受精卵分裂形成胚胎時持續監測受精卵。

5. 大約五天後，把最好的胚胎放進女性子宮內。如果胚胎成功著床，就會發育成胎兒。

腎上腺素

人感覺到威脅或害怕時，腎上腺會釋放腎上腺素，引發「戰」或「逃」反應，使身體準備好面對危險。

📌 **重點**

✓ 人感覺到威脅或害怕時，腎上腺會釋放腎上腺素。

✓ 腎上腺素會引發「戰」或「逃」反應。

✓ 腎上腺素會導致許多身體變化，包括瞳孔放大、呼吸速率及心率加快、心智覺察增加。

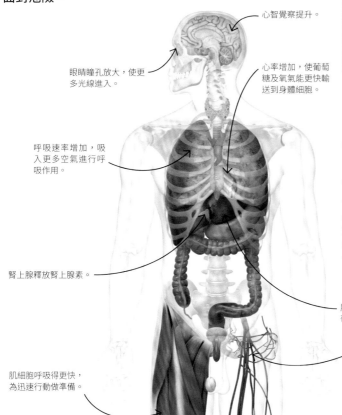

心智覺察提升。

眼睛瞳孔放大，使更多光線進入。

心率增加，使葡萄糖及氧氣能更快輸送到身體細胞。

呼吸速率增加，吸入更多空氣進行呼吸作用。

腎上腺釋放腎上腺素。

肝臟內的肝醣轉化成葡萄糖，用於呼吸作用。

血液從消化系統轉移到四肢的大型肌肉。

肌細胞呼吸得更快，為迅速行動做準備。

腎上腺素的效果

腎上腺素會影響許多身體部位。它會使呼吸加深，也會使心臟跳得更快更強，促進氧氣與葡萄糖往腦部及肌肉的輸送。這些變化能使身體在可能需要快速反應才能生存的狀況下準備好迅速行動。

🔍 恐懼反應

貓受到驚嚇時毛髮豎直。

許多動物體內都會製造腎上腺素，使他們在恐懼或憤怒時準備好迅速行動。「戰」或「逃」反應也會活化神經系統，對全身造成影響。舉例來說，對於有皮毛的動物來說，神經衝動會使毛髮豎直，讓動物看起來體型更大，更有威脅性。相同的反射也發生在人類身上，使我們在恐懼時起雞皮疙瘩。

甲狀腺素

甲狀腺素是位於頸部的甲狀腺製造的激素。它會調節身體的代謝速率，也就是身體使用能量的速率。甲狀腺素會影響細胞的呼吸速率，以及分子在細胞內分解或建構的速率。

甲狀腺素的製造

身體需要更多能量時，腦內的下視丘會使腦垂腺釋放促甲狀腺素。促甲狀腺素經由血液輸送到甲狀腺，引起甲狀腺素的釋放。接著，甲狀腺素會提高身體的代謝速率，給予細胞更多能量。

> ### 📌 重點
>
> √ 甲狀腺素是甲狀腺製造的激素。
>
> √ 甲狀腺素負責控制身體的代謝速率。
>
> √ 下視丘刺激腦垂腺釋放促甲狀腺素（thyroid-stimulating hormone; TSH），這種激素會促使甲狀腺釋放甲狀腺素。

下視丘負責監測能量利用及血中的甲狀腺素濃度。如果甲狀腺素濃度下降或身體需要更多能量，下視丘就會刺激腦垂腺釋放促甲狀腺素。

腦垂腺釋放促甲狀腺素，這種激素會經由血液輸送到甲狀腺。

甲狀腺製造甲狀腺素，提高身體的代謝速率。

🔍 負回饋

負回饋系統協助維持身體代謝速率的穩定。細胞具有足夠能量時，甲狀腺素會停止製造，代謝速率也會減緩。如果代謝速率太慢，就會引起甲狀腺素的釋放，再度提升代謝速率。

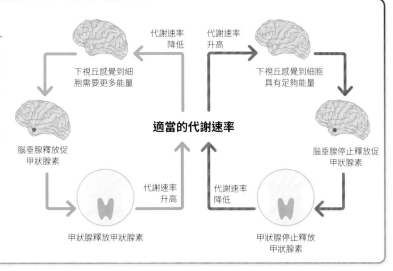

代謝速率降低 → 代謝速率升高

下視丘感覺到細胞需要更多能量

下視丘感覺到細胞具有足夠能量

適當的代謝速率

腦垂腺釋放促甲狀腺素

腦垂腺停止釋放促甲狀腺素

代謝速率升高

代謝速率降低

甲狀腺釋放甲狀腺素

甲狀腺停止釋放甲狀腺素

植物激素

植物利用激素來回應特定刺激，例如光及重力。植物生長素（auxin）會影響植物的生長方式，使幼苗向上朝光源生長，並使根部向下遠離光源生長。

向性（tropism）

植物會藉由改變生長方式來回應光及重力。應對光源的生長稱為向光性，而應對重力的生長稱為向地性。嫩芽會朝向光源（正向光性）遠離重力（負向地性）生長，而根部會遠離光源（負向光性）朝向重力（正向地性）生長。

重點

√ 植物生長素控制植物對光及重力的反應方式。

√ 向光性（phototropism）是受光源方向影響的生長。

√ 向地性（gravitropism）是受重力方向影響的生長。

植物生長素

向性受植物生長素控制。植物生長素會在生長的新芽與根部末端製造，並擴散到整株植物。新芽中的植物生長素會藉由讓細胞變長，刺激生長。根裡的植物生長素會抑制生長。

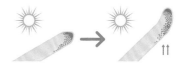

新芽中的植物生長素運輸到植物的背光面。這裡的細胞變長的幅度較大，使新芽向光生長。

如果新芽側向生長，重力會使植物生長素聚集在底部。細胞在這裡變長，新芽就會向上生長。

在根部，重力使植物生長素聚集在底部。它在這裡會抑制生長，根部就會向下彎曲。

如果根部接觸到光，植物生長素會聚集在底部。它會抑制生長，根部就會向下生長。

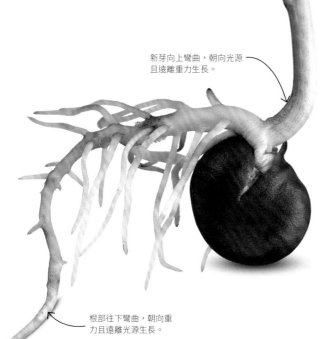

新芽向上彎曲，朝向光源且遠離重力生長。

根部往下彎曲，朝向重力且遠離光源生長。

利用植物激素

植物激素對農民或園丁的用處很大,能用來加快或減慢水果的成熟、使種子發芽、讓花芽綻放、除去雜草。

📌 **重點**

✓ 植物生長素可用於除去雜草、延緩水果成熟、促使無籽水果生長。

✓ 乙烯(ethene)是一種用來加速水果成熟的氣體。

✓ 吉貝素(gibberellin)被用於終止種子及花芽的休眠。

催熟水果

乙烯是植物製造的一種氣體激素,用於促進水果成熟。它會分解細胞壁,把澱粉轉化成糖分,使水果更甜。香蕉自然產生的乙烯會使放在同一個碗裡的其他水果加速成熟。水果供應商會在香蕉未成熟時採收,並在即將賣掉之前用乙烯來催熟。

香蕉成熟時的變色過程,從綠色、黃色到棕色。

🔍 有用的激素

植物激素有許多不同用途。有些用於園藝和農業的激素是天然化合物,但其他激素則是人工合成的化學物質,能模仿天然激素的效果。

人工合成植物生長素常用來當作除草劑,會讓受影響的植物不受控地快速生長,進而死亡。植物生長素也用於減緩水果成熟,以及促使無籽果實從沒有授粉的花長出來。

吉貝素是促使種子和花芽終止休眠的激素,可用於使種子生長、花朵綻放。有些花和水果(例如無籽葡萄)噴灑吉貝素後會長得比較大。

光照對幼苗的影響

激素使植物能在開始生長時就對環境做出反應。這項實驗研究幼苗發芽後的生長方式。

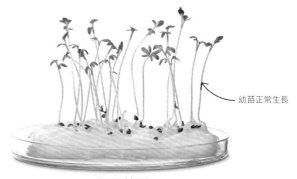

幼苗正常生長

完全照射陽光

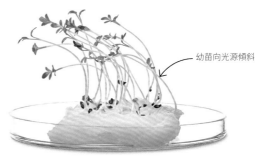

幼苗向光源傾斜

部分照光

⚙ 方法

1. 把棉球放在三個培養皿裡，浸泡等量的水。

2. 把相同數量的芥菜種子或水芹種子放在每個培養皿裡的棉球上，置於溫暖的地方。每天為種子澆水，持續二到三天，直到種子發芽。

3. 種子發芽之後，從長出過多幼苗的培養皿中拔除多餘幼苗，藉此確保每個培養皿都有相同數量的幼苗。

4. 用直尺測量每株幼苗的高度，並記錄測量結果。

5. 把一個培養皿放在明亮的地方，例如窗臺。把另一個培養皿放在部分照光的地方，例如房間裡離窗戶最遠的角落。把第三個培養皿放在黑暗的地方。

6. 每天為幼苗澆水，記錄它們的高度，持續至少五天。把結果記錄在表格上。

7. 計算每天每個培養皿的平均幼苗高度，並注意生長方向有無任何差異。

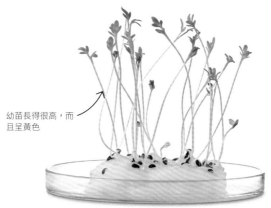

幼苗長得很高，而且呈黃色

黑暗

結果

窗臺上的幼苗正常生長，但遠離窗戶生長的幼苗則往光源方向傾斜。這稱為向性，由植物生長素造成（見第156頁）。放在黑暗中的幼苗長得異常地高，因為它要設法接觸到光。然而，它沒辦法在無光環境下製造葉綠素，所以葉子是黃色的。

生殖

有性生殖

有性生殖是兩個親代產生新的後代。每個親代提供一組獨特的基因,使每個後代具有獨一無二的基因組成。這種變異使有性生殖的族群更能適應變化,例如新型疾病的出現。

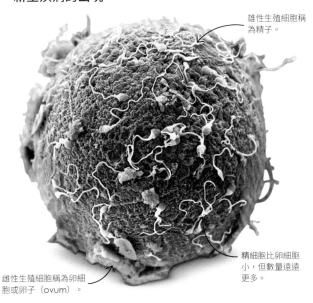

雄性生殖細胞稱為精子。

精細胞比卵細胞小,但數量遠遠更多。

雌性生殖細胞稱為卵細胞或卵子(ovum)。

受精

有性生殖需要製造一些特殊細胞,稱為生殖細胞(配子)。動物的雌性生殖細胞稱為卵細胞,雄性生殖細胞稱為精子。雄性生殖細胞遇到雌性生殖細胞時會彼此融合——這個現象就叫受精。受精卵稱為合子,有機會發育成一個新的生物體。

🔍 精細胞

動物與某些植物會製造稱為精子的雄性生殖細胞。精細胞有尾巴,會擺動尾巴向卵細胞游去。

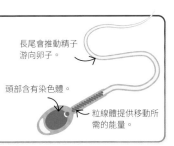

長尾會推動精子游向卵子。

頭部含有染色體。

粒線體提供移動所需的能量。

📌 重點

✓ 有性生殖需要兩個親代。

✓ 雄配子與雌配子(生殖細胞)融合,形成一個合子(zygote),稱為受精。

✓ 有性生殖產生的後代全都有不同基因,因而產生變異。

⚙ 生殖細胞

生殖細胞是由一種稱為減數分裂的細胞分裂產生的(見第46頁),減數分裂給予每個生殖細胞的染色體數量是平常的一半,叫做單倍數(haploid number)。精子與卵細胞融合形成合子時,染色體會在細胞核內結合,恢復完整數量,也就是二倍數(diploid number)。每個胚胎都有一套混合母方基因與父方基因的獨特組合,使後代各有不同的基因。

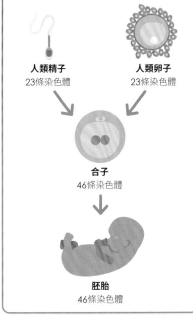

人類精子
23條染色體

人類卵子
23條染色體

合子
46條染色體

胚胎
46條染色體

無性生殖

無性生殖是單一親代產生新的後代。這種生殖形式在微生物、植物及許多小型動物中非常普遍。無性生殖產生的所有後代具有跟彼此和親代完全相同的基因。

重點

√ 無性生殖的後代全都有相同的基因。

√ 無性生殖在良好的環境下能迅速產生許多後代。

酵母菌的出芽生殖（budding）

酵母菌是單細胞真菌，能非常迅速地大量增殖，這歸功於一種稱為出芽生殖的無性生殖形式。一個新的酵母菌細胞會做為親代細胞的一個小幼芽逐漸發育。珊瑚、海綿及稱為水螅（hydra）的小型淡水動物也會進行出芽生殖。

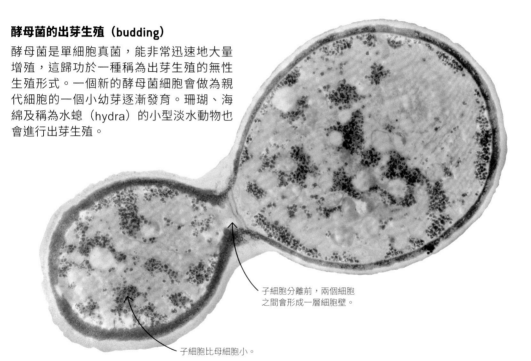

子細胞分離前，兩個細胞之間會形成一層細胞壁。

子細胞比母細胞小。

🔍 無性生殖的優點

無性生殖有許多勝過有性生殖的優點。因為無性生殖只需要一個親代，所以不需要尋找配偶。無性生殖的速度比有性生殖快，使生物可以在良好的環境下迅速增殖。然而，與產生不同後代的有性生殖不一樣的是，無性生殖會產生基因完全相同的複製體。這使族群的所有成員同樣容易受到相同疾病或環境變化的影響。

親代山楊樹

山楊樹會從根部進行無性生殖，協助它們迅速擴散。

花

花是開花植物的生殖器官。許多花的色彩鮮亮,能吸引小動物前來,把來自一朵花雄性部位的生殖細胞帶到另一朵花的雌性部位,這樣的小動物就叫授粉者。

重點

√ 花是開花植物的生殖器官,會製造雄性與雌性生殖細胞。

√ 授粉(pollination)是把花粉粒從花的雄性部位輸送到花的雌性部位。

√ 花必須經過授粉才能產生種子。

授粉

花的雄性部位稱為雄蕊(stamen)。雄蕊頂端會製造一種稱為花粉的粉狀物質,其中含有雄性生殖細胞。授粉動物會在無意間沾上花粉,攜帶花粉到其他花,並把花粉摩擦到柱頭(stigma)上,而柱頭就是花的雌性部位頂端。

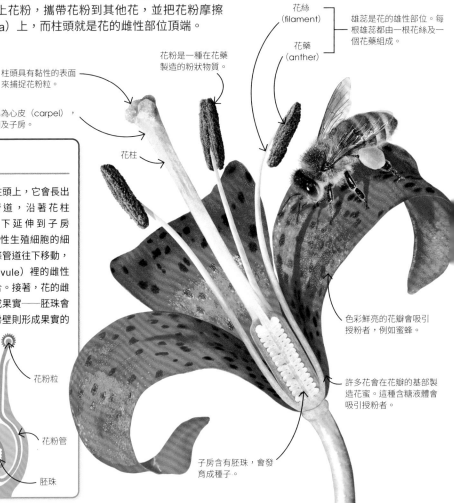

花絲(filament)
花藥(anther)
雄蕊是花的雄性部位。每一根雄蕊都由一根花絲及一個花藥組成。

花粉是一種在花藥製造的粉狀物質。

柱頭具有黏性的表面來捕捉花粉粒。

花的雌性部位稱為心皮(carpel),包括花柱、柱頭及子房。

花柱

⚙ 受精

當花粉粒落在柱頭上,它會長出一條微小的管道,沿著花柱(style)往下延伸到子房(ovary)。雄性生殖細胞的細胞核會通過這條管道往下移動,然後與胚珠(ovule)裡的雌性生殖細胞核融合。接著,花的雌性部位會發育成果實──胚珠會成為種子,子房壁則形成果實的外層部分。

花粉粒
子房
花粉管
胚珠

色彩鮮亮的花瓣會吸引授粉者,例如蜜蜂。

許多花會在花瓣的基部製造花蜜。這種含糖液體會吸引授粉者。

子房含有胚珠,會發育成種子。

風媒傳粉

許多植物的花不是由動物授粉，而是由風授粉，例如禾草類植物。風媒傳粉的花不需要吸引授粉者，所以也沒有氣味、鮮亮色彩或花蜜。它們會大量製造能懸浮在空中的微小花粉粒。

重點

✓ 有些花由風來授粉，而不是動物。

✓ 風媒傳粉的花又小又單調。

✓ 風媒傳粉的花會製造數百萬個微小花粉粒。

花藥懸掛在禾草類植物的花外，把花粉釋放到空中。

禾草類植物的花

禾草類植物的花會由風來授粉。禾草類植物的花有許多小花聚集在一起，通常位於植株頂端，好讓風吹拂，風在離地愈高的地方就愈強。

風媒傳粉花卉的花粉粒懸浮在空中。

禾草類植物的小花（floret）

禾草類植物的花是由許多小花組成。這些小花有懸掛在花外的大花藥，會把花粉散播到空中。羽狀柱頭也會懸掛在花外，以捕捉風吹來的花粉。

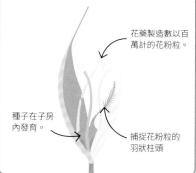

花藥製造數以百萬計的花粉粒。

種子在子房內發育。

捕捉花粉粒的羽狀柱頭

比較動物授粉與風媒傳粉的花		
	動物授粉	**風媒傳粉**
花瓣	大且色彩豐富	小且色彩平淡
花藥	在花內	懸掛在花外
柱頭	在花內，有黏性	在花外，羽狀
花粉	數以千計的黏性或棘狀花粉粒，會黏在動物身上	數以百萬計的微小、光滑花粉粒，由風攜帶傳播
氣味與花蜜	有氣味與花蜜	不具氣味或花蜜

果實

花經過授粉之後，花瓣會脫落，子房也會開始生長形成果實，而種子會在果實內發育。有些果實具有鮮亮的色彩及甜美可食的果肉來吸引動物，這些動物會協助散播種子。不過，果實也可以發育成堅果、莢果、翅果或其他構造。

📌 重點

✓ 果實是帶有種子的構造，從花的子房演變而來。

✓ 有些果實具有甜美可食的果肉來吸引能夠傳播種子的動物。

番茄內部

番茄是一種從含有許多種子的單一子房演變而來的簡單果實。種子被固定在滑溜、像膠凍般的果肉裡，難以移動，這樣動物就會把種子跟果肉一起吞下。之後種子會混在動物的排泄物中排出動物體外，通常離親代植株很遠。

果實以小梗與親代植物連接。

子房壁變成肥厚的果皮（即所謂的果肉）。

鮮亮色彩與甜美果肉會吸引動物，而動物會散播種子。

種子在子房內發育。

⚙ 果實如何發育

果實開始形成時會在子房壁儲存營養素，例如澱粉，而且子房壁起初非常硬。隨著果實成熟，澱粉會轉變成糖，子房壁就會軟化，果皮也會變色。這些變化都使果實更能吸引動物。

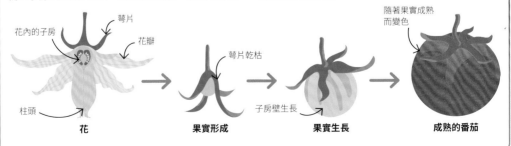

花內的子房

萼片

花瓣

柱頭

花

萼片乾枯

果實形成

子房壁生長

果實生長

隨著果實成熟而變色

成熟的番茄

種子播遷

過於靠近親代植物生長的幼苗會跟彼此及親代競爭空間、光線、水分和營養素。大多數種子都具有能幫助它們遠離親代、避免競爭的特徵。種子的這種散布現象稱為播遷。

隨風飛揚

一朵蒲公英花會製造大約150顆微小的種子，每顆種子都具備一頂由細毛構成的降落傘，使它能乘風傳播。

羽狀細毛形成的降落傘使種子能懸浮在空中傳播。

堅硬的種皮保護每顆種子。

⚙ 種子如何傳播

種子可以藉由風、動物、水或爆發式種莢來傳播。

翅膀

美國梧桐種子具有翅膀，當風把種子吹離親代植物時，翅膀會使種子旋轉，減緩墜落速度。

可食用果實含有種子。動物會吃掉果實，並把混在排泄物中的種子傳播出去。

兔子身上的牛蒡種子

鉤

牛蒡種子表面覆蓋著能夠附在動物毛髮上的小鉤，讓動物把種子帶走。

椰子能漂浮在水上，把裡面的單一一顆大種子運送到遙遠的海灘，種子就能在那裡發芽。

有些植物的**種莢**會劇烈爆開，把種子扔到離親代植物很遠的地方。

種子

種子是一種把胚體與其養料儲存在保護層內的莢囊。
種子能休眠數個月，等待適當的生長環境出現。

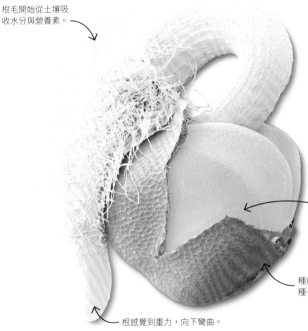

根毛開始從土壤吸
收水分與營養素。

子葉是種子內的養料儲備。

種皮保護胚，並避免胚乾枯。
種子發芽時，種皮會裂開。

根感覺到重力，向下彎曲。

重點

√ 種子是含有微小植株及養料儲備的莢囊。

√ 發芽是種子生長為幼苗的過程。

√ 種子需要三個因子才能發芽：水、氧氣、溫暖。

發芽

在適宜環境下，種子會藉由稱為發芽的過程來發育成新的植株。為了發芽，種子需要三個因子：水、氧氣、溫暖。水協助種子膨脹裂開。氧氣使細胞能夠呼吸。溫暖的環境活化酵素，而酵素會把種子的養料儲備分解成單醣，滋養幼苗。

🔍 種子內部

種子含有稱為胚的微小
幼生植株，胚具有完整
的根及帶有第一真葉的
莖。種子也儲存大量養
料，往往是以「子葉」
（cotyledon）的形式
儲存。

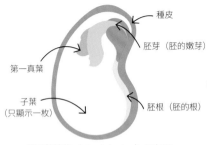

種皮

胚芽（胚的嫩芽）

第一真葉

子葉（只顯示一枚）

胚根（胚的根）

雙子葉植物（dicotyledon）具有兩枚幾乎塞滿種子的子葉，例如這顆豆子。子葉充滿營養素，能幫助幼生植株發芽。

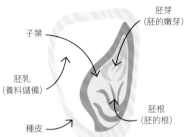

胚芽（胚的嫩芽）

子葉

胚乳（養料儲備）

種皮

胚根（胚的根）

單子葉植物（monocotyledon）具有一枚子葉，例如這顆玉米種子。它會從胚乳（endosperm）中獲得能量。

影響發芽的因子

種子只有在環境適宜時才會開始生長（發芽）。這項實驗讓你能研究水、氧氣、溫暖這三個因子對發芽的影響。

發芽的水芹

這項實驗需要使用水芹種子，把它們放在四根試管裡的棉球上。在第一根試管內，種子有水、氧氣及溫暖。其餘試管則各缺少這三個因子中的一個因子。

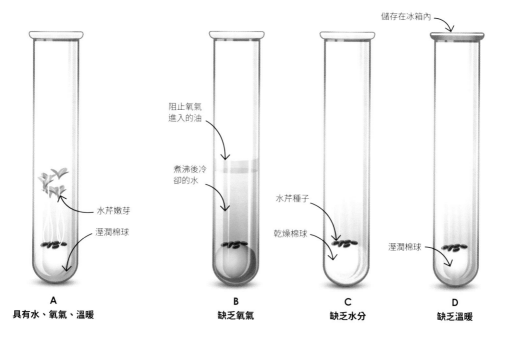

儲存在冰箱內

阻止氧氣進入的油

煮沸後冷卻的水

水芹嫩芽

溼潤棉球

水芹種子

乾燥棉球

溼潤棉球

A
具有水、氧氣、溫暖

B
缺乏氧氣

C
缺乏水分

D
缺乏溫暖

🗐 方法

1. 在四根標記A、B、C、D的試管底部放置棉球，並在每根試管中加入六顆水芹種子。

2. 在試管A及D加入水，使棉球保持溼潤。

3. 在試管B加入煮沸後冷卻的水，直到試管半滿為止。

在上面加入一層薄薄的植物油。

4. 把試管A、B、C放在溫暖的房間裡，但把試管D放在冰箱內。

5. 觀察試管3–5天。如果試管A或D的棉球乾掉了，就再次加水使其保持溼潤。

🗐 結果

只有試管A的種子發芽。試管A有水、氧氣、溫暖，是發芽的三個必要條件。種子需要水才能膨脹然後裂開。氧氣使細胞能夠呼吸。溫暖的環境活化酵素，而酵素會把種子養料儲備中的澱粉分解，轉變成糖。試管B裝有煮沸過的水，因為煮沸會去除氧氣。水面上的油層會阻止空氣中的氧氣進入水中。

植物的無性生殖

許多植物能進行無性生殖，這樣只需要一個親代，而且會產生與親代在基因上完全相同（複製體）的後代。無性生殖使植物可以迅速增加數量及散播。

重點

✓ 無性生殖只需要一個親代。

✓ 後代的基因與親代完全相同。

✓ 植物能以許多不同方式進行無性生殖。

銳葉掌上珠（alligator plant）

馬達加斯加的銳葉掌上珠會在葉子邊緣上長出微小的小植株（plantlet），每株小植株都有自己的根及葉。這些小植株會從親代植物身上掉落，生根之後形成新的植株。

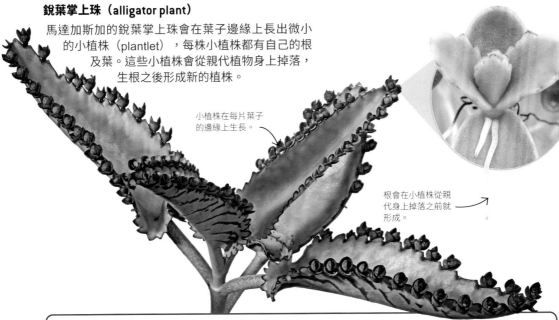

小植株在每片葉子的邊緣上生長。

根會在小植株從親代身上掉落之前就形成。

⚙ 植物如何進行無性生殖

植物能以許多不同方式進行無性生殖，以下是其中一些最常見的方式。

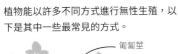
匍匐莖

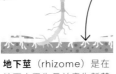
地下莖

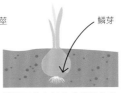
鱗芽

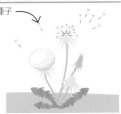
種子

匍匐莖（runner）是水平方向的莖，會沿著地面生長，然後紮根形成新的植株。草莓的莖就能用這種方式繁殖。

地下莖（rhizome）是在地下水平生長並產生新芽的莖。竹子會以這種方式繁殖。

鱗莖是許多植物會製造的地下養料儲備部位。鱗莖也會在基部附近的「鱗芽」（bulblet）長出新的植株。

無性種子是由包括蒲公英在內的某些花產生的。這些種子會長成親代植物的複製體。

昆蟲的生命週期

昆蟲的生命自卵開始，然後孵化成無翅的幼蟲。許多昆蟲在發育成熟進入成蟲階段時，會經歷一種稱為變態（metamorphosis）的劇烈變化。

重點

✓ 完全變態是動物外觀在發育成熟過程中發生的劇烈變化。

✓ 蛹（pupa）是昆蟲生命週期中的靜止階段。

✓ 不完全變態是昆蟲外觀在發育過程中發生的逐漸變化。

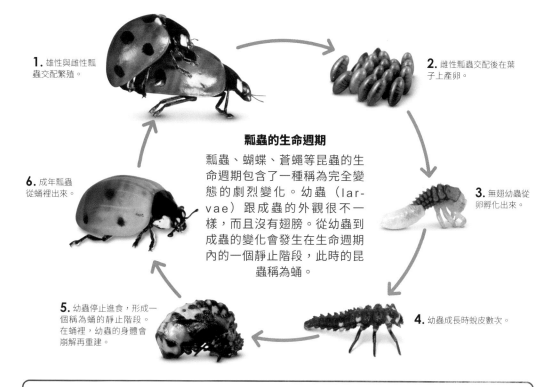

1. 雄性與雌性瓢蟲交配繁殖。

2. 雌性瓢蟲交配後在葉子上產卵。

3. 無翅幼蟲從卵孵化出來。

4. 幼蟲成長時蛻皮數次。

5. 幼蟲停止進食，形成一個稱為蛹的靜止階段。在蛹裡，幼蟲的身體會崩解再重建。

6. 成年瓢蟲從蛹裡出來。

瓢蟲的生命週期

瓢蟲、蝴蝶、蒼蠅等昆蟲的生命週期包含了一種稱為完全變態的劇烈變化。幼蟲（larvae）跟成蟲的外觀很不一樣，而且沒有翅膀。從幼蟲到成蟲的變化會發生在生命週期內的一個靜止階段，此時的昆蟲稱為蛹。

🔍 不完全變態

蚱蜢及蜻蜓等昆蟲從卵孵化出來時是無翅的幼蟲，稱為稚蟲（nymph），外表跟成蟲相似。牠們生長過程中會蛻皮（moult）數次，並在最後一次蛻皮時長出翅膀。這種從幼蟲到成蟲的漸進性變化稱為不完全變態。

卵

稚蟲

成蟲

兩棲類的生命週期

兩棲類動物的生命週期通常有一部分在水中，一部分在陸上。許多兩棲類為陸上生活做準備時，會經歷一種稱為變態的劇烈變化。

重點

✓ 兩棲類通常有一部分生命週期在水中，一部分在陸上。

✓ 許多兩棲類在發育成熟時會經歷一種稱為變態的劇烈變化。

✓ 兩棲類的水生幼體稱為蝌蚪（tadpole）。

蛙的生命週期

蛙生活在陸上，但在水中產卵，而卵會在水中孵化出像魚一樣的幼體，稱為蝌蚪。蝌蚪逐漸成長，會發育出腿、失去尾巴，並開始用肺而不是鰓來呼吸。

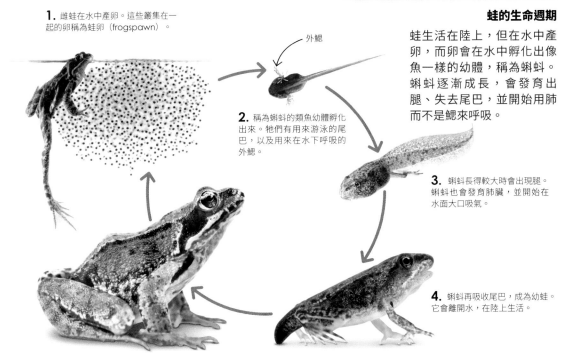

1. 雌蛙在水中產卵。這些叢集在一起的卵稱為蛙卵（frogspawn）。

外鰓

2. 稱為蝌蚪的類魚幼體孵化出來。牠們有用來游泳的尾巴，以及用來在水下呼吸的外鰓。

3. 蝌蚪長得較大時會出現腿。蝌蚪也會發育肺臟，並開始在水面大口吸氣。

4. 蝌蚪再吸收尾巴，成為幼蛙。它會離開水，在陸上生活。

5. 成蛙生活在陸上，但會回到水中交配。

🔍 鰓與肺

幼年的蝌蚪無法呼吸空氣來獲得氧氣，而是用鰓來呼吸，鰓是一種羽狀器官，會從水中吸收氧氣，並釋放做為廢物的二氧化碳。林蛙的蝌蚪大約10週齡時，外鰓會變成內鰓，因為鰓的上方會長出皮膚。蝌蚪會經由口腔攝入水，然後強迫水流過鰓。當蝌蚪轉變成幼蛙時，鰓就被肺取代了。

用來在水下呼吸的羽狀外鰓

鳥類的生命週期

跟在母體內發育的哺乳類不同的是，幼鳥在蛋裡發育，而且鳥類通常在巢裡下蛋。幼鳥孵出以後需要仰賴親鳥照顧。

重點
✓ 鳥類在蛋裡發育。
✓ 幾乎所有幼鳥孵化之後都需要親鳥的照顧。

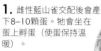

1. 雌性藍山雀交配後會產下8-10顆蛋。牠會坐在蛋上孵蛋（使蛋保持溫暖）。

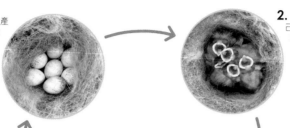

2. 幼鳥孵化時不能照顧自己、全身無毛，也無法視物。親鳥會合作餵養幼鳥，每天捕捉數百隻毛蟲給幼鳥吃。

藍山雀的生命週期

藍山雀等鳴禽會在樹上的巢裡撫育幼鳥。幼鳥出生時不能照顧自己，也無法飛行，但牠們成長得很快，大約三週齡時就能飛行。

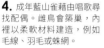

4. 成年藍山雀藉由唱歌尋找配偶。雌鳥會築巢，內裡以柔軟材料建造，例如毛線、羽毛或蛛網。

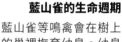

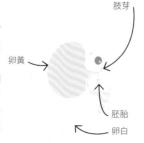

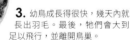

3. 幼鳥成長得很快，幾天內就長出羽毛。最後，牠們會長大到足以飛行，並離開鳥巢。

🔍 蛋

鳥蛋內儲存營養素與水，用來滋養在蛋內發育的胚胎。蛋起初是母體內的一個細胞，雌性卵細胞會在母體內與雄性精細胞結合受精。受精之後，這個細胞會從母體吸收營養素並逐漸變大，周圍也會形成一層殼。

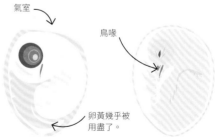

肢芽　　氣室　　鳥喙

卵黃 → 　胚胎　卵白

卵黃幾乎被用盡了。

胚胎的肢端在第5天開始形成。卵黃與卵白會滋養及保護胚胎。

到了第12天，鳥的肢、骨架和器官都發育良好。體表長出稱為羽絨（down）的柔軟羽毛。

大約第21天，幼鳥從氣室第一次呼吸到氧氣。牠會扭動身體來打破蛋殼，然後破殼而出。

哺乳類的生命週期

幾乎所有哺乳類的生命週期第一階段都是在母體內發育。出生之後，哺乳類幼崽以母體製造的乳汁為食。

老鼠的生命週期

母鼠交配後大約三週會生下一窩五到八隻幼鼠。幼鼠出生時沒有毛也無法視物，但成長得很快，到了兩週齡就會長出毛髮，八週齡時就已經完全成熟，可以交配了。

1. 新生幼鼠無法視物也沒有毛髮，需要仰賴母鼠維生。牠們以母鼠腹部上的腺體分泌的母乳為食。

4. 哺乳類幼崽在母體內一種稱為子宮的器官發育。牠們的血液會透過胎盤（placenta）接收來自母體血液的營養素與氧氣。

裝有胎兒的子宮

2. 隨著幼鼠成長，牠們會睜開眼睛並長出毛皮。牠們也變得愈來愈活潑好動。玩耍能幫助哺乳類獲得生存所需的身體技能。

3. 老鼠完全發育成熟時會尋找配偶，交配生下自己的後代。哺乳類的交配是體內受精，這代表雄性精細胞與雌性卵細胞會在母體內融合。

🔍 有袋類（marsupial）與單孔類（monotreme）

雖然大多數哺乳類都是在母體內完成發育的早期階段，但有些哺乳類的發育大多是在母體外進行的。這些動物包括有袋類和單孔類。就跟所有哺乳類一樣，有袋類和單孔類也會用母乳餵養幼崽。

有袋類在非常小且尚未充分發育時就出生了，例如袋鼠。牠們會在母體上的一個囊袋內完成發育的早期階段。

單孔類是會產蛋的特殊哺乳類，包括鴨嘴獸，還有長滿了刺的針鼴（上圖）。

男性生殖系統

人類的有性生殖需要雄性生殖細胞（精細胞）與雌性生殖細胞（卵細胞）結合。這個過程稱為受精，而且會在女性體內發生。男性生殖系統的器官會製造精細胞，並在性行為時把精細胞放進女性生殖系統裡。

> **重點**
>
> √ 男性生殖細胞（精子）是在稱為睪丸的器官內製造的。
>
> √ 精子會在性行為時被放進女性身體。

男性生殖器

精子是在兩個稱為睪丸的蛋形器官內製造的。發生性行為時，精細胞會與前列腺（prostate gland）和精囊（seminal vesicle）的分泌物混合，形成一種稱為精液的液體，精液能協助精細胞游動。睪丸懸掛在體外一個稱為陰囊（scrotum）的囊袋裡，這樣能使它們保持涼爽，因為精子在較低溫度的發育較好。精子會在性行為時通過陰莖進入女性體內。

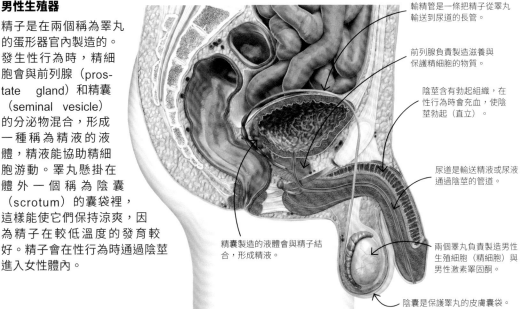

輸精管是一條把精子從睪丸輸送到尿道的長管。

前列腺負責製造滋養與保護精細胞的物質。

陰莖含有勃起組織，在性行為時會充血，使陰莖勃起（直立）。

尿道是輸送精液或尿液通過陰莖的管道。

兩個睪丸負責製造男性生殖細胞（精細胞）與男性激素睪固酮。

陰囊是保護睪丸的皮膚囊袋。

精囊製造的液體會與精子結合，形成精液。

🔍 人類精細胞

男性睪丸每天會製造超過1億個精細胞。每個精細胞由精液中的營養素添加動力，會奮力游動，搶著接觸卵細胞，使卵細胞受精。精細胞前方有一個稱為頂體（acrosome）的囊室，裡面儲存消化酵素。精子遇到卵子時，頂體會爆開，而酵素會在卵細胞的外膜上製造一個開口，讓精細胞的細胞核能夠進入卵細胞，使卵細胞受精。

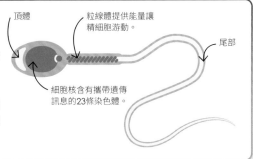

頂體

粒線體提供能量讓精細胞游動。

尾部

細胞核含有攜帶遺傳訊息的23條染色體。

女性生殖系統

女性生殖系統會製造稱為卵細胞的生殖細胞。卵細胞受精之後，會在稱為子宮的器官內發育。

重點

✓ 雌性生殖細胞稱為卵細胞或卵子。

✓ 兩個卵巢會製造卵細胞和女性激素。

✓ 如果卵細胞受精，就會在子宮內發育成胎兒。

女性生殖器

從性成熟到大約50歲之間，每個月會有一顆卵細胞從女性體內的其中一個卵巢中釋放出來。當卵細胞往子宮移動時，精細胞可能會使它受精。如果卵細胞受精，就會在柔軟的彈性子宮內壁著床，開始發育成胎兒。

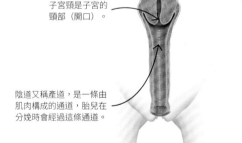

子宮是有彈性且由肌肉構成的器官，用來容納發育中的胎兒。

兩個卵巢負責製造卵細胞（卵子），也負責製造女性激素：動情激素和黃體酮。

卵巢釋放的卵細胞會通過一條稱為輸卵管的管道抵達子宮。

子宮頸是子宮的頸部（開口）。

陰道又稱產道，是一條由肌肉構成的通道，胎兒在分娩時會經過這條通道。

🔍 人類卵細胞

人類卵細胞大約五分之一毫米寬，是人體內最大的細胞之一。卵細胞具有大量細胞質，裡面儲存著用來發育胚胎的營養素。卵細胞的細胞膜周圍有一層膠質外膜，稱為透明帶（zona pellucida）。精細胞使卵子受精後，這層膠質會發生變化，避免更多精子通過。

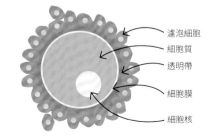

濾泡細胞

細胞質

透明帶

細胞膜

細胞核

人類的受精

精細胞與卵細胞的結合稱為受精。卵細胞受精後形成的細胞稱為合子，合子會發育成一團稱為胚胎的細胞，並在子宮內壁著床。

子宮內部

性行為之後，精細胞會游過女性子宮內的液體，到達輸卵管並尋找卵細胞。為了增加成功受精的機率，男性精液含有數以百萬計的精細胞。不過，女性身體一個月通常只會釋放一個卵細胞。許多精細胞可能會在輸卵管內遇到一個卵細胞，並努力使它受精，但只有一個精細胞會成功。

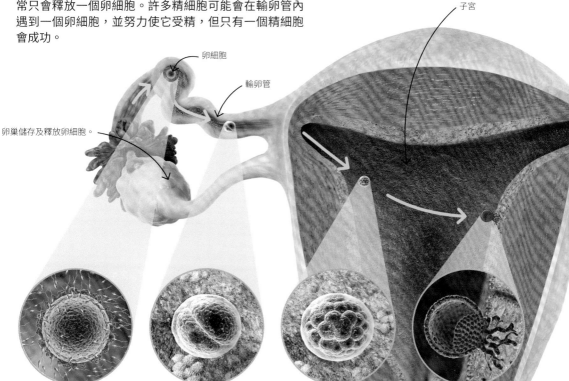

卵細胞

輸卵管

子宮

卵巢儲存及釋放卵細胞。

1. 其中一個精細胞的頭部穿過卵子的外膜。它們的細胞核融合在一起，給予融合之後的細胞（稱為合子）一套完整46條的染色體。

2. 合子前往子宮時，會分裂成兩個細胞，現在稱為胚胎。

3. 胚胎分裂成四個細胞，然後是八個，以此類推，形成一團細胞。幾小時後，胚胎成為一個中空的細胞團。

4. 幾天後，胚胎由輸卵管內膜上不斷擺動的微小毛狀構造（纖毛）輸送，最後到達子宮。它會陷入子宮內膜的柔軟組織裡，這個過程稱為著床。

懷孕

受精卵細胞大約需要40週時間發育成
一個準備好出生的胎兒。這段時間稱
為妊娠或懷孕。

重點

✓ 胎盤為胎兒提供氧氣與營養素,並清除廢物。

✓ 母親與胎兒的血液不會混合。

✓ 胎兒的大部分器官會在懷孕的早期階段發育。

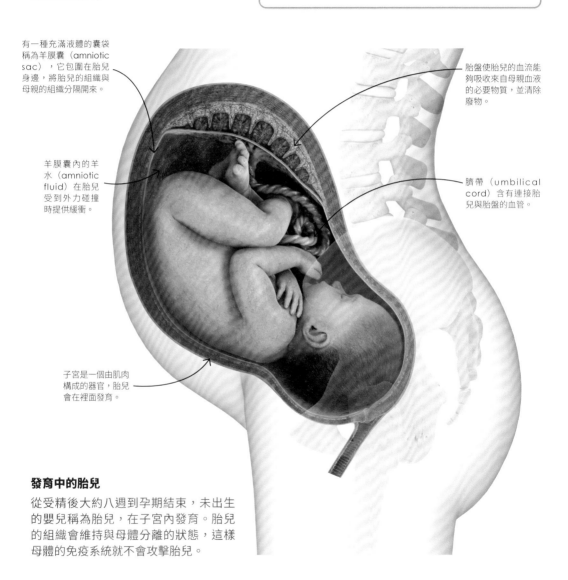

有一種充滿液體的囊袋
稱為羊膜囊(amniotic
sac),它包圍在胎兒
身邊,將胎兒的組織與
母親的組織分隔開來。

羊膜囊內的羊
水(amniotic
fluid)在胎兒
受到外力碰撞
時提供緩衝。

胎盤使胎兒的血流能
夠吸收來自母親血液
的必要物質,並清除
廢物。

臍帶(umbilical
cord)含有連接胎
兒與胎盤的血管。

子宮是一個由肌肉
構成的器官,胎兒
會在裡面發育。

發育中的胎兒

從受精後大約八週到孕期結束,未出生
的嬰兒稱為胎兒,在子宮內發育。胎兒
的組織會維持與母體分離的狀態,這樣
母體的免疫系統就不會攻擊胎兒。

🔍 成長的階段

胎兒的大部分器官是在懷孕早期發育。在懷孕後期，此時發育大都已經完成，胎兒的體型就會變大。發育中的幼體在前8週稱為胚胎，8週後稱為胎兒。

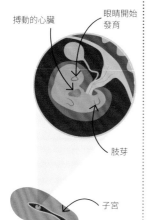

搏動的心臟
眼睛開始發育
肢芽
子宮

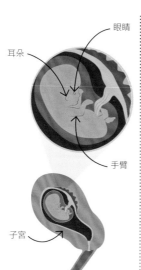

耳朵
眼睛
手臂
子宮

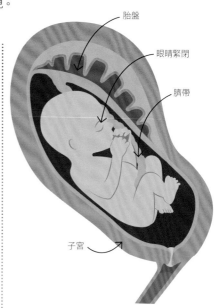

胎盤
眼睛緊閉
臍帶
子宮

受精後的**第5週**，胚胎的大小相當於蘋果核，而且長得就像蝌蚪。胚胎的心臟開始搏動，但手臂與腿還只是芽而已。

在第10週，胎兒的大小相當於橄欖。胎兒的臉、四肢、手指、腳趾與大部分器官已經成形。

在第20週，胎兒大約跟香蕉一樣長。胎兒有眉毛、體毛、指甲，而且可以活動肌肉。胎兒的發育已經幾乎完成，但會繼續長得更大。

⚙ 胎盤

這個暫時性器官是胎兒的維生系統。它含有來自胎兒的微小血管，這些血管很靠近母親的血管，卻不會混合雙方血液。氧氣與營養素會透過擴散作用從母親的血液傳到胎兒的血液，而二氧化碳及尿素等廢物則會從嬰兒的血液傳到母親的血液。雖然胎盤會把胎兒跟母親的血液分開，但某些有害物質能夠通過胎盤。這些物質包括酒精、香菸的尼古丁、某些食物的毒素，以及某些病原體，例如德國麻疹病毒。

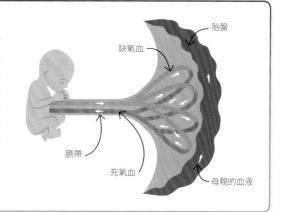

胎盤
缺氧血
臍帶
充氧血
母親的血液

分娩

孕期結束時，胎兒身體與母親身體釋放的激素會引起稱為分娩的程序，在嬰兒出生後結束。

新生兒

出生之後，嬰兒會開始呼吸，不再從母親接收氧氣。新生的嬰兒依然以臍帶連接著胎盤。臍帶會在出生之後很快被剪斷，殘餘部分會形成嬰兒的肚臍（navel; belly button）。

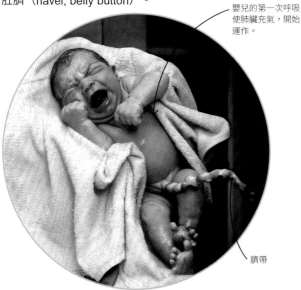

嬰兒的第一次呼吸使肺臟充氣，開始運作。

臍帶

重點

✓ 分娩通常從子宮肌肉壁的收縮開始。

✓ 肌肉收縮會持續加強，直到把嬰兒推出母親身體為止。

🔍 分娩的階段

分娩的過程通常按照一系列階段進行。

1. 子宮肌肉壁開始產生母親能感受到的短暫收縮，這些收縮會慢慢變得更強也更頻繁。

2. 裝著胎兒的羊膜囊打開，使羊水流出母親的陰道。

羊水

3. 子宮頸擴張。

子宮頸

4. 子宮非常強烈地收縮，推擠嬰兒通過子宮頸與陰道到體外，然後嬰兒會進行第一次呼吸。

5. 在接近嬰兒身體的地方夾住或綁住臍帶以避免失血，然後剪斷臍帶。

臍帶

6. 嬰兒出生後幾分鐘，胎盤（出生後）會從母親身體排出。

胎盤

🔍 親餵（breast-feeding）與瓶餵（bottle feeding）

母乳含有抗體，能協助避免嬰兒在生命初期感染疾病。哺育母乳也會促使母親體內釋放激素，這些激素能幫助母親與嬰兒建立緊密連結。親餵的母親罹患乳癌的機率可能較低。不過，有些母親覺得親餵不舒服，因此改用配方奶粉。配方乳含有嬰兒需要的所有營養素，但缺乏抗體，而且需要在無菌環境中以乾淨的水沖泡。

遺傳學與
生物技術

基因組

生物的基因組是該生物所有基因的完整集合。基因是控制生物生長與發育方式的指令,儲存在稱為DNA的分子裡,會在繁殖時從親代傳給子代。

基因與DNA

生物體的每個細胞都攜帶了一整套的基因組。在人類體內,構成基因組的DNA包裝在46個稱為染色體的構造中,染色體位於每個細胞的細胞核內。

3. 染色體

基因由染色體攜帶,染色體通常呈X形。人類細胞有46條染色體,狗的細胞有78條,豌豆細胞有14條。

2. 細胞

所有生物都是由稱為細胞的微小結構單元組成。每個細胞都帶有生物的基因組,通常位於細胞核內。

1. 身體

基因控制生物的形成、運作及外觀。大約有2萬個不同基因控制人體。

📌 **重點**

✓ 生物的基因組是該生物所有基因的集合。

✓ 生物體內每個細胞的細胞核都含有一套基因組。

✓ 基因儲存在去氧核糖核酸(deoxyribonucleic acid; DNA)分子裡。

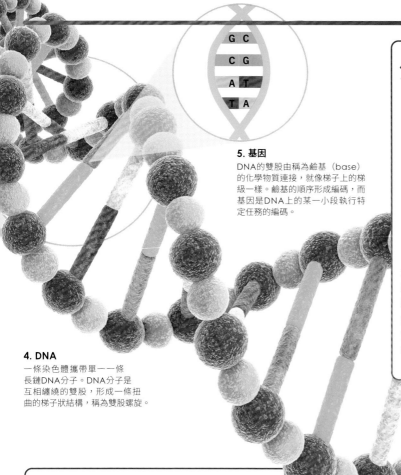

G C
C G
A T
T A

5. 基因
DNA的雙股由稱為鹼基（base）
的化學物質連接，就像梯子上的梯
級一樣。鹼基的順序形成編碼，而
基因是DNA上的某一小段執行特
定任務的編碼。

4. DNA
一條染色體攜帶單一一條
長鏈DNA分子。DNA分子是
互相纏繞的雙股，形成一條扭
曲的梯子狀結構，稱為雙股螺旋。

🔍 建構蛋白質

蛋白質由一串名為胺
基酸的小單位組成。

蛋白質分子

大多數基因攜帶的指令都跟
要製造的蛋白質分子有關。
基因的鹼基順序決定蛋白質
的胺基酸順序，蛋白質則負
責控制細胞和身體的運作與
表現方式。

⚙ DNA如何複製

DNA能自我複製，因此基因能在細
胞分裂或生物繁殖時被複製下來。

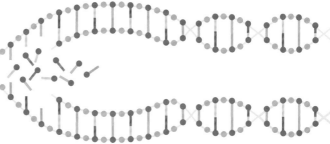

1. DNA分子的兩股從纏繞中解
開，互相分離。每股DNA都有
編碼特定基因的鹼基序列。

2. 每個鹼基只會與特定的配對鹼基連
結，所以分離的DNA股具有模板的作
用，新的DNA股就能在模板上形成。

3. 兩個一模一樣的DNA分子形成
了，每個都具有相同基因。

人類基因組計畫

人類基因組計畫在2003年完成，是一項範圍極廣的科學研究工作，目的是對一般人類基因組的每個基因進行鑑別與定序。這項計畫有數百名科學家參與，歷時13年完成，有可能為醫學帶來巨大進展。

📌 **重點**

✓ 人類基因組計畫是對人類基因組中每個基因進行鑑別與定序的計畫。

✓ 這項計畫可能促成許多新的疾病療法。

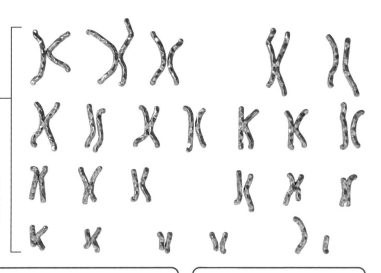

核型（karyotype）是同一細胞所有染色體的影像，母系染色體與父系染色體會成對排列。

人類基因組

人類基因組是由大約30億個DNA鹼基配對組成，包含2萬到2萬5000個基因。基因組位於身體的每個細胞核，儲存在23對染色體內。

⚙ **DNA定序**

為了研究人類基因組的鹼基序列，科學家把DNA分成不同長度的片段，每個片段的末端是四個鹼基中的其中一個。

```
ACAAGTTAATAAAACTAAAACTTTCAACA
GTTCTGGCATCGATGAAGAACGCAGCGA
AATGTGAATTGCAGAATTCAGTGAATCA
ACGCACATTGCGCCCTTGGTATTTCCGA
TTCAGGCGTCATTTCAACCCTCAAGCTC
GGCTCCGTCCTCCACGGACGCGCCTTAA
TGGCGTCTTGCCTCAAGCGTAGTAGAAA
GGAGCGCACGGCGTCGCCCGCCGGACGA
TTTCTCAAGGTTGACCTCGGATCATCGA
GGTAAGAAAGTTTTCCTTCCGCTGCAC
GGGTGCTGGGTGCTGGGTGCTGGGTTCC
GCCTTATCGCTTCGGTGAGGGGCATTTT
GGCCCGGCCTAAGCCTCGTTCGGGCTCG
CATCTGGTTTTTTGCGACCGGCGTGCG
CCCTCGCCAGACACGCCACGCATGTGCG
```

1. 把DNA片段注入凝膠片，然後以電流推動DNA片段通過凝膠，藉此依據大小分離各個片段。

2. 把螢光化學染劑加入DNA片段，以辨識每個片段的末端是四個鹼基中的哪一個。

3. 用相機與電腦讀取四種染劑顏色，分別以英文字母A、T、C、G表示，這四個字母代表DNA的四種鹼基（見右頁）。

🔍 **益處**

● 人類基因組計畫可能協助科學家研發「基因療法」，有瑕疵的基因就能被正常作用的基因取代，為囊腫纖維化（cystic fibrosis）等遺傳疾病帶來治癒機會。

● 癌症、心臟病等疾病與許多基因有關聯。辨識出這些基因可能帶來預防或治療疾病的新方法。

● 醫生可以根據病患自身的基因組，量身打造適合的療法。例如有些乳癌藥物在具有特定基因變異的女性身上效果更好。

DNA的構造

DNA是活生物體內儲存遺傳訊息的化學物質。遺傳訊息以編碼的形式儲存，由四種重複出現的鹼基構成，這四種鹼基會形成DNA分子的梯級。

📌 重點

✓ DNA 分子由互補的兩股，以雙螺旋形式相連而構成。

✓ 每股由稱為核苷酸（nucleotide）的重複單位組成。

✓ 每個核苷酸含有一個糖、一個磷酸根與一個鹼基。

✓ DNA 有四種不同鹼基，它們的序列形成基因編碼。

DNA分子

每股DNA由稱為核苷酸的重複單位組成。核苷酸含有一個糖、一個磷酸根與一個鹼基。每股DNA上的鹼基與相鄰DNA股上的鹼基形成弱鍵結，把兩股連在一起。DNA的四種鹼基：腺嘌呤（adenine）、胸腺嘧啶（thymine）、胞嘧啶（cytosine）、鳥糞嘌呤（guanine）在圖中以不同顏色表示。

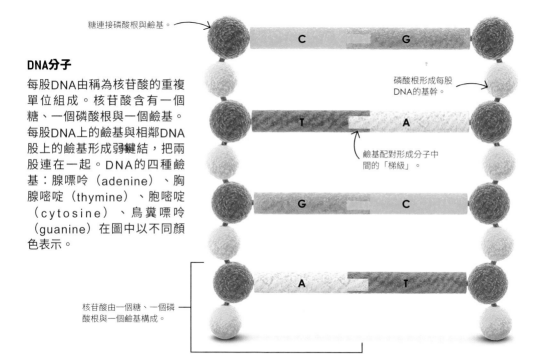

糖連接磷酸根與鹼基。

磷酸根形成每股DNA的基幹。

鹼基配對形成分子中間的「梯級」。

核苷酸由一個糖、一個磷酸根與一個鹼基構成。

🔍 鹼基對

DNA只含有四種鹼基，而且總是以相同方式配對。腺嘌呤（A）與胸腺嘧啶（T）配對，胞嘧啶（C）與鳥糞嘌呤（G）配對。這代表每一股DNA都是另一股的鏡像，而且可以當作模板來重建新的互補DNA股。每股上的鹼基序列會形成儲存遺傳訊息的編碼。

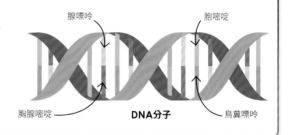

腺嘌呤

胞嘧啶

胸腺嘧啶

DNA分子

鳥糞嘌呤

蛋白質合成一

大多數基因儲存了建構特定蛋白質分子所需的遺傳訊息。基因的鹼基序列編碼了蛋白質的胺基酸序列。基因被用於建構蛋白質時，我們就說這個基因「產生表現」。建構蛋白質分子的第一步稱為轉錄（transcription）。

轉錄

儲存在細胞核的DNA分子實在太大，無法離開細胞核。因此，細胞需要利用基因來建構蛋白質時，就會複製那個基因。基因的鹼基序列會建造一種稱為傳訊RNA的分子來進行複製。這種分子與DNA很相似，但原本是胸腺嘧啶的位置被尿嘧啶（uracil）取代。

📌 重點

✓ 基因的鹼基序列編碼了蛋白質的胺基酸序列。

✓ 轉錄時會複製基因來製造傳訊 RNA（messenger RNA; mRNA）分子。

✓ 傳訊 RNA 分子會把複製的基因帶出細胞核。

🔍 非編碼DNA

人類基因組的某些DNA沒有蛋白質分子的編碼，稱為非編碼DNA。特定的非編碼DNA片段可當作參與轉錄的分子所需的結合位，藉此控制其他基因。其他的非編碼DNA片段則具有建構功能，會形成染色體末端或其他協助細胞分裂所需的結構。有些非編碼DNA序列也稱為垃圾DNA，因為它們可能毫無用處。

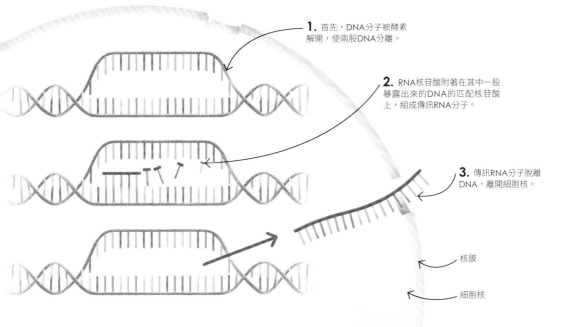

1. 首先，DNA分子被酵素解開，使兩股DNA分離。

2. RNA核苷酸附著在其中一股暴露出來的DNA的匹配核苷酸上，組成傳訊RNA分子。

3. 傳訊RNA分子脫離DNA，離開細胞核。

核膜

細胞核

蛋白質合成二

蛋白質合成的第二階段稱為轉譯（translation）。轉譯時，名為核糖體的胞器會讀取傳訊RNA分子上的鹼基序列，一次讀取三個鹼基。每個鹼基三聯體（triplet）被用於把特定胺基酸連接到正在建構的蛋白質分子上。

轉譯

離開細胞核後，傳訊RNA分子會與稱為核糖體的胞器結合，與它一起移動。在這裡，RNA裡每三個為一組的鹼基（三聯體或密碼子）會與漂浮的小型RNA分子中的互補序列結合，這種小型RNA分子攜帶了胺基酸，稱為轉送RNA。胺基酸聚集在一起形成一條長鏈，也就是一個蛋白質分子。

🔍 蛋白質形狀

蛋白質是長鏈分子，由大約20種胺基酸的各種組合構成。胺基酸鏈形成後，會根據胺基酸序列摺疊成特殊形狀。蛋白質的形狀決定了它如何與其他分子交互作用，進而控制其他分子的功能。

血紅素是一種摺疊成球形的蛋白質，這種形狀能幫助血紅素在血液中運輸氧。

膠原蛋白（collagen）是一種形成繩狀纖維的蛋白質，用來把身體不同部位牢牢結合在一起。

澱粉酶是一種消化澱粉的酵素。它的形狀含有一個結合目標分子的「活性部位」，有助於催化化學反應。

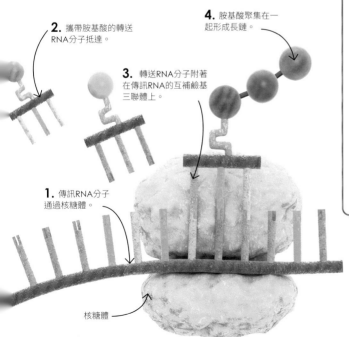

2. 攜帶胺基酸的轉送RNA分子抵達。

4. 胺基酸聚集在一起形成長鏈。

3. 轉送RNA分子附著在傳訊RNA的互補鹼基三聯體上。

1. 傳訊RNA分子通過核糖體。

核糖體

5. 空的轉送RNA分子脫離傳訊RNA分子。

突變

突變是DNA鹼基序列的隨機變化。帶有蛋白質編碼的基因出現突變，可能會改變蛋白質的胺基酸序列，使蛋白質出錯或改變運作方式。非編碼DNA的突變可能打開或關閉基因，影響製造的蛋白質種類。

重點

✓ 突變是自然發生的，大多不會影響生物體。

✓ 有些突變會帶來害處，也有少數突變會帶來益處。

✓ 突變是所有新基因變異（等位基因）的來源。

✓ 損害 DNA 的輻射與化學物質可能增加突變機率。

白化症（albinism）

白化動物的皮膚無法製造有色色素，外觀通常很蒼白。白化症的原因通常是特定基因出現突變，這個基因編碼了用於製造色素的酵素。許多類型的突變可能會損害這個基因。這裡顯示的是一種插入突變：有個額外的鹼基加入DNA序列，改變了用來建構酵素的胺基酸。

正常基因

AAC TTC ATG GGA TTC AAC TGT 　]— 基因 —[這個突變基因多了一個腺嘌呤鹼基。 　　**突變基因**

AAC TTC AAT GGG ATT CAA CTG T

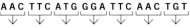

└ 正確的胺基酸序列　　　　　　　— 蛋白質 —

錯誤的胺基酸被用於建構酵素，使酵素無法發揮作用。

🔍 突變的類型

突變有許多不同類型。小型突變只會影響DNA的一個或幾個鹼基，較大型的突變可能會重新排列染色體的長片段。

原始DNA序列
T AAC T GCA GG T

新鹼基被插入

T AAC C GCA GG T

一個或多個鹼基加入基因時，就會發生**插入**突變。這改變了鹼基三聯體在製造蛋白質時被讀取的方式，進而改變蛋白質的胺基酸序列。

鹼基被刪除

T AAC G CAG G T

一個或多個鹼基缺失時，就會發生**刪除**突變。就跟插入突變一樣，這種突變也會在刪除發生後，使製造蛋白質時的胺基酸序列改變。

鹼基被取代

T AAC C G CAG G T

DNA序列中單一一個鹼基改變時，就會發生**取代**突變。這會改變蛋白質的單一一個胺基酸。

基因與等位基因

有性生殖的生物會從母親得到一組基因，從父親得到另一組基因。因此，這類生物的每個基因都有兩個版本。相同基因的不同版本稱為等位基因。

顯性等位基因（dominant allele）與隱性等位基因（recessive allele）

大多數花豹都有斑點，但有一些是全黑的。這種黑色毛皮是由一個控制毛皮色素的基因的等位基因造成的。花豹只有在父母雙方都遺傳黑色的等位基因時才會擁有黑色毛皮。如果牠擁有一個黑色等位基因跟一個正常等位基因，或是兩個正常等位基因，就會有正常的斑點毛皮。正常等位基因稱為顯性，因為它一定會影響毛皮顏色，而黑色等位基因則稱為隱性，因為需要兩個黑色等位基因才會發揮作用。

重點

✓ 等位基因是相同基因的變異。

✓ 基因有兩個相同等位基因的個體稱為同型組合（homozygous）。

✓ 基因有兩個不同等位基因的個體稱為異型組合（heterozygous）。

✓ 在異型組合的個體，基因的一個等位基因通常處於休眠狀態。

基因型（genotype）與表現型（phenotype）

花豹擁有的等位基因組合就是牠的基因型。這種基因型控制的可見性狀則稱為表現型。我們可以用兩個字母表示基因型：大寫字母代表顯性等位基因，小寫字母代表隱性等位基因。舉例來說，花豹能擁有下表所顯示的任何一種毛色基因型，但只有一種基因型會產生黑色表現型。生物有兩個相同等位基因時，我們就說這是基因的同型組合；生物有兩個不同等位基因時，我們說這是異型組合。

基因型	表現型
DD 同型組合	正常花豹
Dd 異型組合	正常花豹
dd 同型組合	黑色花豹

這隻黑色花豹有兩個隱性黑色等位基因——各來自一個親代。

這種正常花豹有至少一個顯性正常等位基因。

基因雜交

生物的大多數性狀會受到多重基因交互作用的影響，不過有些性狀是由單一基因控制的。我們可以畫一張基因雜交圖表，來預測這些性狀在生物繁殖時可能會如何遺傳。

📌 **重點**

✓ 基因雜交圖表顯示出生物如何遺傳由單一基因控制的性狀。

✓ 基因雜交會顯示出子代的每種基因型與表現型的機率。

✓ 龐尼特氏方格（Punnett square）是基因雜交圖表的替代選項，可看出相同資訊。

基因雜交圖表

這張圖表顯示出一隻有兩個斑點毛皮顯性等位基因（DD）的花豹與一隻有兩個黑色毛皮隱性等位基因（dd）的黑色花豹交配時，會發生什麼結果。第二列顯示生殖細胞，第三列顯示生殖細胞能組合成不同基因型的所有方式。所有子代都是異型組合——牠們有兩個不同的等位基因。

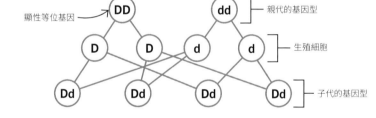

顯性等位基因 → DD　　dd ⌐ 親代的基因型

D　　D　　d　　d ⌐ 生殖細胞

Dd　　Dd　　Dd　　Dd ⌐ 子代的基因型

所有子代擁有相同表現型（斑點毛皮）。

🔍 **龐尼特氏方格**

另一種製作基因雜交圖表的方式是畫出龐尼特氏方格。把一個親代的等位基因寫在上方，另一個親代的等位基因寫在側邊，然後填寫方格來列出所有子代的基因型。

親代2的生殖細胞

親代1的生殖細胞

	d	d
D	Dd	Dd
D	Dd	Dd

子代的基因型

兩隻異型組合的花豹繁殖時，平均四分之一（25%）的後代會是黑色花豹。基因雜交能告訴我們下一代中每種基因型與表現型的機率。

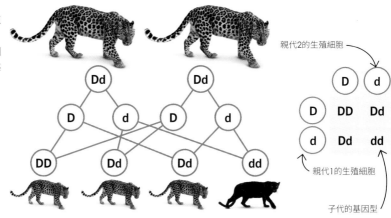

親代2的生殖細胞

子代的基因型

親代1的生殖細胞

同型組合的斑點花豹與異型組合的斑點花豹繁殖時，沒有任何後代會有同型組合的隱性基因型。因此，所有幼豹都有正常的斑點毛皮。

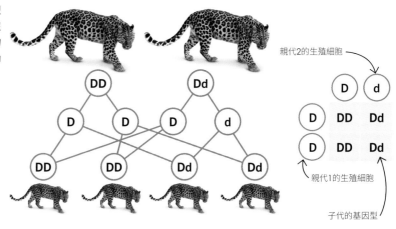

親代2的生殖細胞

子代的基因型

親代1的生殖細胞

異型組合的斑點花豹與黑色花豹繁殖時，大多數生殖細胞會攜帶黑色毛皮的隱性基因。因此，平均一半的後代會是黑色花豹，幼豹會成為黑色花豹的機率就是50%。

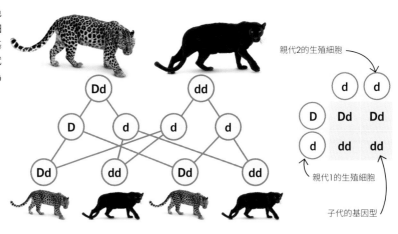

親代2的生殖細胞

親代1的生殖細胞

子代的基因型

共顯性

生物的同一基因有兩個不同等位基因時，通常其中一個等位基因是顯性，另一個是隱性。然而，有時兩個等位基因都會表現出來，這些等位基因就是共顯性（codominant）。

> **重點**
>
> ✓ 共顯性代表異型組合基因型的兩個不同等位基因都有表現出來。
>
> ✓ 共顯性基因雜交後，不同基因型的比率會跟不同表現型的比率相同。

同型組合雜交

紫茉莉的花可以是紅色或白色，它的顏色受到一個有共顯性等位基因的基因控制。當紅色等位基因與白色等位基因在一株異型組合的植物上同時表現時，花就會是粉色的，也就是兩種顏色的混合。

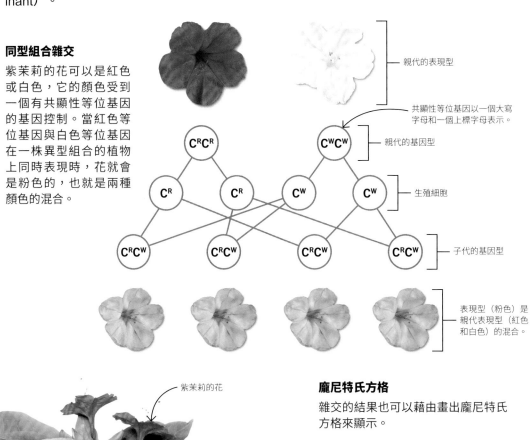

親代的表現型

共顯性等位基因以一個大寫字母和一個上標字母表示。

親代的基因型

生殖細胞

子代的基因型

表現型（粉色）是親代表現型（紅色和白色）的混合。

紫茉莉的花

龐尼特氏方格

雜交的結果也可以藉由畫出龐尼特氏方格來顯示。

親代1的生殖細胞

親代2的生殖細胞

	C^W	C^W
C^R	C^RC^W	C^RC^W
C^R	C^RC^W	C^RC^W

子代的基因型

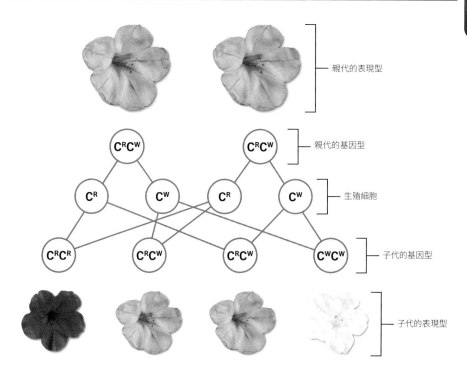

親代的表現型

親代的基因型 C^RC^W　C^RC^W

生殖細胞 C^R　C^W　C^R　C^W

子代的基因型 C^RC^R　C^RC^W　C^RC^W　C^WC^W

子代的表現型

異型組合雜交

如果粉花植株跟彼此繁殖，它的後代會出現全部三種顏色：紅色、粉色、白色。基因型的比率與表現型的比率都是1:2:1。下一代植株有紅花的機率是25%，粉花的機率是50%，白花的機率是25%。

龐尼特氏方格

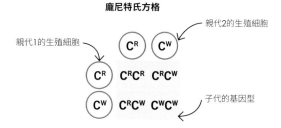

親代2的生殖細胞

親代1的生殖細胞

	C^R	C^W
C^R	C^RC^R	C^RC^W
C^W	C^RC^W	C^WC^W

子代的基因型

🔍 雜色的牛

牛的毛皮顏色有時是由共顯性基因控制。如果棕毛母牛與白毛公牛繁殖，棕色跟白色等位基因可能會在異型組合的後代身上結合。這兩種等位基因都會表現出來，使後代的毛色混雜棕色與白色（這種顏色稱為雜色）。

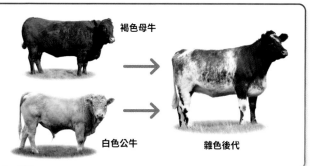

褐色母牛

白色公牛

雜色後代

孟德爾的研究

奧地利修士格雷戈・孟德爾（Gregor Mendel, 1822–1884）是公認的遺傳學之父。透過繁殖豌豆植株，他發現某些性狀是由「遺傳單位」（hereditary unit）控制。如今，我們稱這些單位為基因。

孟德爾的豌豆

孟德爾在繁殖豌豆植株時發現，豌豆植株的某些性狀，比方說豆莢顏色，不會單純地混在一起。例如，他把綠色豆莢的植株跟黃色豆莢的植株雜交時，所有子代都有綠色豆莢——綠色似乎是顯性。但如果他接著把這些子代彼此雜交來產生下一個子代，就不是所有的植株都有綠色豆莢：大約四分之一的第二子代植株有黃色豆莢。

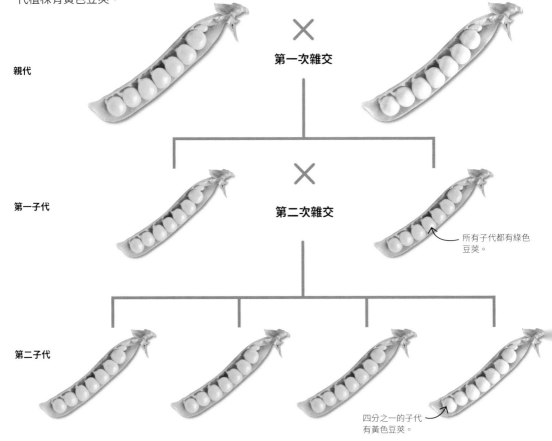

親代

第一次雜交

第一子代

第二次雜交

所有子代都有綠色豆莢。

第二子代

四分之一的子代有黃色豆莢。

解釋孟德爾的研究結果

孟德爾的繁殖實驗中的第二子代居然出現3:1的比例，讓他感到很驚訝。他發現這種遺傳模式也出現在植株高度、花朵顏色、豆莢形狀、種子形狀、種子顏色，甚至花朵位置。他提出理論，認為這些性狀都由成對的「遺傳單位」控制，這些單位可能在有性生殖期間會分開及重組，而且可能有兩種形式：顯性與隱性。

第一次雜交

在第一子代，純種綠色豆莢植株與純種黃色豆莢植株雜交。所有子代都是綠色，所以孟德爾認為綠色形式的遺傳單位（G）是顯性。

第二次雜交

在第二子代，四分之一的子代有黃色豆莢。孟德爾發覺，這些植株一定是缺少了顯性的綠色形式遺傳單位，只有兩個隱性形式（gg）。

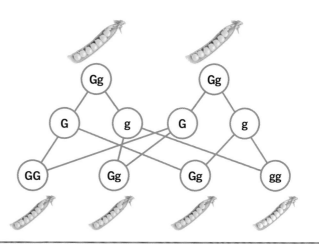

格雷戈・孟德爾

孟德爾是奧地利一間修道院的修士，他的實驗就在修道院的花園裡進行。雖然他在1866年發表了實驗結果，但有數十年之久他的研究幾乎無人重視。直到20世紀，染色體與DNA被發現之後（當時孟德爾已經過世很久），科學家才發覺他的研究有多麼重要：孟德爾發現了基因。

血型

許多基因有三個以上的不同等位基因，比如人類血型就是由具有三個等位基因的基因控制。這些等位基因的組合方式創造了四種不同血型。

血型等位基因

血型基因負責編碼紅血球表面的蛋白質。如果你接受了血型不相容的血液，你的身體可能會排斥輸入的血球細胞，導致危險的不良反應。有兩種血型等位基因（I^{A}與I^B）是共顯性，攜帶了蛋白質不同變體的編碼。第三種等位基因（I^O）是隱性，不會製造蛋白質。表中顯示了三種等位基因的各種組合所產生的不同血型。

基因型	I^{A}I^A	I^{A}I^O	I^{B}I^B	I^{B}I^O	I^{A}I^B	I^{O}I^O
表現型	A	A	B	B	AB	O

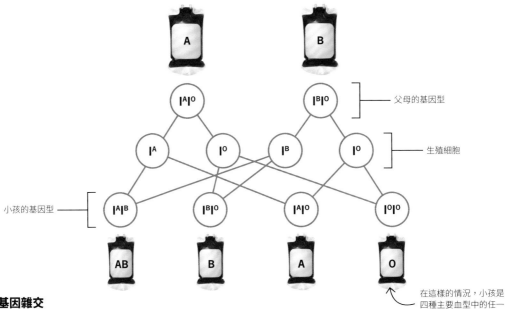

父母的基因型

生殖細胞

小孩的基因型

在這樣的情況，小孩是四種主要血型中的任一種的機率皆為25%。

基因雜交

如果你知道父母的基因型，就可以畫出基因雜交圖表來預測小孩的基因型及血型機率。這張圖表顯示了父母的血型是A型和B型，但兩人都攜帶隱性I^{O}等位基因時，小孩會有哪些血型。

遺傳異常

有些疾病是由單一基因造成的，例如鐮刀型貧血及囊腫纖維化。如果某種疾病是由隱性等位基因導致，那麼只有攜帶兩個隱性等位基因的人才會罹患這種疾病。只攜帶一個隱性等位基因的人是不會發病的「帶因者」。

重點

✓ 遺傳異常可能是由單一一個基因導致的。

✓ 有些遺傳異常是由隱性等位基因導致，而其他遺傳異常則是由顯性等位基因導致。

✓ 由隱性等位基因導致的異常包括鐮刀型貧血和囊腫纖維化。

鐮刀型貧血

鐮刀型貧血是一種使紅血球出現異常彎曲形狀的遺傳疾病，會導致健康問題，減少預期壽命。這種疾病是由一個隱性等位基因造成的，所以嬰兒罹患這種疾病的機率可以使用基因雜交圖表來預測。

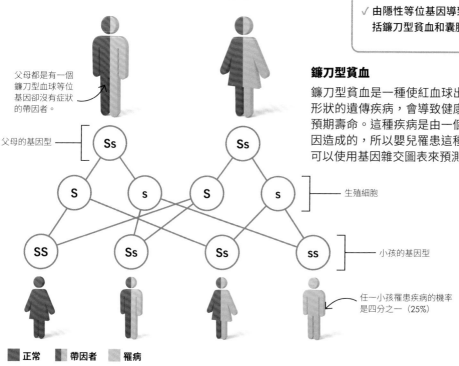

父母都是有一個鐮刀型血球等位基因卻沒有症狀的帶因者。

父母的基因型

生殖細胞

小孩的基因型

任一小孩罹患疾病的機率是四分之一（25%）

■ 正常　■ 帶因者　■ 罹病

🔍 家族圖譜

遺傳異常在家族中傳遞的方式，有時可以用一張家族圖譜來顯示。這張圖譜顯示出鐮刀型貧血的遺傳狀況，方塊代表男性，圓圈代表女性，而黃色代表鐮刀型血球等位基因。只有一個人（瑞秋）遺傳到兩個鐮刀型血球等位基因，因此她有鐮刀型貧血。

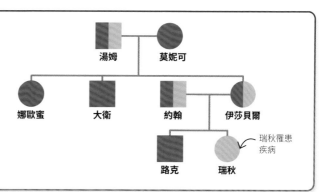

湯姆　莫妮可

娜歐蜜　大衛　約翰　伊莎貝爾

瑞秋罹患疾病

路克　瑞秋

基因檢測

人的DNA可以接受檢測，了解是否擁有可能造成遺傳疾病的等位基因。查看胚胎是否有遺傳疾病的檢測稱為胚胎篩檢，這是個引發道德爭論的問題。

重點

✓ 基因檢測會檢查 DNA 是否有造成遺傳疾病的等位基因。

✓ 胚胎篩檢包括了檢測人類胚胎是否有遺傳疾病。

✓ 胚胎篩檢引發了倫理問題。

檢測胚胎

人類使用體外人工受精（見第153頁）來懷孕時，可能會檢測胚胎是否有遺傳疾病。這項技術從父母採集的卵和精子，在實驗室中創造胚胎。實驗室人員會從每個胚胎取走一個細胞，檢測是否有遺傳疾病，例如囊腫纖維化。沒有遺傳疾病的胚胎才會植入母親體內。

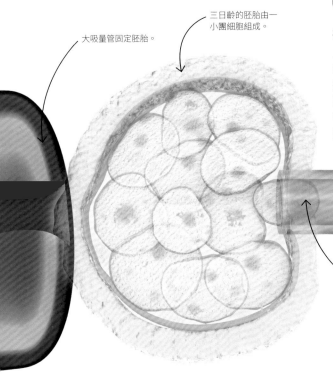

三日齡的胚胎由一小團細胞組成。

大吸量管固定胚胎。

用小吸量管從胚胎拿取一個細胞，然後檢測這個細胞的DNA是否有任何異常。

🔍 胚胎篩檢的優點與缺點

優點

- 胚胎篩檢能讓夫妻生下沒有特定遺傳疾病的小孩，避免受苦，讓父母確保小孩的健康。

- 預防遺傳疾病能降低醫療支出，減輕政府、納稅人和父母的經濟負擔。

缺點

- 有人認為摧毀有遺傳疾病的胚胎是不道德的，例如有人相信胚胎有生存權。

- 未來可能會濫用篩檢來選擇具有更多優秀性狀的胚胎，例如高智商，儘管目前的法律嚴格禁止這樣做。

性別決定

人類與其他哺乳類，都是由X染色體和Y染色體來決定性別。女性的每個細胞都有兩條X染色體，男性則有一條X染色體和一條Y染色體。

性染色體

X染色體比Y染色體大得多，攜帶的基因最多可達1400個。Y染色體只帶了70到200個基因。跟人類細胞的其他44條染色體不同的是，性染色體不會在減數分裂（見第46頁）時配對來交換遺傳物質。

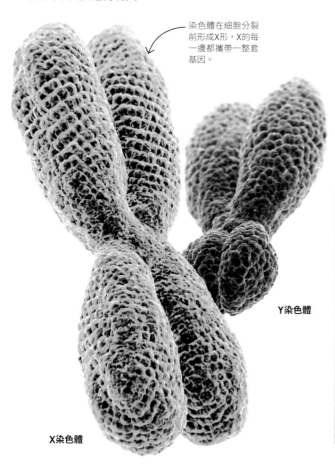

染色體在細胞分裂前形成X形，X的每一邊都攜帶一整套基因。

Y染色體

X染色體

重點

✓ X 與 Y 染色體負責決定性別。

✓ 女性有兩條 X 染色體，男性有一條 X 染色體和一條 Y 染色體。

✓ 每個生殖細胞（精細胞和卵細胞）都只有一條性染色體。

⚙ 性別是怎麼決定的

身體製造生殖細胞（精子與卵子）時，每個細胞只有一條性染色體。所有卵細胞都攜帶一條X染色體，但精細胞有半數攜帶X染色體，半數攜帶Y染色體。受精時，兩個性染色體結合，卵細胞由攜帶Y染色體的精子受精的機率是50%，由攜帶X染色體的精子受精的機率也是50%。因此，任何嬰兒有特定性別的機率都是50%。

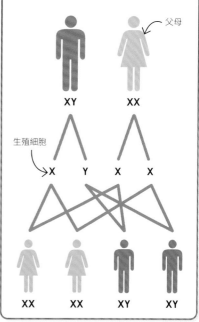

父母

XY　　XX

生殖細胞

X　Y　　X　X

XX　　XX　　XY　　XY

性聯遺傳

有些遺傳性狀是性聯遺傳，因為造成這些性狀的基因由性染色體攜帶。性聯基因遵循的遺傳模式跟正常基因不同。

重點

√ 性聯遺傳的性狀是由 X 或 Y 染色體（性染色體）上的等位基因造成的。

√ 性聯基因造成的疾病稱為性聯遺傳疾病。

√ 色盲就是一種性聯遺傳疾病。

色盲

色盲是X染色體上的一個隱性等位基因所導致的疾病。色盲在男性比在女性普遍得多，因為男性只有一條X染色體，這代表那條染色體上的任何隱性等位基因都會表現出來。基因雜交圖表能看出色盲是如何遺傳的。英文字母X和Y代表性染色體，N代表正常等位基因，小寫n代表有問題的等位基因。

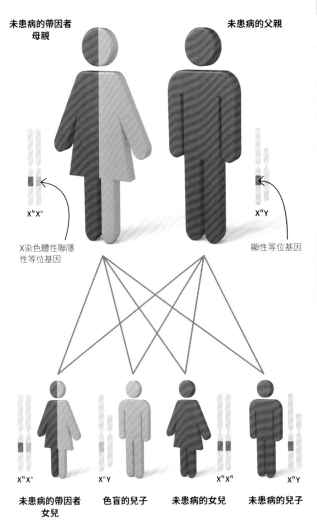

未患病的帶因者母親　　　　　　　　　　未患病的父親

$X^N X^n$　　　　　　　　　　　　　　$X^N Y$

X染色體性聯隱性等位基因　　　　　　　　顯性等位基因

未患病的帶因者女兒　　色盲的兒子　　未患病的女兒　　未患病的兒子

$X^N X^n$　　　$X^n Y$　　　$X^N X^N$　　　$X^N Y$

■ 色盲　■ 正常　■ 帶因者（攜帶這個基因但沒有患病的人）

🔍 紅綠色盲

色盲最常見的形式稱為紅綠色盲，成因是負責編碼眼內感光蛋白的基因出現突變。罹患這種疾病的人難以區別特定色調的紅色及綠色。

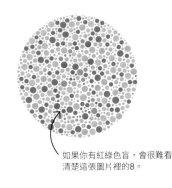

如果你有紅綠色盲，會很難看清楚這張圖片裡的8。

複製動物

複製包括了製造基因完全相同的生物。許多物種都會在無性生殖時自然製造出複製體，但哺乳類等大型動物無法這麼做，不過可以在實驗室裡人工複製出來。

成年細胞複製

1996年，桃莉羊成為第一隻從成年動物細胞複製而來的哺乳動物。成年細胞複製需要從一個成年動物細胞取出細胞核，然後把它和一個去掉細胞核的卵細胞融合。接著，這個融合的細胞會長成一個胚胎，被植入代理孕母體內。

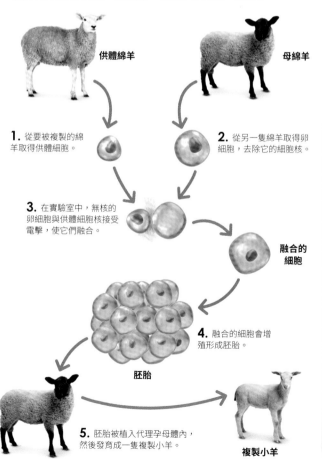

供體綿羊

母綿羊

1. 從要被複製的綿羊取得供體細胞。

2. 從另一隻綿羊取得卵細胞，去除它的細胞核。

3. 在實驗室中，無核的卵細胞與供體細胞核接受電擊，使它們融合。

融合的細胞

4. 融合的細胞會增殖形成胚胎。

胚胎

5. 胚胎被植入代理孕母體內，然後發育成一隻複製小羊。

複製小羊

重點

✓ 複製技術會製造出基因完全相同的生物。

✓ 成年細胞複製包括了從成年動物的細胞複製出動物。

✓ 農民有時會透過分離及移植胚胎來複製具有優秀性狀的動物。

🔍 以胚胎移植進行複製

在畜牧業，有時會把家畜的一個胚胎加以分割，製造數個基因完全相同的胚胎，然後移植到代理孕母體內，藉此複製家畜，使農民能從具有優秀性狀的親代培育出大量幼崽。

1. 從具有優秀性狀的動物取得精細胞與卵細胞，在實驗室裡把它們結合在一起。

2. 受精卵長成胚胎。

3. 在胚胎細胞開始特化之前把它們分割，製造數個胚胎。

4. 複製的胚胎移植到代理孕母體內。

基因工程

基因工程是把一個物種的基因轉移到另一個物種，讓受體
生物（例如農作物）獲得有用的性狀，而這些性狀如果用
傳統育種方法會很難取得，甚至不可能取得。以這種方式
改變的生物稱為基因改造生物（genetically modified or-
ganism; GMO）。

重點

✓ 基因工程包括了把基因從一個
物種人工轉移到另一個物種。

✓ 基因工程的益處包括更容易栽
種糧食作物、製造藥物。

✓ 基因改造動物與植物存在倫理
問題。

製造胰島素

胰島素被用來作為治療糖尿病患者的藥物。人造胰島素是第一種用基
因工程改造細菌製造出來的藥物。這種細菌的創造方式是從人類DNA
剪下胰島素基因，插入細菌內的一段環狀DNA，也就是質體上。

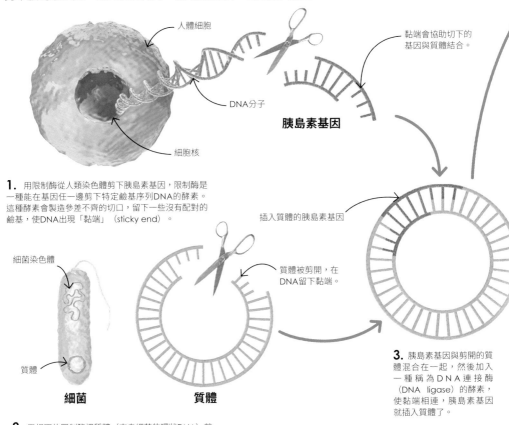

人體細胞

DNA分子

胰島素基因

黏端會協助切下的
基因與質體結合。

1. 用限制酶從人類染色體剪下胰島素基因，限制酶是
一種能在基因任一邊剪下特定鹼基序列DNA的酵素。
這種酵素會製造參差不齊的切口，留下一些沒有配對的
鹼基，使DNA出現「黏端」（sticky end）。

細胞核

插入質體的胰島素基因

細菌染色體

質體被剪開，在
DNA留下黏端。

質體

細菌　　**質體**

2. 用相同的限制酶把質體（來自細菌的環狀DNA）剪
開，使它出現能與胰島素基因上的黏端匹配的黏端。

3. 胰島素基因與剪開的質
體混合在一起，然後加入
一種稱為DNA連接酶
（DNA ligase）的酵素，
使黏端相連，胰島素基因
就插入質體了。

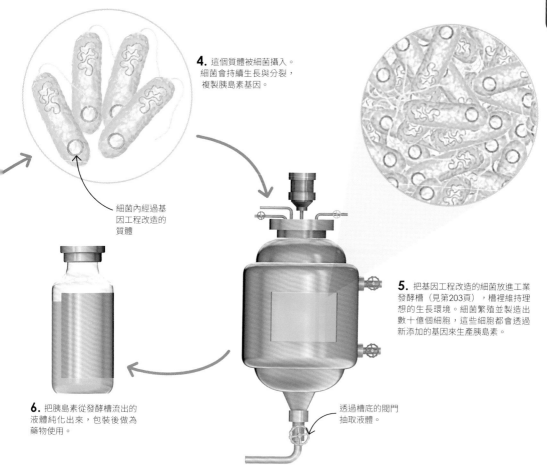

4. 這個質體被細菌攝入。細菌會持續生長與分裂,複製胰島素基因。

細菌內經過基因工程改造的質體

5. 把基因工程改造的細菌放進工業發酵槽(見第203頁),槽裡維持理想的生長環境。細菌繁殖並製造出數十億個細胞,這些細胞都會透過新添加的基因來生產胰島素。

6. 把胰島素從發酵槽流出的液體純化出來,包裝後做為藥物使用。

透過槽底的閥門抽取液體。

🔍 基因工程的優點與缺點

優點

- 基因工程是比傳統選拔育種方法更快也更有效的生物改造方式。

- 基因改造作物已經提高產量,有助於在缺乏充足食物的地區減少飢荒狀況。

- 能抵抗害蟲的基因改造作物對於噴灑殺蟲劑的需求較低,可減少有害環境的化學物質用量。

- 經過基因改造而含有額外營養素的作物可能有助於預防疾病。

缺點

- 基因工程改造的植物可能會與野生植物雜交,使移植的基因擴散到野外。

- 有人認為基因工程是對自然的干擾。

- 食用基因改造作物可能有尚未發現的健康問題,例如過敏。

複製植物

複製就是製造出基因完全相同的生物。生物進行無性生殖時會自然發生複製。許多生物很容易進行人工複製，特別是植物，使我們可以迅速生產大量具有優秀性狀的植株。

微體繁殖（micropropagation）

難以用種子或插枝來栽種的植物，可以在實驗室使用微體繁殖的技術來複製。把來自親代植株的少量細胞樣本放在洋菜膠等人造培養基上，進行組織培養。植物激素會刺激根和嫩芽的形成，產生微小的小植株。我們能利用從小植株取出的細胞來重複這個過程，藉此用一株親代植株產生大量複製體。

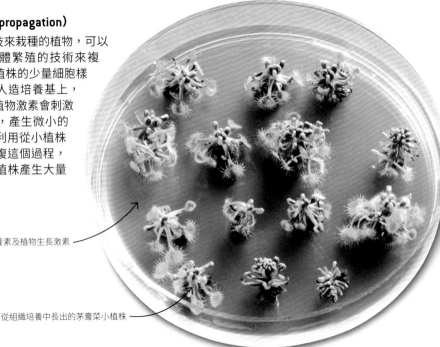

洋菜膠含有營養素及植物生長激素

從組織培養中長出的茅膏菜小植株

⚙ 扦插

扦插是園丁已經使用數百年的傳統複製方法。跟大多數動物不同的是，植物能夠從一小塊植株再生，因為它們含有許多幹細胞，也就是可以長成任何組織的未特化細胞。

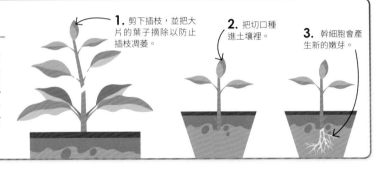

1. 剪下插枝，並把大片的葉子摘除以防止插枝凋萎。

2. 把切口種進土壤裡。

3. 幹細胞會產生新的嫩芽。

工業發酵

工業發酵是大量製造微生物來生產有用的產品，從酒和優格，到盤尼西林和胰島素等藥品，都是以工業發酵製成的。做法是讓微生物在稱為發酵槽的不鏽鋼槽內富含營養的液體中生長。

重點

√ 工業發酵槽是用來大量培養有用微生物的大型不鏽鋼槽。

√ 理想的生長環境是由電腦控制系統來維持。

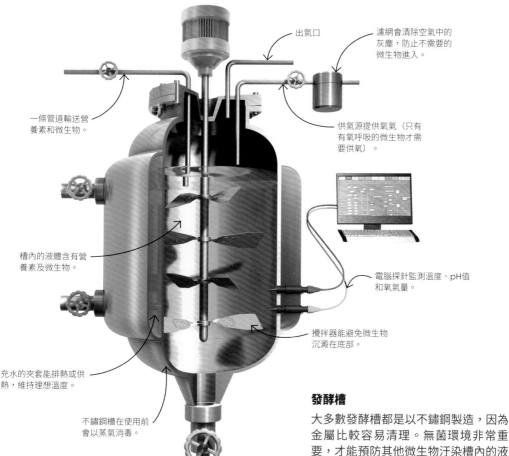

出氣口

濾網會清除空氣中的灰塵，防止不需要的微生物進入。

一條管道輸送營養素和微生物。

供氣源提供氧氣（只有有氧呼吸的微生物才需要供氧）。

槽內的液體含有營養素及微生物。

電腦探針監測溫度、pH值和氧氣量。

攪拌器能避免微生物沉澱在底部。

充水的夾套能排熱或供熱，維持理想溫度。

不鏽鋼槽在使用前會以蒸氣消毒。

底部的閥門打開可抽取液體，再過濾以去除微生物，並純化產品。

發酵槽

大多數發酵槽都是以不鏽鋼製造，因為金屬比較容易清理。無菌環境非常重要，才能預防其他微生物汙染槽內的液體。槽內的環境受到電腦的控制，並以探針監測，以維持微生物能夠蓬勃成長的理想環境。

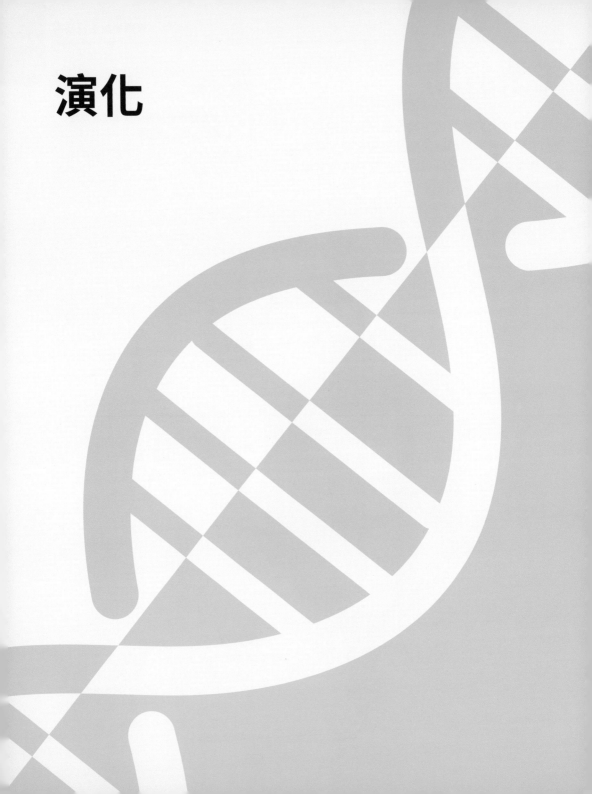

演化

變異

所有生物都略有不同，即使是同一物種或同一家族裡的個體也一樣。這些差異稱為變異，可能是由基因、環境或兩者共同造成的。

遺傳變異

物種內的多數變異都來自基因差異。有性生殖生物的每個後代都具有雙親基因的獨特組合。即使在同一家族內，所有後代也略有不同。新的基因變異會透過突變持續出現在族群中（見第186頁），而突變是所有遺傳變異的終極來源。

所有幼貓在出生時都略有不同，因為每隻幼貓都有一組獨特的基因。

🔍 環境變異

環境會影響生物發展的方式。舉例來說，強風中生長的樹在面風側的生長會比較慢，當這些樹愈長愈大，就會出現不對稱的形狀。同樣地，如果動物生長時得不到充足食物，牠的成年體型也會得比得到充足食物的動物小。生物的許多特徵並不是單獨由基因或環境來決定，而是由兩者的組合來決定。

連續變異與不連續變異

可以在一系列可能性範圍內變化的生物特徵會顯示出所謂的連續變異，只存在有限數量變異的特徵會顯示出不連續變異。

身高

動物或人類的身高是顯示連續變異的特徵之一。個體能達到的身高是族群中最矮個體與最高個體的身高之間的任意值。顯示連續變異的人類特徵包括體重、鞋子尺寸、手距。

所有家犬都屬於同一個物種，但牠們的身高有極大差異。

變異圖表

如果把許多個體的身高測量值次數標在圖表上，就會形成一條連續曲線，稱為常態分布，曲線中央的高峰會很接近平均值。相對地，不連續變異只存在有限數量的變異，而且各變異之間沒有中間值，人類血型就是不連續變異的一個例子。不連續變異的成因常常是單一基因，連續變異的成因則可能是基因、環境或兩者兼有。

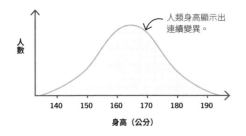

人類身高顯示出連續變異。

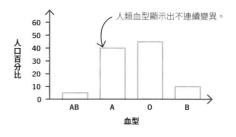

人類血型顯示出不連續變異。

達爾文與華萊士

在19世紀，英國科學家查爾斯・達爾文（Charles Darwin）和阿爾弗雷德・羅素・華萊士（Alfred Russel Wallace）都曾環遊世界並研究野生生物。他們不約而同發展出一樣的想法：物種會藉由稱為天擇的過程來演化。

重點

✓ 達爾文與華萊士都提出了一個理論：物種透過天擇來演化。

✓ 這個理論在當時引起了爭議，因為它與宗教信仰互相衝突。

探索之旅

在1830年代，達爾文搭乘英國皇家海軍艦艇小獵犬號（HMS Beagle）環遊世界。他觀察島上的動物而得到一個想法：物種是會改變的。這個理論在當時很受爭議，因為它挑戰了「神創造了每個物種的現代形態」這個觀念。達爾文蒐集了許多證據來支持這個理論，但他無法解釋演化發生的遺傳機制，因為當時科學家尚未發現基因和DNA。

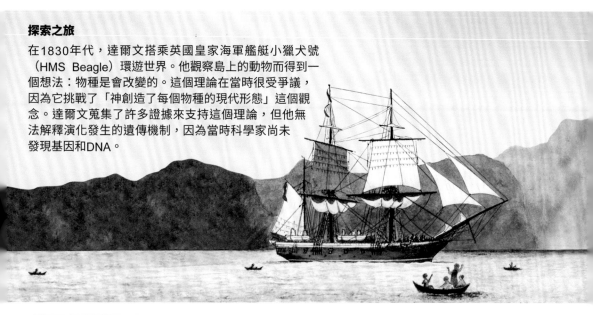

🔍 演化理論之父

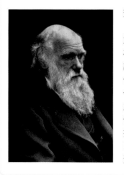

查爾斯・達爾文（1809–1882年）
達爾文花了數十年研究動物、植物、化石才發表自己的理論。他發現，同一物種的所有個體都略有不同，而這種變異代表了某些個體比其他個體更能生存、繁殖，進而把自己的優秀特徵傳給後代。這種「天擇」的結果就是物種會適應自己的生存環境，並隨著時間逐漸改變。

阿爾弗雷德・羅素・華萊士（1823–1913年）
跟達爾文一樣，華萊士也在熱帶國家四處旅遊，研究野生生物。他觀察到每個物種內的變異很大，也注意到親緣關係相近的物種常常會分布在鄰近地區。他認為，相同物種的不同族群會因天擇而改變，後來差異會大到變成不同的物種。

演化

演化是生物的遺傳性狀經過多個世代持續改變的過程，主要由天擇來驅動。

天擇

同物種的生物都會顯示出變異——由於基因的差異，所有個體都略有不同。有些個體具有比較適合環境與生活方式的特徵，因而比較可能生存，並把帶有優勢的基因傳給下一代。這種生存率的差異稱為天擇。經過許多世代之後，天擇會使族群及物種適應（也就是變得更加適合）環境。

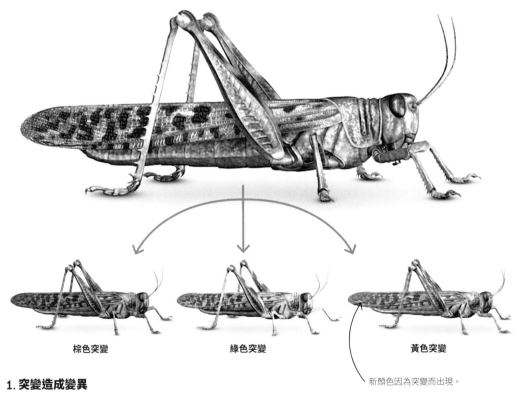

棕色突變　　　　　　綠色突變　　　　　　黃色突變

新顏色因為突變而出現。

1. 突變造成變異

新的等位基因（基因變異）會一直經由突變出現（見第186頁）。舉例來說，如果某個會影響蚱蜢外骨骼的基因發生突變，就可能會產生擁有不同顏色的蚱蜢族群。

🔍 生存競爭

透過天擇來演化的理論是由英國科學家達爾文和華萊士首次提出的（見第207頁）。達爾文發現，許多動物產下的後代遠比生存到成年的後代多，例如一隻雌蛙一年可以產2000顆卵，但絕大多數的後代都無法存活。生存競爭導致天擇持續進行，這個過程對擁有最佳基因的個體比較有利。

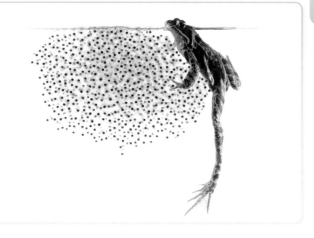

綠色蚱蜢有很好的保護色。

鳥類最容易發現黃色和棕色蚱蜢。

天擇使族群改變顏色。

棕色和黃色蚱蜢有很好的保護色。

2. 適者生存

綠色蚱蜢在茂盛的植被中很難被發現，但棕色和黃色蚱蜢就很顯眼，也更有可能被吃掉。綠色蚱蜢存活下來並把自己的基因遺傳下去，使綠色蚱蜢愈來愈普遍。這個過程稱為天擇或適者生存。

3. 環境變化

環境會隨著時間變化，例如氣候可能會變得比較乾燥，使植被沒那麼茂盛。現在綠色蚱蜢很容易被發現，而黃色或棕色蚱蜢則比較容易生存。黃色表皮的基因變得比較普遍，整個族群也適應了環境中的變化。

化石

化石是生活在很久以前的生物留存下來的遺骸或印痕。地球的化石紀錄支持演化論，顯示物種已經隨著時間改變了，而且過去的物種與現今的物種有親緣關係。

來自過去的證據

雖然化石紀錄並不完整，但許多化石顯示出演化的路徑。1.22億年前的中國鳥龍（*Sinornithosaurus*）化石於1999年在中國發現。這種棲息在地面的小型動物身上覆蓋著如鳥類般的羽毛，但跟現代鳥類不同的是，牠有牙齒、骨質尾巴、爪子，這種混合了恐龍與鳥類的特徵支持了「鳥類從恐龍演化而來」的理論。

這個化石帶有如鳥類般的羽毛印痕。

骨質尾巴是恐龍的典型特徵之一。

重點

√ 化石紀錄支持演化論。

√ 過去的滅絕物種與現今的物種有親緣關係。

🔍 化石的形成

大多數化石是不易腐壞的堅硬身體部位形成的，例如骨骼和殼。這些身體部位被埋在泥土裡千百萬年，最終被礦物質取代，變成岩石。化石也能從生物的模鑄（印痕）或腳印形成。有些罕見的化石是保存在琥珀或焦油等物質裡的完整生物體。

1. 動物死亡後，身體沉到海床的泥土中。

2. 沉積物掩埋屍體。隨著時間過去，動物的遺骸和沉積物變成岩石。

3. 數百萬年後，地殼活動使化石浮出表面。

抗生素抗藥性細菌

演化需要經歷許多世代，所以我們很難觀察壽命較長的物種發生的演化，例如人類。不過，許多細菌的世代時間短於30分鐘，可以非常迅速地演化。抗生素藥物的廣泛使用已經導致細菌演化出抗生素抗藥性，如今造成了嚴重的健康危機。

重點

✓ 細菌的世代時間短暫，能夠迅速演化。

✓ 抗生素的廣泛使用，導致演化出具有抗生素抗藥性的超級細菌。

演化出抗藥性

就跟任何物種一樣，細菌也會透過天擇來隨著時間改變。抗生素的使用造成一種「擇汰壓力」（selection pressure），使具有抗生素抗藥性基因的突變株占據較大優勢。抗生素抗藥性菌株的一個例子就是抗甲氧苯青黴素金黃色葡萄球菌（MRSA）這種超級細菌。MRSA的感染在醫院很常見，而且可能致命。

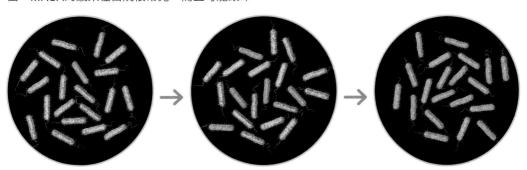

1. 一種隨機突變給予細菌抗生素抗藥性。

2. 細菌接觸到抗生素時，天擇就發生了。無抗藥性的細胞死亡，但突變的細菌持續分裂。

3. 最後，整個族群都對抗生素具有抗藥性。

🔍 對抗超級細菌

抗生素抗藥性超級細菌的出現對健康造成了重大危機。一直有新的抗生素在研發，但過程非常緩慢且昂貴。目前有幾個措施能協助預防或減緩抗生素菌株的演化。

1. 醫生不應在處方中不當開立抗生素，例如對流行性感冒及普通感冒等病毒性疾病開立抗生素。抗生素無法殺死病毒。

2. 處方中有抗生素的病患應該完成整個療程，讓所有細菌都被殺死，不至於留下任何細菌來突變成抗藥性形態。

3. 現在有些國家對農牧業使用抗生素來加速動物生長的做法已經有所限制。

選拔育種

家畜與植物的性狀能藉由選拔育種來改變。選拔育種又稱為人擇（artificial selection），作用方式類似天擇，但速度更快，且由人類控制。

植物育種

自從人類在數千年前開始栽種作物及馴化動物之後，就一直在進行選拔育種。選拔育種首先選出具有最佳性狀的親代，再利用這些親代來產生後代，重複多個世代之後，就會增強優秀的性狀。例如我們吃的許多蔬菜作物都源自單一種植物（野生甘藍）的不同部位，這些部位已經透過選拔育種被改變了。

農民持續選擇最肥大的花芽，因此產生花椰菜與青花菜。

繁殖頂端有大型葉狀主芽的植物產生了甘藍。

選擇具有大型側芽的植物產生了抱子甘藍。

繁殖葉片布滿皺褶的植物產生了芥藍。

野生甘藍

選擇具有最肥大莖幹的植物產生了球莖甘藍。

重點

✓ 選拔育種是選出具有優秀性狀的親代，然後利用這些親代來產生後代。

✓ 選拔育種又稱為人擇，作用方式類似天擇。

✓ 人類已經使用選拔育種數千年了，目的是創造農作物及家畜的品種。

選拔育種的優點與缺點

優點

• 選拔育種產生的農場動物能生產更多肉、奶、毛或蛋。

• 農作物會長得更快，產量更高。

• 園藝植物會有更大、更多色彩的花卉。

• 讓狗等寵物的性情變得溫順。

缺點

• 選拔育種使作物的基因變異較少，因此較容易感染疾病。

• 選拔育種可能導致近親交配（血緣關係接近的生物之間進行繁殖），造成基因缺陷而出現健康問題。

• 選拔育種比基因工程慢得多。

成種作用

種是一群能彼此交配繁殖、產生具生育能力後代的相似生物。如果一個物種分成不同族群，而且這些族群改變太多，不再能夠雜交繁殖，那麼演化就能導致新種的形成。

重點

√ 如果一個物種分成不同族群，可能會演化出新種。

√ 地理隔離（geographic isolation）是新種形成的主要方式之一。

地理隔離

當一個物種因地理隔離而分成不同族群時，可能會各自演化成不同物種。太平洋上的加拉巴哥群島（Galápagos Islands）在幾百萬年前曾棲息著一種古老的陸龜。因為不同族群被各島隔離，牠們適應了當地環境，演化成新種。在乾燥的艾斯潘諾拉島（Española Island）上，陸龜以灌木為食，並演化出長頸和鞍形龜殼來幫助牠們接觸到更高的枝葉。然而，在多雨的伊莎貝拉島（Isabela Island）上，陸龜可以吃地面植物，因而演化出短頸和穹頂形龜殼。

在最乾燥的島上，陸龜有長頸和鞍形龜殼。

在較溼潤、較多植物的島上，陸龜有比較短的頸和穹頂形龜殼。

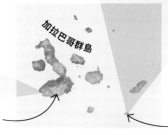

加拉巴哥群島

伊莎貝拉島

艾斯潘諾拉島

🔍 隔離機制

親緣相近的物種接觸時可能會交配，產生稱為雜種（hybrid）的後代。雜種通常不具生育能力（無法產生後代）。對親代而言，產生雜種是時間和資源的浪費，所以生物在尋找配偶時辨識出同種成員是有好處的。很多動物會使用顏色及聲音等信號來辨認同種動物，例如蝴蝶會藉由翅膀顏色來辨識同種成員，鳥類會使用獨特的歌聲來辨識。這些使物種保持區隔的信號稱為隔離機制。

絕種

如果一個物種的所有成員都死了，這個物種就會消失，永遠無法恢復，這就是絕種。幾乎所有曾經存在地球上的物種如今都絕種了。

度度鳥（dodo）之死

度度鳥是一種沒有飛行能力的大型鳥類，曾經生活在模里西斯島上。人類在1598年首次發現牠，當時水手登上了那座島，在接下來幾年內，度度鳥的數量開始下降。水手砍掉牠們棲息的森林、獵捕這種鳥來吃，還引進新的捕食者到島上，例如豬、猴、狗、貓、鼠。大約1662年，最後一隻度度鳥死亡，這個物種就絕種了。

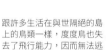

跟許多生活在與世隔絕的島上的鳥類一樣，度度鳥也失去了飛行能力，因而無法逃避外來的捕食者。

度度鳥的重建模型

> **重點**
>
> ✓ 絕種是一個物種的全體生物在世界上任何地方都消失了。
>
> ✓ 絕種可能由許多因素造成，包括人類活動。

絕種的原因

絕種在整個歷史中不斷發生，而且有許多原因，包括這裡列出的原因。近年來，人類活動已經成為絕種的一大成因。

新捕食者出現，包括獵人

競爭相同資源及棲地的新物種出現

新型致命疾病傳播

氣候變遷

天然災害，例如小行星撞擊或大規模火山爆發

天然棲地流失，例如森林

原物種逐漸改變成新種

生態學

生態學

生態學是研究生物和生物、以及生物和環境如何交互作用的學科。生物與其生活的環境構成了生態系。

非洲的草原生態系

這個生態系包含許多動物與植物物種。形塑生態系的生物可稱為生物因子（biotic factor）。生態系也會受到環境因素的影響，例如水、溫度、光、風，這些是非生物因子（abiotic factor）。

重點

✓ 生態系由生物群集和它們的生活環境共同構成。

✓ 族群（population）是一群生活在相同區域的同種生物。

✓ 群集（community）是生活在同一生態系的所有生物的所有族群。

✓ 棲地是生態系內某一特定生物棲息的地方。

群集是由在同一生態系內交互作用的所有生物所構成。

生物具有針對棲地發展而來的適應性特徵，有助於生存。例如長頸鹿有長脖子，才能吃到高大樹木上端的葉子。

棲地是生物經常出沒的地方，例如白蟻在地面建造的大型巢穴。

某個物種在特定區域內的所有生物體構成一個族群。

🔍 生態系

世界各地有許多不同生態系，包括珊瑚礁、沙漠、雨林、草原、苔原。

珊瑚礁

沙漠

雨林

相互依存

群集中的生物會為了食物及庇護等許多因素而互相依賴，因此生態系內某一物種的族群變化，可能會影響同一群集內的許多其他物種。

對動物與植物的依賴

這隻成年藍山雀需要在樹上找到一個安全的地方來築巢，也需要找到食物來餵養幼鳥。

重點

✓ 群集內的生物會依賴彼此，稱為相互依存（interdependence）。

✓ 動物可能會為了獲得庇護和食物而依賴植物。

✓ 動物可能會為了食物而依賴其他動物。

✓ 有些植物會為了授粉或種子播遷而依賴動物。

藍山雀幼鳥愛吃某種蛾的幼蟲，這種幼蟲在櫟樹林地最普遍。成鳥每天需要捕捉大約100隻幼蟲來餵養一隻幼鳥。

藍山雀依賴櫟樹、白蠟樹、赤楊木，這些樹有適合的樹洞，能成為築巢的良好位置。

🔍 植物對動物的依賴

植物也會在某些方面依賴動物。例如許多開花植物依賴昆蟲來授粉，有些開花植物也依賴動物把種子散播到它們能生長的其他地方。

蜜蜂為花授粉

松鼠掩埋種子

分類食性

有許多不同方式來描述生物之間的食性關係。用來描述某一生物的食性術語取決於當下討論的關係。

重點

✓ 捕食者是殺死並吃掉獵物的動物。

✓ 肉食者是吃肉的動物，草食者是吃植物的動物。

✓ 自行製造食物的生物是生產者，以其他生物作為食物的是消費者。

捕食者、獵物、食腐者

捕食者是獵捕及殺死其他動物來吃的動物。被捕食者殺死的動物是獵物。食腐者會吃已經死亡的動物。

獵物 · 捕食者 · 食腐者

肉食者、草食者與雜食者

肉食者、草食者、雜食者是針對食物的內容而言。肉食者只吃肉，草食者只吃植物，而雜食者是肉和植物都吃。

肉食者 · 草食者 · 雜食者

生產者與消費者

生產者與消費者形容的是食物鏈或食物網裡的食性階層（trophic level）。生產者會從環境捕捉能量來自行製造食物，例如植物和藻類會行光合作用。消費者會吃其他動植物。所有動物都是消費者。

消費者 · 生產者

🔍 分解者（decomposer）

以死亡或廢棄的物質為食的生物稱為分解者，因為這些生物在消化時會協助分解有機物質。許多真菌和細菌都是分解者。蚯蚓和潮蟲等動物會吃掉碎屑（detritus）來協助分解作用，碎屑就是正在分解的死亡動植物碎片。

真菌是分解者。

蚯蚓吃掉碎屑。

食物網

食物網能顯示出群集內的食性階層。食物網從生產者階層開始──通常是透過光合作用自行製造食物的植物或藻類。

樹籬食物網

食物網內的箭頭顯示各生物會被哪種生物吃掉。例如烏鶇是蛞蝓的捕食者,同時是鷹的獵物。箭頭也代表了食物鏈上的能量轉移。

次級與三級消費者
以草食者(初級消費者)為食的肉食者稱為次級消費者。以次級消費者為食的肉食者則稱為三級消費者。

烏鶇同時是初級消費者(因為牠以莓果為食)及次級消費者(因為牠以蛞蝓為食)。

初級消費者
以植物性物質為食的動物稱為初級消費者。牠們是食物網內的第一批消費者。所有消費者都是吃其他活體生物來取得食物。

生產者
食物網的第一階段包括了生產者。生產者通常是從光源捕捉能量來自行製造養料的植物。

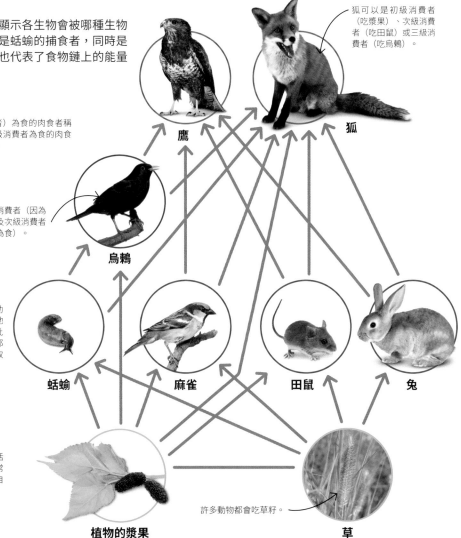

狐可以是初級消費者(吃漿果)、次級消費者(吃田鼠)或三級消費者(吃烏鶇)。

鷹

狐

烏鶇

蛞蝓　　麻雀　　田鼠　　兔

植物的漿果　　　　草

許多動物都會吃草籽。

分解者

分解者是以其他生物的遺骸為食的生物，在循環利用生態系內的碳、氮和其他有機物質的成分上扮演重要角色。

重點

✓ 分解者是分解動植物的遺骸或廢物的生物，如細菌和真菌。

✓ 分解者可促使礦物質等物質在生態系中循環利用。

✓ 分解作用能產生有用的產物，例如堆肥（compost）和生物沼氣（biogas）。

真菌

真菌的分解作用

當真菌或其他分解者以死亡的生物為食，會把營養素分解成它們能吸收的較簡單分子，過程中也會釋放礦物質離子等有用的物質到土壤裡。植物就能吸收這些有助生長的礦物質。透過生長、死亡、分解的過程，有用的物質會在生態系中持續循環利用。

真菌的主體是白色的菌絲體（mycelium），由稱為菌絲（hypha）的絲狀物構成。菌絲會穿透死亡的物質並在這些物質上生長，例如這棵腐爛的樹木。蕈菇和毒蕈之所以形成，只是為了釋放孢子，協助真菌繁殖。

🔍 分解作用的例子

有幫助的分解作用

真菌與細菌進行的分解作用有時對我們有幫助，例如有了分解作用，我們就可以用死去的植物體製作堆肥來為花園土壤施肥，或用動植物廢物製造生物沼氣。

沒幫助的分解作用

除非食物儲存的環境能夠減緩真菌及細菌的呼吸和生長，例如寒冷或乾燥的環境，或是缺氧的環境，否則食物會很容易被真菌及細菌分解。

腐敗食物上長出的絨毛狀增生物是真菌造成的，這就是發黴。

非生物因子

非生物因子指影響生態系生物的環境條件，包括降雨、溫度、光度，以及土壤的酸鹼度與礦物質含量。

非生物因子的作用

非生物因子會在許多方面影響生物。在一些生態系中，缺水等極端環境代表動物與植物需要特殊的適應特徵來生存。所有生態系都可能受到非生物因子突然變化的影響。

獲得光照

附生植物（在其他植物上生長，但不會從對方身上吸收營養的植物）具有適應特徵，能在高高的雨林樹木上生長，這樣就能獲得足夠的光進行光合作用。雨林樹木下的光太少，大多數植物都難以生長。

圖上的附生植物是一株蘭花。

極端溫度

只有很少的植物和動物能夠應付沙漠中的高熱及乾旱（缺水）。這些能夠生存的植物葉子很少，目的是減少水分流失，而動物通常只會在比較涼爽的夜晚出沒。

沙漠植物有非常深的根，能在下雨時盡可能收集水分。

強風

強風可能會傷害森林中的大量樹木。這會增加照射到林地表層的光線量，並影響在那裡茁壯生長的植物種類，進而影響以那些植物為食的動物。

風速太強時，樹幹會突然斷裂。

這些牛難以從淹水的田野中找到足夠的草來吃。

洪水

降雨過多可能為動植物帶來麻煩。植物可能因為根部積水而死亡，動物可能難以在洪水地區四處行動。

生物因子

生態系受到各式各樣的因素影響。任何會影響生態系的生物相關因素都稱為生物因子,從活體生物到生態關係都涵蓋在內。

改變生物因子

生物因子包括食物可利用性、疾病、人類的存在,以及捕食與競爭等關係。這些因子的變化可能對生態系造成強烈影響。

重點

✓ 生物因子包括生態系中的所有生物。

✓ 食物可利用性(food availability)、人類或疾病的存在都是生物因子的例子。

✓ 生態關係也是生物因子,例如捕食及競爭。

✓ 生物因子的變化可能改變生態系物種的豐富度(abundance)或分布。

食物可利用性

生態系可支持的動物數量會受限於可利用的食物量。如果食物可利用性降低,比如因為旱災導致食物減少,那麼動物數量也會減少。這種生物因子也稱為限制因素。

牛羚數量受到青草多寡的限制。

蚊子等吸血昆蟲能散播疾病。

疾病

許多疾病是由傳染性微生物造成的,例如細菌、病毒,或是昆蟲螫刺所帶來的寄生蟲。如果有一種新型疾病出現在生態系裡,疫情可能會迅速擴散,使受影響的動植物大幅減少族群數量。

捕食

捕食者是獵捕及殺死其他動物(獵物)的動物。生態系中的捕食者數量會影響獵物數量。如果捕食者數量減少,獵物數量可能會增加。在健康的生態系中,捕食者和獵物的數量通常處於平衡狀態。

身為捕食者的獅子會獵捕牛羚。

鬣狗和禿鷲在屍體旁為食物競爭。

競爭

當不同物種需要相同資源,例如食物,這些物種就稱為競爭者。例如屍體上的食腐者會為肉競爭,在相同空間生長的植物會為光競爭。如果生態系中的某一物種數量減少,它的競爭者數量可能就會增加。

🔍 競爭類型

競爭有兩個類型。種間競爭發生在不同物種的個體之間,例如禿鷲和鬣狗為肉競爭。種內競爭發生在相同物種的個體之間,例如兩頭雄性象海豹會為雌性競爭——獲勝的雄性象海豹就能跟雌性交配。

南象鼻海豹

捕食者－獵物循環

捕食者吃掉獵物，使獵物數量減少，但如果獵物數量過少，那麼同種捕食者個體之間就會競爭食物，這代表有些捕食者會餓死。捕食者與其獵物數量之間的關係稱為捕食者－獵物循環。

重點

✓ 生態系中的捕食者數量會影響獵物數量，反之亦然。

✓ 生態系中持續變化的捕食者和獵物數量構成了捕食者－獵物循環，這種循環能以一張圖表來顯示。

✓ 簡單的捕食者－獵物循環只能發生在非常簡單的食物鏈，捕食者在這種狀況下無法去別處覓食。

猞猁－雪鞋兔循環

在北極苔原的部分地區，猞猁主要以雪鞋兔為食。下圖顯示猞猁與雪鞋兔的數量如何隨著時間增減，而且兩者的數量變化會互相影響。在

更複雜的生態系中，這種循環會比較不清晰，因為捕食者會以許多不同種類的獵物為食。

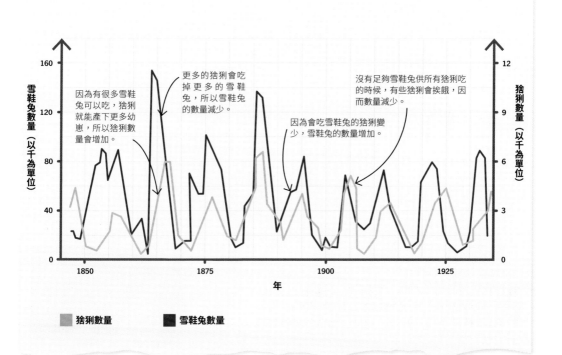

社會行為

許多動物會獨自生活，但有些動物生活在社會群體中。共同生活並互相合作能有助於增加這些動物的生存機會。

社會行為的優點

社會行為能協助抵禦捕食者的襲擊、使動物比較容易覓食，或避免個體受到環境的傷害。

📌 重點

- ✓ 許多動物生活在社會群體中。
- ✓ 社會行為往往能增加生存機會。
- ✓ 在社會群體中合作的動物往往與彼此有密切的親緣關係。

蜜蜂

一隻蜜蜂找到食物時，牠會表演一段搖擺舞，讓其他在蜂巢內的蜜蜂知道。這種舞蹈會指出食物的方向與距離，讓其他蜜蜂節省花在採集食物上的時間和精力。

一個蜂巢中可能有多達6萬隻蜜蜂。

狼

狼過著群居生活，一個狼群最多可達20隻。生活在一起比較安全，因為有較多雙眼睛來留意捕食者。牠們也會組隊打獵，如此捕到的獵物會比獨自打獵能捕到的獵物大很多。

狼群接近獵物時，會分頭從不同方向進攻，增加擊殺的成功率。

魚群大小可能比捕食者本身大很多。

皇帝企鵝會形成由數十萬隻企鵝組成的大範圍群體。

餌球（bait ball）

面對大型捕食者時，許多小魚會以互相協調的隊形成群游泳，稱為餌球。這種旋轉的魚群會緊密聚在一起來迷惑捕食者，比較不容易有落單的魚讓捕食者捕捉。

皇帝企鵝

為了在極度寒冷的南極冬季生存，雄性皇帝企鵝會緊緊依偎在一起取暖。牠們會持續調換位置，這樣所有企鵝都能移到中央來取暖。

🔍 遺傳學與社會行為

成群棲息和行動的動物往往有密切的親緣關係。例如在許多蟻群中，工蟻都是姊妹，有高達四分之三的基因相同。工蟻無法自行繁殖，但藉由幫助蟻后產下更多工蟻，就能確保自己的基因傳給許多後代。

火蟻會合作建造大型巢穴。

能量傳遞

每個生物體都需要能量來驅動細胞內的化學反應。植物在光合作用時從光取得能量，並把能量以澱粉的形式儲存在組織內，動物則會分解食物中的物質來取得能量。

重點

✓ 動物從食物獲得能量。

✓ 植物透過光合作用從陽光獲得能量。

✓ 生物會散失能量到環境中，這些能量形式是化學反應釋放的熱能。

✓ 動物也會在尿液及糞便中散失能量到環境中。

✓ 生物獲得的能量只有一小部分能傳遞到下一個食性階層。

兔子的能量傳遞

成長中的動物從食物取得的能量只有一部分會儲存在組織內，這些組織的總和構成了生物量（biomass）。其餘能量會在使用時散失到動物的周遭環境，或是當作廢物釋放出去。

兔子從吃下的植物中獲得能量。

兔子會散失大量能量，這些能量的形式是呼吸作用等化學反應釋放的熱量。

兔子從進食獲得的能量只有一小部分儲存在新組織中。這就是狐狸吃掉兔子時唯一能夠從植物傳遞到狐狸的能量。

有些能量會透過尿液及糞便中的物質從兔子身上散失出去。

🗐 計算能量傳遞效率

能量沿著食物鏈傳遞時，大部分都會散失掉。能量傳遞效率是在一個食性階層與下一個食性階層之間捕捉到的能量百分比。

$$能量傳遞效率 = \frac{儲存在食性階層生物量的能量}{供給食性階層的能量}$$

能量傳遞效率在不同生物之間差異極大。舉例來說，比起生活在溫暖棲地的動物，生活在寒冷棲地的動物以熱量形式散失到周遭環境的能量多得多。

範例：在一個水域生態系，儲存在特定地區的初級消費者生物量的能量據估計為6184千焦/平方公尺。儲存在次級消費者的能量為280千焦/平方公尺。計算次級消費者的能量傳遞效率：

1. 把數字代入公式： $能量傳遞效率 = \dfrac{280}{6,184}$

2. 把用計算機求得答案： $\dfrac{280}{6,184} = 0.045$

3. 可以把答案轉換成百分比： $0.045 \times 100\% = 4.5\%$

生物量塔

生物量塔（pyramid of biomass）會顯示出食物鏈或生態系中各食性階層生物的生物量（見第219頁）。每個食性階層的生物量通常比前一個階層少，因為所有生物都會散失大量能量到周遭環境。

📌 **重點**

✓ 生物量塔會顯示食物鏈中各食性階層的生物量。

✓ 生物量塔的最低階層永遠是生產者。

✓ 生物量塔能解釋為什麼食物鏈的長度有限。

陸域生物量塔

生物量塔通常會顯示生物量如何沿著食物鏈下降。因此，頂級捕食者（例如鷹）遠比生產者生物更少。頂級階層的生物量不足以支持更高的食性階層，所以食物鏈的長度是有限的。

三級消費者：鷹吃鳴禽

次級消費者：鳴禽吃毛蟲

生物量塔永遠是從底部的生產者階層開始畫。

初級消費者：毛蟲吃葉子

生產者：植物

🖥 計算生物量傳遞百分比

利用下列公式計算從一個食性階層傳遞到上面一個階層的生物量百分比：

$$生物量傳遞百分比 = \frac{較高食性階層的生物量}{較低食性階層的生物量} \times 100$$

範例：研究生態系的科學家估算出初級消費者（較高食性階層）的生物量是89公斤/平方公尺，而所有生產者（較低食性階層）的生物量是615公斤/平方公尺。計算這兩個食性階層之間的生物量傳遞百分比：

1. 把數字代入公式。 $$生物量傳遞百分比 = \frac{89}{615}$$

2. 用計算機求得答案。 $$\frac{89}{615} = 0.145$$

3. 把答案轉換成百分比。 $0.145 \times 100\% = 14.5\%$

繪製生物量塔

生物量塔應該按比例繪製，也應該以一種特定方式繪製。使用尖頭鉛筆跟直尺來確保圖表簡潔清晰。

範例

根據表格中的食物鏈資料繪製一張生物量塔。

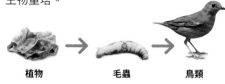

食性階層	生物量（公斤／平方公尺）
鳥類	20
毛蟲	90
植物	600

1. 選擇一個適合最大生物量值的比例（在這個範例指的是植物的600公斤／平方公尺），以便符合你使用的繪圖紙尺寸──比如最大生物量值是15公分，代表比例是15公分 = 600公斤/平方公尺。

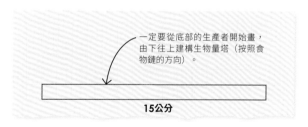

一定要從底部的生產者開始畫，由下往上建構生物量塔（按照食物鏈的方向）。

15公分

2. 把其他數值調整為相同的比例。

$$\frac{15}{600} \times 20 = 0.5$$

$$\frac{15}{600} \times 90 = 2.25$$

食性階層	生物量（公斤／平方公尺）	長條寬度（公分）
鳥類	20	0.5
毛蟲	90	2.25
植物	600	15

3. 使用你按照比例計算出的數值來畫出長條。長條應該有相同高度（高度合理就好，多少並不重要），而且應該置中。利用你獲得的資料來標示圖表。

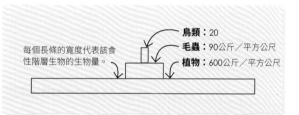

每個長條的寬度代表該食性階層生物的生物量。

鳥類：20
毛蟲：90公斤／平方公尺
植物：600公斤／平方公尺

豐富度

豐富度是在特定區域中某個物種的生物體數量。生態學家常常測量物種的豐富度，以查看數字是否發生變化。例如，他們可能想要知道某個物種是否有滅絕的危機，或者他們可能想要研究捕食者與獵物的數量變化。

重點

✓ 豐富度是在特定區域中某個特定物種的生物體數量。

✓ 樣方（quadrat）是一種用來對不會移動的物種抽樣的方框。

✓ 隨機抽取的樣方樣本能用來估算一個區域的豐富度。

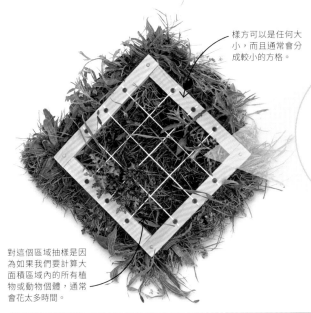

樣方可以是任何大小，而且通常會分成較小的方格。

對這個區域抽樣是因為如果我們要計算大面積區域內的所有植物或動物個體，通常會花太多時間。

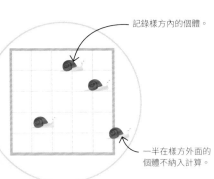

記錄樣方內的個體。

一半在樣方外面的個體不納入計算。

抽取樣方樣本

樣方是一種用來對不太移動的植物或動物抽樣的方框。抽取愈多樣本，估算的族群大小就愈準。

📇 樣方抽樣

1. 決定要在研究區域內的哪個地方放置樣方——樣方應該在棲地的大範圍區域內隨機放置，這樣抽樣才能代表整個區域。

2. 計算你放置的每個樣方內，研究物種的個體數有多少。

3. 利用下列公式，以你得到的數值來計算整個區域的豐富度：

$$族群大小 = 所有樣方內的生物體總數 \times \frac{總研究區域面積}{樣方總面積}$$

範例：

樣方編號	1	2	3	4	5	6
樣方內的蝸牛數	0	2	1	0	3	0

蝸牛總數 = 6
樣方總面積 = 6平方公尺
總研究區域面積 = 150平方公尺

$$族群大小 = 6 \times \frac{150}{6} = 150$$

負荷量

生態系中能夠存活的生物數量會受限於可利用的食物、水和其他資源的多寡。一個生態系能夠承受的某一物種最大數量稱為負荷量（carrying capacity）。

限制因素

食物和水都非常少的生態系具有很小的負荷量。例如，在美洲馴鹿棲息的北極苔原上，牠們賴以為生的草和地衣數量並不多，在冬季尤其如此。因為這個生態系的負荷量小，所以美洲馴鹿必須長途跋涉，尋找需要的食物。

美洲馴鹿為了覓食而長途遷徙。

🔍 高營養的生態系

南極周圍的水域雖然非常寒冷，卻對許多種鯨魚、海豹和企鵝有很高的負荷量。這是因為水中含有高濃度的營養素，能支持大量的磷蝦和魚類，而那些較大型的動物正是以磷蝦和魚類為食。

布氏鯨等鬚鯨是地球上最大的哺乳類，但以磷蝦這種類似蝦子的小動物為食。

🔍 低營養的適應特徵

這株茅膏菜會慢慢消化蒼蠅並吸收營養素，這樣它就能長得更快。

有些植物長在低營養濃度的土壤上，已經擁有捕捉小型動物的適應特徵，藉此獲得更多營養素。

生物的分布

分布是生物散布在一個區域內的狀態，可能聚集成群，或者隨機分散。分布可能會跟非生物因子的變化有關（見第221頁）。

（見第221頁）

重點

✓ 分布是生物散布在一個區域內的狀態。

✓ 沿著一條樣帶以固定間隔放置的樣方用來測量分布。

✓ 族群的分布可能與非生物因子的變化有關。

溝鹿角菜（channel wrack）能忍受又熱又乾的環境一陣子，所以分布在高潮線附近。

泡葉藻（bladder wrack）能忍受乾燥一小段時間，所以常常分布在中潮帶。

齒緣墨角藻（serrated wrack）無法忍受長時間乾燥，所以分布在低潮線附近。

樣帶（transect）與分布

我們常使用樣方來測量分布（見第228頁）。樣方需要在整個棲地內沿著一條樣帶（例如一條繩子或一條捲尺）以固定間隔放置。穿越這處海岸的樣帶會顯示，不同海草的分布取決於它們在退潮時能離水存活多久。

（見第228頁）

⚙ 進行樣帶研究

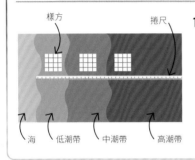

樣方　　　　　　捲尺

海　低潮帶　中潮帶　高潮帶

1. 用捲尺在兩點之間（比如高潮線和低潮線之間）標出一條樣帶。沿著這條線以固定間隔放置樣方，例如每2公尺放一個。

2. 記錄每個樣方內的物種，也要記錄每個樣方點的非生物因子（例如溫度和無海水淹沒的時間）。

3. 把物種的分布跟沿著樣帶測量的非生物因子變化進行比較。如果顯示出類似的變化模式，那麼物種可能受到該因子的影響。

水循環

水、碳、氮等物質會在生態系的生物（活體）部分及非生物（非活體）部分之間持續循環。所有生物都需要水，因為細胞有很大一部分是水構成的。

重點

√ 水、碳、氮和其他物質會在生態系的非生物與生物部分之間循環。

√ 水循環包括了蒸發、凝結、蒸散的過程。

√ 水循環會把水重新送回陸地和海洋。

水循環的過程

水循環需要非生物性的蒸發及凝結作用，以及生物性的蒸散作用。這些過程會以降水（precipitation，包括雨、雪、冰雹）的形式把水重新送回陸地和海洋。

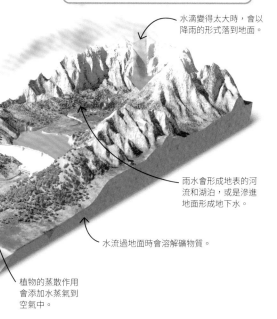

水滴變得太大時，會以降雨的形式落到地面。

水蒸氣升起時會冷卻並凝結出形成雲的水滴。水滴可能會結凍形成冰。

雨水會形成地表的河流和湖泊，或是滲進地面形成地下水。

水流過地面時會溶解礦物質。

來自地表的水會形成水蒸氣，蒸發到空氣中。溶於水的鹽無法蒸發，所以會留下來。

植物的蒸散作用會添加水蒸氣到空氣中。

🔍 降雨太少

省水

生活在低降雨量區域的動植物具有適應特徵，能盡量把水留在體內，例如跳囊鼠（desert rat）的腎臟負責回收通常會從尿液流失的大部分水，把水留在體內。

跳囊鼠

人類的飲用水

海水因為有鹽，無法飲用。住在極低降雨量地區（例如沙漠）的人能利用淡化的程序來去除海水中的鹽，製造出飲用水。

海水淡化廠

碳循環

碳會在生態系的活體（生物）部分與非活體（非生物）部分之間持續循環。碳的生物性形式包括複雜的碳化合物，例如蛋白質、糖類、脂肪，非生物性形式則包括大氣中的二氧化碳。

重點

✓ 碳在活體生物的複雜碳化合物與空氣中的二氧化碳之間循環。

✓ 光合作用是把二氧化碳從空氣中去除的生物性過程。

✓ 呼吸作用是把二氧化碳加入空氣中的生物性過程。

碳循環的過程

透過幾種重要的過程，碳循環會從空氣開始，經過食物鏈，然後再回到空氣中。這些過程包括生物性的呼吸作用和光合作用，以及非生物性的岩石與化石燃料形成、風化作用、燃燒。

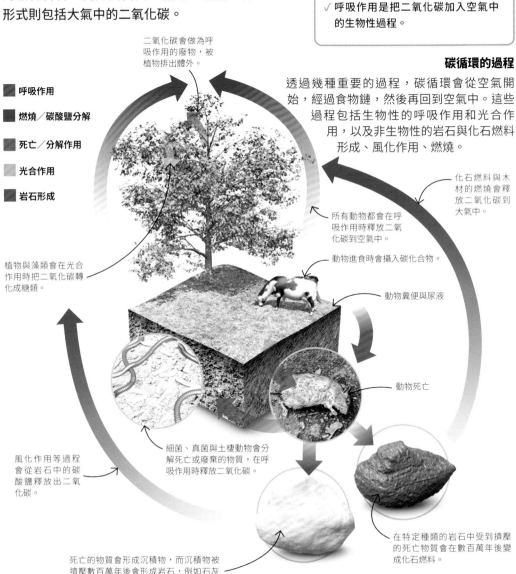

■ 呼吸作用

■ 燃燒／碳酸鹽分解

■ 死亡／分解作用

■ 光合作用

■ 岩石形成

二氧化碳會做為呼吸作用的廢物，被植物排出體外。

化石燃料與木材的燃燒會釋放二氧化碳到大氣中。

所有動物都會在呼吸作用時釋放二氧化碳到空氣中。

動物進食時會攝入碳化合物。

植物與藻類會在光合作用時把二氧化碳轉化成糖類。

動物糞便與尿液

動物死亡

風化作用等過程會從岩石中的碳酸鹽釋放出二氧化碳。

細菌、真菌與土棲動物會分解死亡或廢棄的物質，在呼吸作用時釋放二氧化碳。

在特定種類的岩石中受到擠壓的死亡物質在數百萬年後變成化石燃料。

死亡的物質會形成沉積物，而沉積物被擠壓數百萬年後會形成岩石，例如石灰岩（白堊）。

氮循環

所有活體生物都需要蛋白質和DNA，而氮就是蛋白質和DNA的必要成分。雖然空氣中有78%是氮氣，但大多數生物都無法利用氮氣。植物會從土壤中取得氮化合物，動物則從食物中取得氮化合物。

重點

✓ 所有生物都需要蛋白質和 DNA，而氮就是蛋白質和 DNA 的必要成分。

✓ 植物從土壤中取得簡單無機的氮化合物。

✓ 動物從食物中取得複雜的氮化合物。

✓ 細菌對於氮循環非常重要。

氮循環如何作用

細菌是氮循環很重要的一環。細菌不僅會分解死亡的物質，把氮化合物釋放到土壤裡，也會把空氣中的氮轉換成植物能吸收的可溶形式。

閃電能把空氣中的氮氣轉化成溶於雨水的氮化合物。

植物會把光合作用製造的糖類跟來自土壤的氮化合物結合，以製造蛋白質和核酸。

動物從食物中獲得蛋白質和核酸形式的氮。牠們會消化這些物質來形成較小的單位，然後利用這些較小單位來製造新的蛋白質和核酸。

土壤和某些植物的根部含有固氮細菌，它們會把空氣中的氮轉化成簡單的氮化合物。

植物會透過根部從土壤中吸收稱為硝酸鹽的簡單無機氮化合物。

土壤含有細菌等分解者，這些分解者會消化死亡的有機物質，並釋放無機氮化合物。

死亡的動植物與動物產生的廢物含有蛋白質及核酸。

🔍 植物與氮

豌豆、菜豆、三葉草等豆科植物具有根瘤（root nodule），根瘤中含有固氮細菌。植物會從固氮細菌獲得製造蛋白質所需的氮化合物，而細菌從植物獲得呼吸作用所需的糖類。這是一種互利共生，也就是雙方都受惠的關係。

根瘤

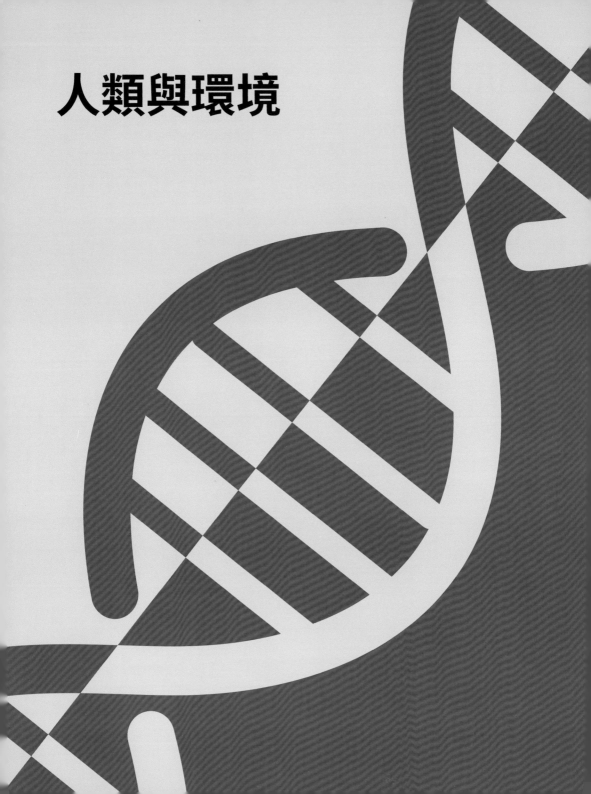

人類與環境

人口成長

由於工業化以及農業、衛生和醫療上的進步，人口已經迅速成長。

重點

✓ 人口從 1750 年的大約 7 億，增加到 2019 年的 77 億。

✓ 到了 2100 年，人口可能會達到 109 億以上。

✓ 糧食生產、健康與衛生的改善使人口得以迅速成長。

自1750年起的人口成長

大約自1750年開始工業化以來，世界人口就迅速增加。出生率表露的證據顯示，人口的成長率如今已經開始趨緩。

🔍 預測未來的成長狀況

因為大家依據健康狀況、發展中區域的工業化、生育控制的變化，對於不同國家的出生率會如何改變的假設並不相同，所以對於未來人口成長的預測也各有差異。

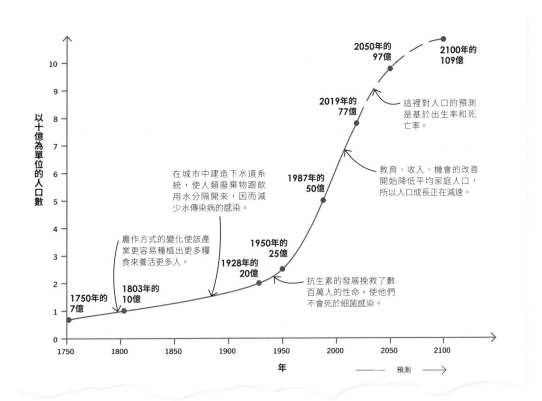

以十億為單位的人口數

- **1750年的 7億**
- **1803年的 10億**
- 農作方式的變化使該產業更容易種植出更多糧食來養活更多人。
- 在城市中建造下水道系統，使人類廢棄物跟飲用水分隔開來，因而減少水傳染病的感染。
- **1928年的 20億**
- **1950年的 25億**
- 抗生素的發展挽救了數百萬人的性命，使他們不會死於細菌感染。
- **1987年的 50億**
- **2019年的 77億**
- 教育、收入、機會的改善開始降低平均家庭人口，所以人口成長正在減速。
- **2050年的 97億**
- **2100年的 109億**
- 這裡對人口的預測是基於出生率和死亡率。

年

預測 →

資源需求

人類需要來自環境的資源才能生存與茁壯成長。這些資源包括食物、水，以及我們在建築、衣物、各種用品上所需的一切材料。

重點

✓ 人類需要來自環境的資源。

✓ 逐漸增加的人口會使用愈來愈多資源，使其他物種得到的資源減少。

✓ 棲地流失、資源減少、汙染使許多物種瀕臨絕種。

與自然的衝突

隨著人口成長，我們需要的資源愈來愈多。這會使其他物種得到的資源減少，包括空間、水和營養素。我們也透過人類活動製造了更多傷害環境的汙染。

開墾土地供人類使用會摧毀其他物種的棲地。

🔍 對野生生物的威脅

如今有超過100萬個物種因為人類活動而瀕臨絕種或受到威脅。我們對土地的需求已經侵犯了許多物種的棲地。我們消耗的資源和丟棄的廢物日益增加，使汙染已經散播到最偏遠的棲地，包括海洋。

棲地流失

野生亞洲象生活在森林和天然草原中。因為人類建造了愈來愈多鐵路、公路和建築，這些棲地正在縮減。當大象在棲地的不同區域之間遷徙時，有可能會被火車或路上來往的車輛撞死。

塑膠汙染

每年有數以噸計的塑膠垃圾被沖刷到海洋裡。大型海洋動物可能把塑膠製品誤認為食物，而小型海洋動物可能吞下塑膠微粒。牠們的胃裡充滿塑膠，使容納食物的空間變小，也使牠們更容易面臨飢餓狀態。

生物多樣性

生物多樣性是生活在特定區域的不同物種的變化程度。有些生態系的生物多樣性比其他生態系高。例如珊瑚礁覆蓋的海床不到1%，卻容納了所有海洋生物的25%左右。

重點

√ 生物多樣性是一個區域內的物種變化。

√ 珊瑚礁和雨林是具有高生物多樣性的生態系。

√ 降低生物多樣性可能會對生態系造成永久破壞。

珊瑚礁的生物多樣性

珊瑚礁的高生物多樣性取決於生活在水中和珊瑚礁內的藻類所接收到的溫暖程度及光度。藻類會行光合作用，並為珊瑚提供食物，這是珊瑚礁群集的食物網所依賴的基礎。珊瑚構造也為動物提供了不同的棲地。

珊瑚礁會在溫暖的淺水域形成，水溫介於20°C與28°C之間。

珊瑚礁由微小的珊瑚蟲建造，珊瑚蟲是動物。

這些微小的綠色斑點是生活在珊瑚蟲組織內的藻類。

種類繁多的珊瑚為各種動物提供食物與庇護。這些動物轉而為許多捕食者提供食物。

🔍 為什麼生物多樣性很重要

保護具有高生物多樣性的區域是很重要的，因為這些區域在許多方面都能為人類帶來益處。雨林等生態系會為我們提供清新的空氣和水，以及新藥與材料的來源。人類活動可能破壞這樣的自然生態系，降低生物多樣性。如果有物種滅絕，生態系就可能受到永久性的破壞。

全球暖化

全球暖化是地球的大氣與地表溫度長期升高的現象。大多數人都認為，這種暖化現象的原因是人類活動導致大氣中的二氧化碳增加，例如燃燒化石燃料。

重點

✓ 全球暖化是地表和大氣的長期暖化。

✓ 全球暖化的原因是大氣中的二氧化碳和其他溫室氣體濃度增加。

✓ 如果大氣中的二氧化碳持續增加，全球溫度會持續升高。

溫室氣體

地球大氣中的溫室氣體會發揮類似溫室的作用──它們會捕捉來自太陽的一些熱能，使地球暖化。二氧化碳和甲烷就是溫室氣體。如果沒有溫室效應，地球表面會太過寒冷而無法維持生物存活。然而，過多的二氧化碳也會導致全球暖化。

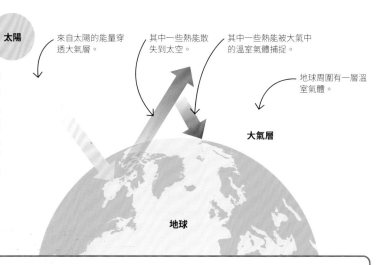

太陽

來自太陽的能量穿透大氣層。

其中一些熱能散失到太空。

其中一些熱能被大氣中的溫室氣體捕捉。

地球周圍有一層溫室氣體。

大氣層

地球

🔍 全球溫度與大氣中的二氧化碳

圖中顯示大氣二氧化碳與平均全球溫度都在過去50年內增加了。如果大氣中的二氧化碳繼續增加，全球暖化也可能持續下去。

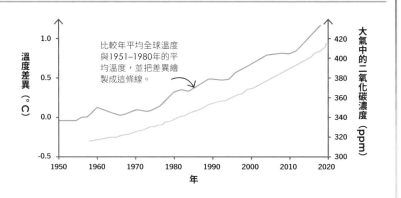

比較年平均全球溫度與1951–1980年的平均溫度，並把差異繪製成這條線。

溫度差異（°C）

大氣中的二氧化碳濃度（ppm）

年

■ 溫度差異
■ 二氧化碳

氣候變遷

全球暖化不只是增加地球的表面溫度而已，也改變了天氣型態，影響各地的降雨情形與風的強度。

📌 **重點**

√ 全球暖化改變了天氣型態。

√ 天氣型態改變可能影響某一地區的降雨量多寡，並造成更多暴風雨。

√ 氣候變遷使現在的極端天氣事件比30年前更多。

極端效應

這張圖表顯示，傷害人類與野生生物的極端事件愈來愈普遍。事件頻率之所以增加，或許是因為氣候變遷。

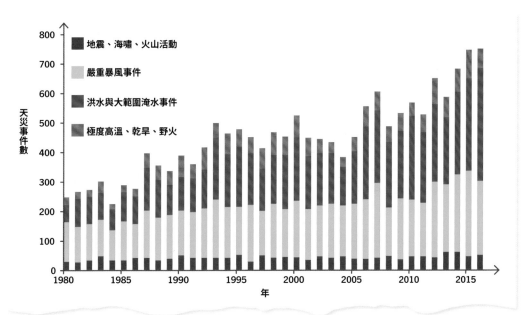

圖例：
■ 地震、海嘯、火山活動
■ 嚴重暴風事件
■ 洪水與大範圍淹水事件
■ 極度高溫、乾旱、野火

（縱軸：天災事件數；橫軸：年）

🔍 地球改變中

氣候變遷使世界上某些地區變得更乾燥，更容易出現旱災，而其他地區則變得更潮溼。冰河與冰帽融化使更多水進入海洋，導致海平面上升，並淹沒了低窪地區。

乾旱
缺乏降雨代表乾旱更加普遍。河流乾涸，動植物能取得的淡水也更少。

海平面上升
隨著海平面上升，愈來愈多低窪地區被淹沒，摧毀野生生物的棲地和人類居住的地方。

改變中的生態系

生態系的熱量和水量變化會影響棲息在其中的生物。生物適合在特定環境中生活，所以如果環境改變太多，生物就可能滅絕。

珊瑚白化

如果海水溫度增加幅度超過1°C左右，生活在珊瑚內的藻類會離開珊瑚，進入水中。這會使珊瑚變白，稱為珊瑚白化。因為缺乏藻類提供食物，這些白化珊瑚可能會陷入飢餓然後死亡，也會更容易感染疾病。

📌 重點

- ✓ 氣候變遷正在改變許多生態系的環境。
- ✓ 生物適合在特定環境中生活，如果環境改變太多，生物就可能滅絕。
- ✓ 群集中的生物互相依存，代表如果有一個物種滅絕，可能會導致其他許多物種的滅絕。

許多魚類依賴活珊瑚來覓食——如果珊瑚死亡，許多物種都會很難存活。珊瑚礁會迅速從高生物多樣性的區域變成低生物多樣性的區域。

溫度變化或水汙染可能導致藻類離開珊瑚，最後珊瑚就會死亡。

白化珊瑚

死去的珊瑚會留下堅硬的珊瑚構造，不過這些構造最後可能崩解，使其他動物能夠躲藏的地方變少。

健康珊瑚

🔍 棲地改變

隨著地球暖化，許多物種都因為棲地改變而減少數量。群集中的生物相互依存，代表一個物種滅絕可能導致同一群集內的其他許多物種也滅絕。

北極冰層融化
北極熊會在冰上靜靜等待，藉此捕捉大部分的食物（海豹）。北極冰層融化代表北極熊的食物減少，甚至可能陷入飢餓。

砍伐森林
紅毛猩猩在散播雨林植物的種子方面扮演了重要角色，但牠們因為棲地變化與砍伐森林而瀕臨絕種。如果紅毛猩猩絕種，雨林植物也會滅絕。

改變中的物種分布

環境變化可能使某些物種遷移到新的區域，進而改變物種的分布。這些變化可能是由自然過程造成的，例如季節循環，或是由導致棲地破壞或氣候變遷的人類活動造成的。

重點

√ 環境變化可能影響生物的分布。

√ 生物分布的變化可能是環境中的自然變化或是人類活動造成的。

√ 氣候變遷可能使某些物種擴散到現有範圍之外，也可能使某些物種因為棲地變化而滅絕。

氣候變遷與物種分布

氣候變遷可能使這裡顯示的兩種鳥類改變分布。溫暖的氣候會讓戴勝（hoopoe）往北擴散，使牠的分布範圍擴大。然而蘇格蘭交嘴雀（Scottish crossbill）卻可能因為棲地喪失而絕種。

 蘇格蘭交嘴雀　 戴勝

蘇格蘭交嘴雀

蘇格蘭交嘴雀只棲息在蘇格蘭北部涼爽的松樹林裡，以歐洲赤松（Scots pine）的種子為食。如果氣候變得過於溫暖，這些森林就會消失，使蘇格蘭交嘴雀滅絕。

歐洲戴勝

這種鳥生活在溫暖乾燥的棲地，但有時會出現在更北方的地方，例如英格蘭南部。逐漸溫暖的氣候會使牠進一步往北擴散。

🔍 遷徙

有些動物會展開長途旅行，回應環境中的季節變化，這種行為稱為遷徙。大樺斑蝶每年會在北美洲的繁殖地點與墨西哥熱帶地區的冬季棲息地之間遷徙數千公里。

🔍 散播疾病

氣候變遷也會導致散播疾病的生物改變分布，例如傳播瘧疾的蚊子。這些蚊子原本分布在氣候溫暖的國家，隨著溫度上升，牠們可能會把瘧疾帶到歐洲北部。

碳匯

植物透過光合作用從大氣中吸收二氧化碳。生長中的樹會大量使用二氧化碳中的碳，來製造葉子和樹幹的木質部分，而且因為植物吸收的碳比在呼吸作用時釋放的二氧化碳更多，所以稱為碳匯（carbon sink）。

森林砍伐的影響

樹木被砍下時，儲存在樹中的碳大多會進入大氣。如果樹木逐漸腐爛或被燃燒，這些碳會以二氧化碳的形式釋放出去，加劇全球暖化（見第238頁）。每年有超過1800萬英畝的森林被伐除，用來栽種作物、建造房屋或採礦。

重點

✓ 碳匯從大氣中吸收的碳比釋放的更多，而且會長時間儲存碳。

✓ 森林與泥炭地（peatland）是重要的碳匯。

✓ 伐除及燃燒森林和泥炭地會釋放其中的碳，增加大氣中的二氧化碳濃度。

大片的東南亞雨林被摧毀，用來種植油棕（oil palm）以提供許多產品生產所需的油。如此不僅加劇全球暖化，也摧毀棲地和降低生物多樣性。

🔍 泥炭沼遭受破壞

採泥炭

泥炭是生長在涼爽、積水土壤中的植物遺骸形成的。跟森林一樣，泥炭沼也是碳匯。某些國家會採泥炭當作燃料，這會把其中儲存的碳釋放到大氣。

泥炭占了大約3%的地表。

泥炭地大火

如果泥炭乾掉，就變得非常容易燃燒。大面積的泥炭沼起火會把大量二氧化碳釋放到空氣中。

印尼的泥炭地大火往往是人為引起的，目的是清出土地供農業使用。

外來種

人類旅行時可能會帶著動物或植物，有時純屬意外。引進新物種可能會造成問題，新物種可能會打敗原生種，成為「入侵種」，或者可能成為原生種的寄生物。

📌 **重點**

✓ 物種可能會在意外或故意的情況下被帶到新的地區。

✓ 有些外來種是入侵種，能夠生存得很好並迅速繁殖。

大溪地樹蝸牛的絕種

大溪地和周圍島嶼原本棲息著大約75種玻里尼西亞樹蝸牛。然而，人類引進了世界其他地區的蝸牛，導致這些樹蝸牛只剩下12個原生種，牠們因為被放在圈養環境中繁殖才得以存活下來。

玫瑰蝸牛
玫瑰蝸牛是一種從美國東南部引進大溪地的捕食者，當時是為了讓牠們吃掉非洲大蝸牛（giant African land snail）才引進的，然而牠更喜歡小型獵物，因此導致許多帕圖螺屬物種的滅絕。

帕圖螺屬（*Partula*）蝸牛
這些蝸牛是特有種，只分布在大溪地和附近的島上，因為外來種而陷入危機。

🟦 大溪地　🟦 美國東南部　🟦 東非

非洲大蝸牛
這種蝸牛在無意間從東非引進大溪地。牠們會迅速繁殖，並吃掉帕圖螺屬蝸牛吃的植物。

🔍 入侵植物

布袋蓮
布袋蓮已經從亞馬遜引進到世界上許多地區，當作一種觀賞性池塘植物，但它進入了野外。它每天最多會生長5公尺，擊敗原生水生植物並阻塞水路，如同圖中這片非洲湖泊一樣。

葛藤
葛藤原本分布在東南亞，是一種生長迅速的攀緣藤類植物，如今已經擴散到美國與紐西蘭的部分地區。它每天最多能長26公分，會使樹木窒息，並阻止光線照射到樹下的植物。

水汙染

有害物質被釋放到自然環境的現象稱為汙染。化學物質從工廠或肥料中流入河流和湖泊，水就會受到汙染。

優養化

優養化是一種因為營養素進入水中而導致的汙染，比如來自農田的肥料沖刷到河裡，就可能造成優養化。這些額外的營養素會幫助水中的植物和藻類生長得更快，卻會導致魚類等水生動物死亡。

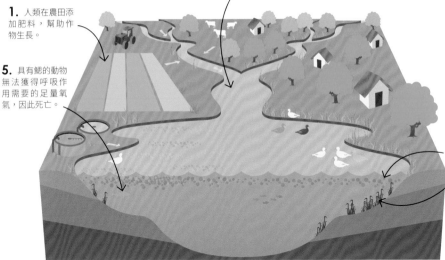

1. 人類在農田添加肥料，幫助作物生長。

2. 有些肥料沖刷到水中，增加水中營養素。營養素也可能從下水道進入河流裡。

3. 額外的營養素使植物和藻類生長得更快。水面上的藻類生長會使光線無法照射到水下較深的植物，這些植物就會因此而死。

4. 腐爛的植物會刺激分解者的生長，例如細菌。它們會消耗水中的氧氣。

5. 具有鰓的動物無法獲得呼吸作用需要的足量氧氣，因此死亡。

> ### 重點
>
> ✓ 對野生生物有害的物質進入河流與湖泊時，就是水汙染。
> ✓ 優養化（eutrophication）是一種由刺激藻類生長的營養素導致的水汙染。
> ✓ 優養化會殺死魚類等動物。
> ✓ 汙水處理把廢物中的營養素去除，這樣就能讓水安全地回到環境中。

🔍 汙水處理廠

人類廢物（糞便及尿液）含有高濃度營養素，例如氮化合物。汙水處理廠會收集這些廢物，使用細菌和生物性程序來去除水中的營養素，這樣就能安全地讓水回到環境中。

汙水的氣泡會促使細菌迅速生長，去除汙水中的營養素。

土地汙染

土地汙染的原因是有害物質釋放到土壤中。這些物質可能來自礦渣、廢棄物掩埋場內的垃圾，或是工廠的化學廢料。

廢棄物掩埋場

全世界人口每天會產生超過300萬噸的垃圾。清除這些廢棄物的方法之一是丟進大洞裡，也就是廢棄物掩埋場。不過，這會占用大量土地，使自然棲地喪失。危險化學物質也可能長年從廢棄物滲進地下。

重點

✓ 有害物質進入土壤時就會導致土地汙染。

✓ 這些物質包括礦渣、廢棄物掩埋場內的垃圾、工廠的化學廢料。

✓ 廢棄物掩埋場會占據大量空間及摧毀棲地。

✓ 盡可能回收廢棄物能夠減少需要處理的垃圾量。

🔍 廢棄物處理的其他解決辦法

清除廢棄物還有其他方法，例如焚化。這也會造成問題，例如會釋放二氧化碳與其他汙染物到空氣中。有一個比較好的解決辦法是限制消費，以及盡可能回收。我們回收的愈多，需要用掩埋或焚化來處理的垃圾就愈少。

廚餘　　　金屬　　　紙　　　塑膠

腐壞的垃圾會釋放有毒化合物，這些化合物會滲入地下，傷害附近的野生生物。

空氣汙染

有害物質被釋放到空氣中，就會發生空氣汙染。
空氣汙染大多是煤炭、石油、天然氣等化石燃料
的燃燒所導致。

酸雨

燃燒化石燃料會釋放二氧化硫和氮氧化合物
等酸性氣體。這些氣體溶於雲中的水滴時，
就會產生對生物有害的酸雨。

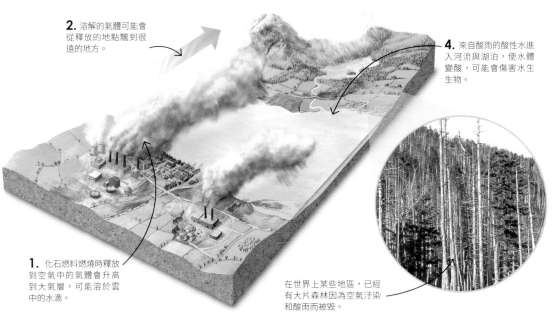

3. 溶解的氣體以酸雨的形式
墜落，這會傷害大範圍內的
活體生物。

2. 溶解的氣體可能會
從釋放的地點飄到很
遠的地方。

4. 來自酸雨的酸性水進
入河流與湖泊，使水體
變酸，可能會傷害水生
生物。

1. 化石燃料燃燒時釋放
到空氣中的氣體會升高
到大氣層，可能溶於雲
中的水滴。

在世界上某些地區，已經
有大片森林因為空氣汙染
和酸雨而被毀。

🔍 空氣中的粒子

懸浮微粒（particulate）是空氣中的微小固體顆粒，其中
最小的懸浮微粒藥事吸入人體可能會造成傷害，使呼吸
道疾病和心臟病更容易發生，或是刺激氣喘發作。車輛
引擎燃燒的柴油就是懸浮微粒的一大來源。

在交通繁忙的道路周圍，空氣
中的懸浮微粒濃度通常很高。

保育

保育是對物種和自然棲地的保護，包括在動物園繁殖動物，或在植物園培養植物，以增加這些動植物的數量。保護棲地能夠增加野外的族群數量。

印度的老虎保育

據估計，在1875年與1925年之間，印度有8萬隻老虎被獵人殺死。到了2006年，印度只剩下大約1400隻老虎。到了2018年，保育措施使老虎數量提升到3000隻，但缺乏合適的棲地會使進一步的復育受限。老虎的保育包括保護大面積的棲地，這也會使該區域的其他物種受惠。

重點

✓ 保育是對物種及其棲地的保護。

✓ 保育的措施包括成立自然保護區。

✓ 對居住在重要自然棲地附近的人進行教育，可減少人類與野生動物之間的衝突，藉此支持保育工作。

✓ 基石種（keystone species）的保育有助於保護同一生態系內的許多物種。

基石種

基石種是在生態系的運作上扮演重要角色的物種。基石種的保育有助於保護同一群集內的許多其他物種。例如河狸就是基石種，因為牠們會建造水壩，為自己的家園創造水池，這會改變周遭環境，產生新的水生棲地，並增加生物多樣性。

保育動物的措施

- 建立自然保護區來保護棲地和物種
- 教育當地民眾來減少對棲地和物種的傷害
- 引進能夠改善棲地的措施，例如造林
- 監測瀕危物種的族群數量

糧食安全

提供足量食物供人類食用稱為糧食安全。雖然全世界栽種的糧食足以餵飽所有人，但有些人因為當地收成不佳、低收入或戰爭的衝擊，而陷入營養不良或飢荒的危機。

📌 **重點**

✓ 糧食安全代表提供足量食物給所有人食用。

✓ 隨著人口成長，糧食安全將是愈來愈大的挑戰。

✓ 糧食安全可能受到氣候變遷和飲食變化的影響。

糧食安全面臨的威脅

生產足量食物給每個人可能在未來會變得更困難，因為人口成長、氣候、飲食、害蟲和疾病等因素，可能會減少我們能夠種植或取得的糧食量。

人口成長

隨著國家發展與人口成長，對於糧食的需求也會提高，所以我們必須生產遠比目前更多的糧食。人口成長也會增加我們對能源、水以及其他資源的需求。

隨著世界人口增加，對於糧食的需求也提高了。

牛群在原本的雨林地上吃草。

飲食

人賺的錢愈多，吃肉的量就愈可能比吃植物的量多。然而，飼養家畜而非栽種食用作物會消耗更多資源，包括更多土地、水及營養素，因此生產的糧食總量比較少。

氣候變遷

氣候變遷導致的天氣型態波動將會影響一個地區的降雨量。這些波動也可能導致極端天氣事件增加，例如洪水和旱災，使我們更不容易栽種作物及飼養食用動物。

氣候變遷使季節性降雨變得較不可靠，作物歉收的狀況會更加頻繁。

蝗蟲可以在幾小時內吃光農作物。

害蟲與疾病

氣候變遷會協助害蟲與疾病傳播到更多地區，影響作物和動物。例如蝗蟲原本分布在熱帶地區，但隨著氣候暖化，可能擴散到較涼爽地區去破壞作物。

🔍 植物性飲食為什麼能幫助環境？

利用土地來生產植物性糧食而非肉類更加有效率。因為能量從一個食性階層傳遞到下一個階層時會流失（見第225頁），所以生產1公斤牛肉所需的土地和水，遠比生產同質量的植物蛋白質（例如大豆）更多。畜牧業也會排放更多的溫室氣體。

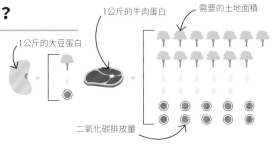

1公斤的大豆蛋白

1公斤的牛肉蛋白

需要的土地面積

二氧化碳排放量

糧食生產與永續性

永續糧食生產的意思是以一種能夠持續長時間的方式生產糧食，而且不會傷害環境或用光珍貴資源。

漁業的永續性

漁業活動的增加已經導致海洋中許多魚類族群的崩潰，進而傷害海洋生態系。為了使漁業能永續發展，我們需要改善捕魚的方式。

捕撈限額
許多國家現在已經實施捕撈限額（限制）。這些規定限制了漁民可以捕撈多少魚，以及在一年內的哪個時段可以捕魚。限額受到仔細規劃，以保護最脆弱的魚種，在繁殖季期間尤其如此。

漁網網眼大小
使用網眼較大的漁網，使較小的魚能夠游出漁網逃走，這些魚就能生長並繁殖，確保牠們的族群可以維持下去。

箱網 ——

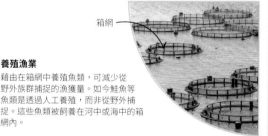

—— 海洋野生動物在禁漁區茁壯成長。

養殖漁業
藉由在箱網中養殖魚類，可減少從野外族群捕捉的漁獲量。如今鮭魚等魚類是透過人工養殖，而非從野外捕捉。這些魚類被飼養在河中或海中的箱網內。

海洋保護區
在海洋保護區（禁漁區），漁業是被禁止的，這樣當地的魚類才能生長到可進行繁殖的體型。這會使魚類能夠繁殖並擴散到附近水域，進而改善魚類的多樣性及數量。

🔍 養殖漁業的問題

雖然魚類養殖場有助於降低野外的過度捕撈，但養殖漁業也會導致問題。沒被吃掉的魚食及魚類排泄物會使水中的營養素增加，可能導致優養化（見第244頁）。害蟲與疾病可能在擁擠的箱網內傳播，例如稱為海蝨（sea lice）的寄生蟲在鮭魚場很常見，且可能傳播到野外族群。

海蝨是一種寄生蟲，以魚類的皮膚和血液為食。

農作方法

集約農作與有機農作是兩種不同的農作方法。集約農作利用現代技術把糧食產量最大化，有機農作的目標是把對環境的傷害最小化。

農作方法的影響

有機農場比較容易進行環境保育工作，因為使用的化學物質比較少，而且會留下一些土地來讓野生植物生長。相對來說，集約農作包括了利用化學物質來施肥以及控制害蟲、雜草和疾病，也包括了使用機具來耕種。

重點

- √ 集約農作與有機農作是兩種形成強烈對比的農作方法。
- √ 有機農作利用的化學物質比集約農作少，因此對環境造成的傷害也比較小。
- √ 在集約農作中，非常大面積的作物比較容易管理，但提供給其他物種的空間卻很小。
- √ 有機生產的食物可能比集約生產的食物需要更高的成本。

有機稻作

集約農作

有機農作

特色	優點	缺點
農田面積較小，周遭有更多樹籬與樹木	生物多樣性較高	維護成本較高，糧食較昂貴
野花較多	作物的授粉狀況較好	野花會跟作物競爭資源
使用的化學物質較少	對野生生物的傷害較小，對水路的汙染也較少	害蟲對作物的傷害較多

集約農作

特色	優點	缺點
農田面積很大	較容易以大型機具耕種	單一作物栽培，容易受到害蟲和疾病的侵襲
大量使用人造肥料	作物生長迅速、產量增加	水路汙染的風險很高
大量使用化學物質來控制害蟲與疾病	害蟲對作物的傷害較少、產量較高	傷害野生物種的風險很高

生質燃料

生質燃料是從廢棄的植物性和動物性物質製造的燃料，可用來取代化石燃料。生質酒精（bioethanol）是以富含糖分的植物性物質（例如甘蔗）進行發酵（分解）而製成的。生質柴油（biodiesel）來自植物性或動物性脂肪。

重點

✓ 生質燃料的原料是廢棄的植物性或動物性物質。

✓ 生質燃料助長全球暖化的程度可能比化石燃料低，因為生質燃料作物會在生長時從空氣中吸收碳。

✓ 生質燃料的生產已經導致熱帶地區的森林遭到砍伐。

生質酒精的利用與製造

汽車引擎燃燒生質酒精時，釋放到空氣中的碳量等於製造燃料時吸收的碳量。然而，生質燃料並不是碳中和的（carbon neutral）。為了清出種植生質燃料作物的空間，森林可能會遭到砍伐，而且製造及運輸燃料也需要使用機具。

1. 生質作物
甘蔗生長快速，而且會從大氣中吸收二氧化碳，藉由光合作用把碳轉化成糖分。

2. 採收作物
甘蔗經過採收與處理之後取得糖分，用來當作酵母菌的食物來源。

3. 製造生質燃料
酵母菌藉由發酵作用來攝取糖分（見第203頁），產生的廢物就是乙醇。

4. 利用生質燃料
以這種方式製造的乙醇稱為生質酒精，能作為汽車燃料或供熱燃料。

5. 釋放二氧化碳
生質酒精燃燒時釋放到空氣中的二氧化碳量，就跟甘蔗生長時吸收的二氧化碳量相同。

🔍 種植生質燃料作物的優點與缺點

優點
- 與化石燃料不同的是，生質燃料是一種可再生能源——產生生質燃料的作物能重複栽種。
- 如果能持續種植生質燃料作物來抵銷燃燒燃料所釋放的碳，那麼生質燃料助長全球暖化的程度可能會比化石燃料低。

缺點
- 生質燃料的製造已經導致熱帶地區的森林遭到砍伐，進而助長全球暖化。
- 大多數引擎必須接受改造才能燃燒生質燃料。
- 生質燃料作物可能消耗掉原本能用於其他用途的土地，例如栽種糧食。

健康

健康與疾病

健康的身體是運作正常、沒有疾病的身體。任何會阻止身體正常運作，或使人感到不適的問題都是疾病。世界上常見的疾病有數百種，成因也有很大的差異。

疾病的成因

有些疾病是由從一個人傳到另一個人的微生物（病原體）造成的，這樣的疾病稱為傳染病。其他疾病則是非傳染病，例如心臟病和糖尿病。得到非傳染病的風險受到人的生活方式和基因所影響。

重點

- ✓ 疾病是任何會阻止身體部位正常運作或使人感到不適的問題。
- ✓ 由傳染性微生物（病原體）導致的疾病稱為傳染病。
- ✓ 不是由傳染性微生物導致的疾病稱為非傳染病。

為整個社區提供乾淨的水，能夠避免霍亂等嚴重疾病，霍亂是透過水或食物傳染。

🔍 世界各地的疾病成因

疾病的主要成因在世界各地並不相同。在比較貧困的國家，許多疾病的成因是食物或是衛生不佳所傳播的感染；致命的瘧疾主要侵襲熱帶國家；在比較富裕的國家，傳染病較罕見，但高營養飲食和缺乏運動導致的疾病對健康有相當大的影響。

雌性瘧蚊（*Anopheles*）會把致命的瘧蟲注入人體內。

生活方式對疾病的影響

身體需要正確的營養均衡和充足的氧氣來維持健康。確保合理飲食、規律運動、遠離菸酒等有害物質，就能降低隨著年齡增長而出現的特定疾病風險。

健康鍛鍊

不論你是從事體育活動如踢足球，還是經常走路，都會讓你的心臟、肺臟和肌肉更努力運作，同時變得更強壯。

重點

✓ 規律運動能強化心臟和肌肉，使身體更強壯也更健康。

✓ 因為疫苗和抗生素使傳染病減少，人類現在有更大的機會死於非傳染病。

✓ 肥胖症會增加第二型糖尿病的風險。

✓ 酒精會增加肝病的風險。

經常走路或跑步對心臟和肺臟有益。

運動遊戲和體育活動既好玩又對身體有益。

🔍 文明病

隨著醫療的進步降低了許多地區的傳染病發生率，死於非傳染病的人數相對開始增加。這些疾病有很多都會受到生活方式的影響。抽菸、缺乏運動、高營養飲食全都會增加癌症、糖尿病、心血管等疾病的風險。

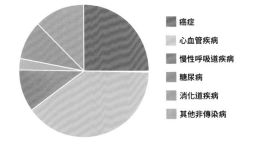

■ 癌症
■ 心血管疾病
■ 慢性呼吸道疾病
■ 糖尿病
■ 消化道疾病
■ 其他非傳染病

70歲以下死於非傳染病的人數

心臟病

心臟負責輸送富含營養的充氧血到全身各處，但不健康的生活方式可能會使心臟無法有效發揮功能。心臟與血管的疾病稱為心血管疾病，屬於非傳染病，無法在人與人之間傳播。

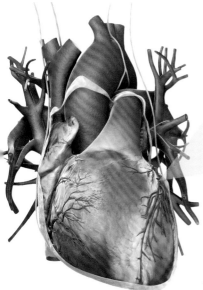

重點

✓ 當脂肪物質堆積在冠狀動脈，使動脈變得狹窄時，就會發生冠狀動脈心臟病（coronary heart disease; CHD）。

✓ 斯它汀類藥物會降低血中膽固醇濃度，並減緩脂肪物質在冠狀動脈的堆積。

✓ 支架（stent）是為了維持冠狀動脈通暢而以手術方式插入的機械性裝置。

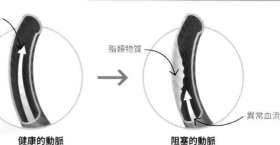

正常血流

脂類物質

異常血流

健康的動脈　　　　　阻塞的動脈

堵塞的動脈

冠狀動脈負責為心肌提供充氧血，隨著血液流動的脂類物質（如膽固醇）可能會黏在冠狀動脈壁，形成一個堅硬團塊，有時會造成動脈破裂或完全阻塞，導致心臟病發作。如果這個情況發生在腦部的動脈，就可能使腦部無法獲得氧氣，導致中風。

🔍 支架的作用方式

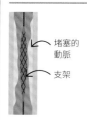

堵塞的動脈

氣球

支架為血流提供了一條比較寬的通道。

支架

1. 支架是一根可摺疊的金屬管，用來插入阻塞的冠狀動脈以進行修復。

2. 插入支架後，支架內的一個小氣球會充氣，使金屬管擴張，打開動脈。

3. 移除氣球，在原位留下擴張的支架。

🔍 斯它汀類藥物如何作用

服用斯它汀類藥物（statin）能降低血中膽固醇濃度，效用是減緩脂類物質堆積的速率，但有可能造成肝臟及腎臟問題。

斯它汀類藥物會減少肝臟製造的膽固醇量，藉此降低膽固醇濃度。

心臟手術

某些類型的心臟病只有手術治療才有效。老化或心臟病發可能使心臟無法正常運作，身體組織就無法獲得需要的血液。要是心臟已經無法修復，就可能需要用捐贈器官來替代（心臟移植手術）。

重點

✓ 有些類型的心臟病一定要用手術來治療。

✓ 有問題的瓣膜可以透過置換生物瓣膜或人工瓣膜來修復。

✓ 如果心臟已經無法修復，就需要移植他人捐贈的心臟。

✓ 人工心臟能讓病患在等待心臟移植時維持生命。

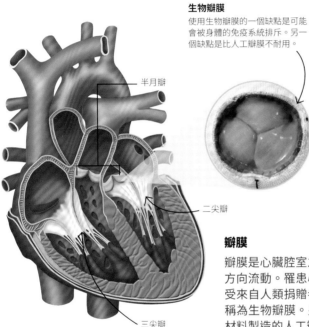

半月瓣

二尖瓣

三尖瓣

生物瓣膜
使用生物瓣膜的一個缺點是可能會被身體的免疫系統排斥。另一個缺點是比人工瓣膜不耐用。

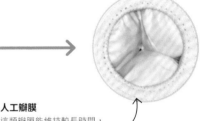

人工瓣膜
這類瓣膜能維持較長時間，但接受人工瓣膜的病患可能需要長期服藥來預防血栓。

瓣膜

瓣膜是心臟腔室之間的皮瓣，負責讓血液往單一方向流動。罹患心臟瓣膜疾病的病患可能需要接受來自人類捐贈者或動物的瓣膜移植，這類瓣膜稱為生物瓣膜。另外也能可以使用以塑膠等耐用材料製造的人工瓣膜。

🔍 心臟移植

捐贈心臟
心臟移植有時是心臟病患者唯一的長期選項。完成移植手術之後，患者終其一生都要服用免疫抑制藥物，使病患的免疫系統不會排斥移植器官。

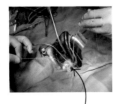

一個外科醫生團隊正在進行開心手術。

人工心臟
病患常常需要等待捐贈的心臟，所以人工心臟會用來當作暫時的治療手段。有時為了讓心臟從重大手術中恢復，就會使用人工心臟，或者如果病患不適合捐贈的心臟，也會用人工心臟來完全替代病患的心臟。

X光照片中的人工心臟，透過兩根塑膠管輸送血液到全身各處。

病原體

有些類型的疾病是微生物造成的，這類微生物稱為病原體，能從一個人傳給另一個人而不斷繁殖。受到病原體影響就稱為「被感染」。由病原體導致的疾病稱為傳染病。

病原體的類型

在細胞構成的病原體中，最簡單的類型是細菌（見第39頁）。更複雜的病原體包括原生生物（見第38頁）與真菌。病毒是更小、更簡單的粒子，而且不是細胞。所有病毒都必須入侵宿主細胞才能繁殖。

📌 重點

✓ 病原體是在被感染的生物（宿主）體內攝食和繁殖的致病生物。

✓ 病原體通常是非常微小的單細胞生物。

✓ 病原體包括各種細菌、原生生物、真菌及病毒。

✓ 不同種類的病原體會影響動物（包括人類）或植物。

✓ 細菌等病原體可能產生毒素，使組織受損，並讓我們感到不適。

病毒
病毒會入侵宿主細胞，奪取細胞的控制權來製造病毒的複製體。細胞最終會破裂，釋放數百個新病毒，使宿主生病。

流感病毒

沙門氏菌

細菌
細菌進入宿主後就會繁殖，釋放導致疾病的毒素。沙門氏菌（Salmonella）能在幾小時內複製數百萬次，導致食物中毒。

原生生物
這類簡單的單細胞生物會寄生在生物表面或體內，造成會讓宿主生病的傷害。瘧原蟲感染可能會致命。

血球中的瘧原蟲

玫瑰黑斑病真菌

真菌
有些真菌會寄生在植物和動物上。例如玫瑰黑斑病（rose black spot）真菌會侵襲薔薇科植物的葉子，造成葉子凋萎並掉落，使光合作用受到限制。

🔍 監測疾病

科學家會研究一定時間內的新病例發生率，藉此監測一個國家裡某種疾病的疫情。透過記錄新病例，就能知道疾病防治措施的成效是好是壞。右表顯示，美國引進小兒麻痺症（polio）疫苗之後，如何影響了1950年與2010年之間的新病例發生率和小兒麻痺症相關死亡病例發生率。

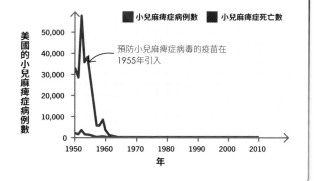

■ 小兒麻痺症病例數　■ 小兒麻痺症死亡數

預防小兒麻痺症病毒的疫苗在1955年引入

美國的小兒麻痺症病例數

傳染病

由病原體導致、在生物體（宿主）之間傳播的疾病稱為傳染病。病原體會從宿主身上獲得營養，好繼續繁殖。

人類病原體的傳播路徑

宿主之間的傳播方式取決於病原體的種類。以下顯示的是病原體從一個人傳給另一個人而導致疾病的主要途徑。

水

飲用或者只要接觸到被病原體汙染的水，就可能傳播疾病——病原體會從你喝下的水中進入你的消化系統，還有一些病原體能穿透皮膚。

食物與飲料

如果食物與飲料沒有適當儲存、烹煮或料理，就可能含有病原體。吃下去之後，這些病原體會造成食物中毒。

病媒

病媒是傳播病原體給其他物種（包括人類）的生物。有些昆蟲是病媒，如瘧蚊會在叮咬時把瘧疾病原體傳給人類。

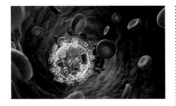

體液

有些病原體會在血液和精液等體液中傳播。例如人類免疫缺陷病毒（HIV）的傳播方式是無保護措施的性行為、輸血過程受到汙染，或是共用針頭來注射藥物。

空氣

如果你得了感冒並打噴嚏，數以千計含有感冒病毒的微小飛沫就會噴灑到空氣中，可能被其他人吸入。

接觸

接觸物品，例如骯髒的廚房表面或地板，甚至與他人握手，都有可能傳播病原體。

病毒

病毒不是細胞，而是比細胞小得多的顆粒，由一層包裹遺傳物質的蛋白質外殼構成。病毒不像細胞那樣擁有一套機制能取用儲存在自身基因中的訊息，所以必須入侵細胞才能繁殖。

病毒如何繁殖

病毒一進入體內，就會迅速繁殖，並在過程中破壞細胞，使人感到不適。病毒繁殖的方式有兩種：裂解路徑和溶原路徑。

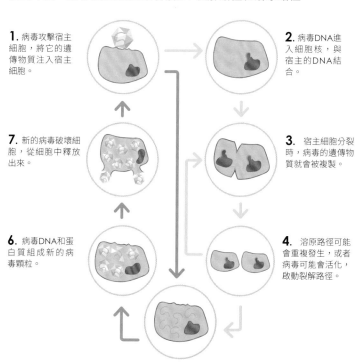

1. 病毒攻擊宿主細胞，將它的遺傳物質注入宿主細胞。

2. 病毒DNA進入細胞核，與宿主的DNA結合。

7. 新的病毒破壞細胞，從細胞中釋放出來。

3. 宿主細胞分裂時，病毒的遺傳物質就會被複製。

6. 病毒DNA和蛋白質組成新的病毒顆粒。

4. 溶原路徑可能會重複發生，或者病毒可能會活化，啟動裂解路徑。

5. 病毒基因指示細胞複製病毒的DNA和蛋白質。

■ 裂解路徑

許多病毒最後會摧毀它們感染的細胞，使細胞破裂並釋放新的病毒。這個過程稱為裂解路徑，只需要幾分鐘就能完成。

■ 溶原路徑

有些病毒會把自己的遺傳物質插入宿主的DNA，把建構新病毒的訊息傳給新細胞。這個過程稱為溶原路徑，能夠導致維持數年的感染。

重點

✓ 病毒不是細胞，必須透過侵入細胞來繁殖，這可能會導致疾病。

✓ 病毒由包覆在一層蛋白質外殼中的遺傳物質（例如 DNA）構成。

✓ 病毒可以透過裂解（lytic）或溶原（lysogenic）路徑來繁殖。

🔍 病毒構造

簡單的病毒

大多數病毒的構造都很簡單，只是一層蛋白質外殼包裹著遺傳物質。遺傳物質的形式可能是DNA或RNA。

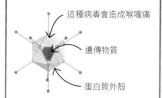

這種病毒會造成喉嚨痛

遺傳物質

蛋白質外殼

人類免疫缺陷病毒

人類免疫缺陷病毒跟其他病毒不同，是由一層脂質膜包圍，這層膜能協助它偽裝，逃過免疫系統的偵測。這種病毒還包含了一種酵素，使它能用自己的遺傳物質感染宿主的DNA。

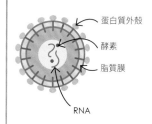

蛋白質外殼

酵素

脂質膜

RNA

病毒性疾病

許多疾病是由病毒導致的，包括人類的人類免疫缺陷病毒／愛滋病、麻疹、伊波拉病毒感染，以及植物的菸草鑲嵌病。

📌 **重點**

✓ 人類的病毒性疾病包括人類免疫缺陷病毒／愛滋病、麻疹、伊波拉病毒感染。

✓ 人類免疫缺陷病毒會入侵白血球，削弱身體的免疫系統及其對抗病毒的能力。

✓ 菸草鑲嵌病毒會使植物製造的葉綠素變少，進而延遲植物生長。

人類免疫缺陷病毒

在進行無保護措施的性行為或共用針頭注射藥物時，人類免疫缺陷病毒就會經由體液傳播。這種病毒會入侵白血球，削弱免疫系統。感染起初可能只會造成類流感症狀，但如果沒有接受治療，就可能演變成致命的愛滋病（後天免疫缺乏症候群）。抗病毒藥物會透過抑制病毒複製，來減緩甚至阻止病情往愛滋病發展。

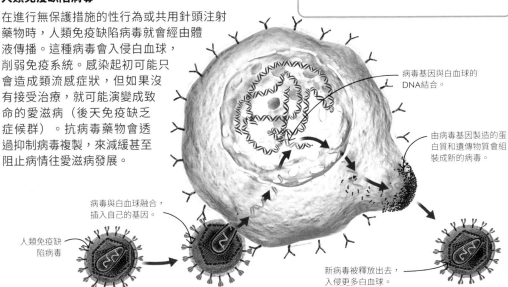

病毒基因與白血球的DNA結合。

由病毒基因製造的蛋白質和遺傳物質會組裝成新的病毒。

病毒與白血球融合，插入自己的基因。

人類免疫缺陷病毒

新病毒被釋放出去，入侵更多白血球。

🔍 病毒感染的例子

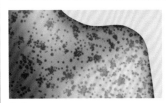

麻疹
感染麻疹的人打噴嚏時，會釋放麻疹病毒到空氣中，接著可能會被另一個人吸入。症狀包括發燒和皮疹。麻疹可以透過疫苗接種來預防。

伊波拉病毒
致命的伊波拉病毒是透過接觸感染者的體液來傳播的。症狀包括發燒以及眼睛、鼻子、口腔的內出血。可藉由隔離感染者來限制伊波拉病毒的傳播。

菸草鑲嵌病毒
如果植物感染菸草鑲嵌病毒，葉子上會出現如拼貼般的斑駁顏色，葉子也會變得布滿皺褶。這種病毒會在接觸受感染植物時傳播。它會降低葉綠素的產量，進而阻礙光合作用和延遲生長。

細菌性疾病

細菌有時候很有用,例如腸道細菌會幫助消化,土壤中的細菌會分解有機物質,釋放出幫助植物生長的營養素。然而,有許多種細菌會導致嚴重的疾病。

重點

√ 空氣、水、體液和接觸都可能使細菌傳播。

√ 大部分的細菌性疾病可以用抗生素治療,並配合其他藥物來緩解症狀。

沙門氏菌

人類胃裡的酸性環境會摧毀食物中的大部分細菌,不過有些有害的細菌會存活下來並感染腸道,例如沙門氏菌,它的毒素會導致食物中毒,產生嘔吐、腹部絞痛、下痢等症狀。

沙門氏菌利用毛髮般的線狀構造(鞭毛)來移動。

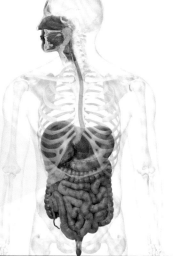

桿狀沙門氏菌
圖中是造成食物中毒的桿狀沙門氏菌。你可能會因為吃到被汙染的食物而得到沙門氏菌,比如未完全煮熟的雞肉。

🔍 細菌感染的例子

淋病(gonorrhoea)
就跟其他性傳染病一樣,淋病也是透過性接觸來傳播的,症狀包括排尿有灼痛感,能以抗生素治療。使用保險套有助於預防性傳染病。

結核病(tuberculosis)
結核菌會感染肺臟,並透過咳嗽和打噴嚏來傳播。這種疾病可以用疫苗接種來預防,用抗生素治療。不治療的話,結核病可能造成肺損傷,最終致死。

冠癭病(crown gall disease)
這種疾病會感染植物,包括果樹。農桿菌(Agrobacterium tumefaciens)會透過莖或根上的傷口進入植物,產生稱為癭(gall)的大型疣狀腫瘤,使植物受損。

原生生物與真菌性疾病

大多數致病原生生物與真菌都是單細胞生物。這些生物會侵入其他生物，並寄生在其他生物的表面或體內，以它們的血肉為食。這會使宿主生病，甚至殺死宿主。

📌 **重點**

- ✓ 大多數致病原生生物與真菌都是單細胞生物。
- ✓ 瘧疾的病原體是一種原生生物，以蚊子為病媒。
- ✓ 病媒是會攜帶並傳播病原體給其他物種的生物。

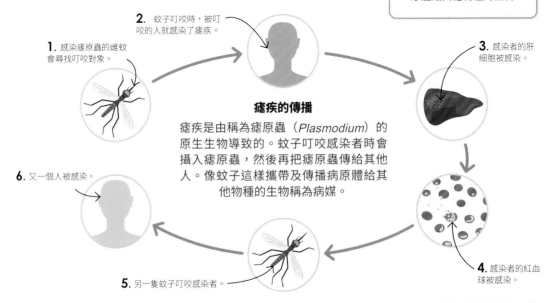

2. 蚊子叮咬時，被叮咬的人就感染了瘧疾。

1. 感染瘧原蟲的雌蚊會尋找叮咬對象。

3. 感染者的肝細胞被感染。

6. 又一個人被感染。

瘧疾的傳播

瘧疾是由稱為瘧原蟲（*Plasmodium*）的原生生物導致的。蚊子叮咬感染者時會攝入瘧原蟲，然後再把瘧原蟲傳給其他人。像蚊子這樣攜帶及傳播病原體給其他物種的生物稱為病媒。

5. 另一隻蚊子叮咬感染者。

4. 感染者的紅血球被感染。

🔍 真菌感染

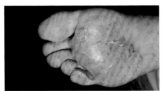

香港腳（athlete's foot）
導致香港腳的寄生性真菌會在溫暖潮溼的環境中大量生長。這種真菌會透過與受汙染的物體直接接觸來傳播。症狀包括皮膚龜裂、掉落皮屑及搔癢。抗真菌軟膏能治療香港腳。

白粉病（powdery mildew）
白粉菌目（*Erysiphales*）真菌能感染許多種植物。白色粉狀斑塊會出現在葉子和莖上。這種真菌會限制光合作用，並消耗掉植物的營養素。被感染的植物可以用殺真菌劑來治療。

白蠟樹枯梢病（ash dieback）
白蠟樹會感染一種稱為白蠟樹膜盤菌（*Hymenoscyphus fraxineus*）的致命真菌。孢子會透過空氣傳播，感染其他白蠟樹。這種真菌會導致新芽和樹皮死亡。移植其他樹種能夠減緩這種疾病的散播。

身體屏障

人體每天都會持續受到致病病原體的攻擊——你呼吸的空氣、接觸的物體、吃的食物，都可能帶有會讓你生病的病原體。不過身體有好幾種方式能抵抗病原體。

重點

✓ 皮膚是主要的物理屏障。

✓ 化學防禦包括胃酸和酵素。

✓ 細毛和黏液會在病原體更深入身體之前就困住它們。

✓ 血小板把血纖維蛋白原（fibrinogen）轉化成血纖維蛋白（fibrin），在傷口上形成一塊具有保護作用的痂。

第一線防禦

身體的防禦屏障有些是物理性的，例如皮膚和鼻毛；其他則是化學性的，包括胃酸和黏液中的酵素。

鼻子

鼻子裡的細毛會困住粉塵粒子以及你吸進的任何病原體。

互相重疊的死亡皮膚細胞

眼睛

淚液是一種對抗病原體的化學防禦，因為淚液含有能摧毀病原體的酵素。每次你眨眼時，細菌和粉塵粒子就會從眼睛表面被沖刷掉。

呼吸道裡的纖毛。

皮膚

皮膚的強韌外層是由互相重疊的死細胞緊密堆疊在一起而形成的。除非皮膚因為創傷而被切開，否則病原體無法進入。如果你的皮膚真的被切開了，傷口會結痂來阻止病原體進入體內。

呼吸道

在通往肺臟的呼吸道內壁，細胞會分泌黏液，也就是一種會困住病原體的黏稠液體。稱為纖毛的細毛會把裝滿病原體的黏液往上掃到喉嚨，然後這些黏液會被吞嚥下去。

胃酸

胃裡分泌的鹽酸會殺死食物中的病原體，以及從喉嚨吞下的黏液所含的微生物。

⚙ 痂如何形成

1. 皮膚出血時，血液中稱為血小板的微小細胞碎片會活化。它們會附著在傷口上釋放化學物質，使血纖維蛋白原這種可溶性血液蛋白轉化成不可溶的血纖維蛋白，形成黏稠的細絲。

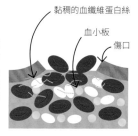

黏稠的血纖維蛋白絲

血小板

傷口

2. 紅血球被困在血纖維蛋白絲的網中，形成一個栓塞，而白血球則會攻擊任何入侵的病原體。血塊會變乾變硬，形成一個具有保護作用的痂，讓你的皮膚有時間癒合。

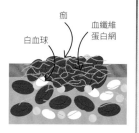

痂

血纖維蛋白網

白血球

吞噬細胞

儘管身體的天然防禦屏障（例如皮膚）很有效，但某些病原體依然能夠進入體內。面對這種狀況，身體還有第二線防禦，那就是免疫系統。免疫系統會製造數以百萬計的白血球來攻擊病原體，例如細菌。

重點

✓ 免疫系統包括了對抗感染的白血球活動。

✓ 吞噬細胞是吞噬（包圍及吞下）病原體的白血球。

✓ 吞噬和消化病原體的過程稱為吞噬作用（phagocytosis）。

✓ 跟其他某些類型的白血球不同的是，吞噬細胞是非特異性的，會攻擊任何種類的病原體。

會吃病原體的吞噬細胞

在病原體進入體內後的幾分鐘內，稱為吞噬細胞的白血球就會迅速增殖。吞噬細胞是非特異性的，會針對所有種類的病原體。吞噬細胞從微血管擠出來，前往感染位置，一旦到達，吞噬細胞就會開始變形，吞噬（包圍及吞下）和摧毀病原體。這個過程稱為吞噬作用。

病原體

吞噬細胞吞噬病原體。

⚙ 吞噬作用如何發生

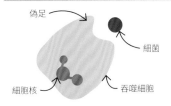

偽足

細菌

細胞核

吞噬細胞

1. 吞噬細胞會變形，也就是把細胞的一部分伸出去變成偽足，包圍細菌。

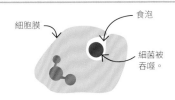

細胞膜

食泡

細菌被吞噬。

2. 偽足完全包裹細菌時，細胞膜會合在一起，把目標困在一個稱為食泡的液囊裡。

細菌被消化。

3. 消化酵素灌進食泡，把細菌殺死並分解成微小、無害的碎片，然後吞噬細胞又準備好再次出擊。

淋巴球

吞噬細胞與淋巴球是白血球的兩個主要類型，負責幫助身體抵禦疾病。吞噬細胞會在感染後非常迅速地殺死病原體，但感染也會刺激淋巴球開始行動。淋巴球會製造抗體，協助提供長期免疫力。

針對病原體

淋巴球會製造稱為抗體的蛋白質，而抗體會針對特定病原體。淋巴球也會記住相同的病原體，以防它們在數月或數年後再度進入身體。病原體細胞表面帶有抗原，抗體會附著在抗原上，標示出入侵的細胞來讓吞噬細胞摧毀。身體自己的細胞也有抗原，但免疫系統會把它們識別為自家細胞，因此通常不會攻擊它們。

重點

- ✓ 淋巴球屬於白血球，負責製造抗體。
- ✓ 免疫系統會把病原體細胞辨識為外來者，並企圖摧毀它們。
- ✓ 免疫系統會識別出身體自己的細胞，而且通常不會攻擊它們。
- ✓ 抗原（antigen）是病原體和自身細胞上的細胞表面蛋白。
- ✓ 抗體會跟形狀互相匹配的抗原結合。

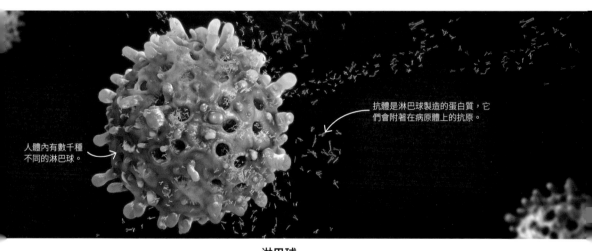

人體內有數千種不同的淋巴球。

抗體是淋巴球製造的蛋白質，它們會附著在病原體上的抗原。

淋巴球

🔍 抗體與抗原

每種病原體都有特定形狀的抗原。淋巴球會製造各式各樣的抗體，確保其中一些抗體能夠匹配病原體，並附著在病原體上。當抗體附著在病原體上，就會吸引吞噬細胞前來摧毀入侵的細胞。

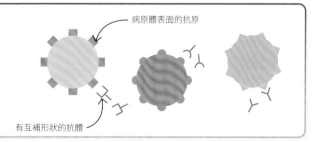

病原體表面的抗原

有互補形狀的抗體

長期免疫

你的身體起初被病原體感染時，會需要一段時間來製造正確的抗體類型才能對抗感染，不過如果相同的病原體日後再度攻擊你，你的免疫系統會記得第一次攻擊，作出妥善回應，你可能根本感受不到任何症狀——這時你的身體已經發展出對於這種疾病的免疫力。

重點

✓ 第一次接觸到抗原時，淋巴球會製造抗體。這是初級免疫反應。

✓ 在初級免疫反應期間，免疫系統會製造記憶細胞。

✓ 第二次接觸到相同抗原時，這些記憶細胞會更快製造更大量的抗體。這稱為次級免疫反應。

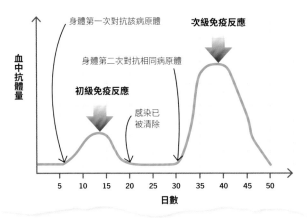

初級與次級免疫反應

淋巴球在幫助身體抵禦病原體方面扮演了重要角色，它們會製造稱為抗體，這就是免疫反應。第二次接觸到相同病原體會引起速度較快的次級免疫反應，因為第一次接觸時製造的記憶細胞會有一部分留在血流中，準備再度對抗這種感染。

⚙ 淋巴球如何作用

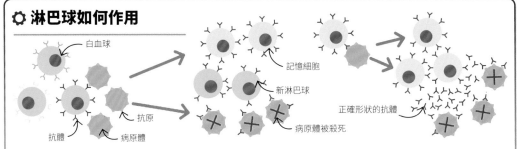

1. 病原體會活化特定的淋巴球，這種淋巴球攜帶著能匹配病原體抗原的抗體。

2. 活化的淋巴球會分裂和增殖，產生更多細胞。有些淋巴球會釋放能夠殺死病原體或讓病原體無法作用的抗體，而有些淋巴球則會成為記憶細胞。這是初級免疫反應。

3. 後來，當記憶細胞接觸到相同抗原時，它們會更快分裂及增殖，並產生更多抗體。這是次級免疫反應。

疫苗接種

科學界對於人體免疫系統的理解促成了疫苗的發展，用來避免個體罹患傳染病。對身體注射含有減毒或死亡病原體的疫苗，會刺激身體製造記憶細胞，使身體對疾病免疫。

控制傳染病

疫苗非常重要，不僅能協助個體不再染病，也能預防這些疾病傳遍整個族群。有些疫苗有終身免疫效果，但有些疫苗則需要定期補強。

重點

✓ 疫苗含有抗原，抗原的形式通常是少量的死亡或不活化病原體。

✓ 疫苗中的抗原會刺激身體製造抗體和記憶細胞，也就是初級免疫反應。

✓ 如果將來病原體感染身體，它的抗原會促使記憶細胞更快製造更多抗體，也就是次級免疫反應。

疫苗中有少量的減毒病原體。

淋巴球攻擊病原體，並製造與病原體抗原匹配的抗體。

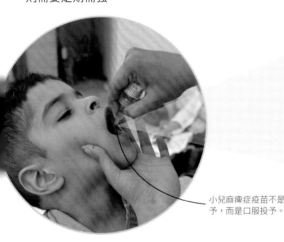

小兒麻痺症疫苗不是注射投予，而是口服投予。

淋巴球製造記憶細胞，以便將來對抗相同的疾病。

🔍 疫苗接種的優點與缺點

優點

- 疫苗接種已經協助控制了危險傳染病的傳播，例如全世界的小兒麻痺症感染已經降低 99%。
- 疫苗接種已經減少死於傳染病的人數，特別是兒童。
- 利用疫苗接種來預防感染疾病，可能比染病後的治療便宜。

缺點

- 有些人可能對疫苗產生不良反應或副作用。
- 注射式的疫苗可能導致疼痛，而且有些人會出現針頭恐懼症。
- 有些人接種疫苗之後可能會降低預防措施，但並不是所有疫苗都是百分百有效的。

單株抗體

抗體的特異性很高，只會跟特定種類的分子結合，因此能利用它來診斷疾病、檢測是否懷孕，或者對癌細胞投藥。用於這些方面的抗體稱為單株抗體（monoclonal antibody），是透過人工方式複製「抗體製造細胞」製作而成。

重點

✓ 單株抗體是在實驗室中人工複製抗體製造細胞所製作的抗體。

✓ 製作方式是把淋巴球與迅速生長的腫瘤細胞融合，製造出融合瘤（hybridoma）細胞。

✓ 單株抗體會跟特定目標結合，也就是它的抗原。

✓ 單株抗體能用於診斷疾病、檢驗是否懷孕，或是對癌細胞投藥。

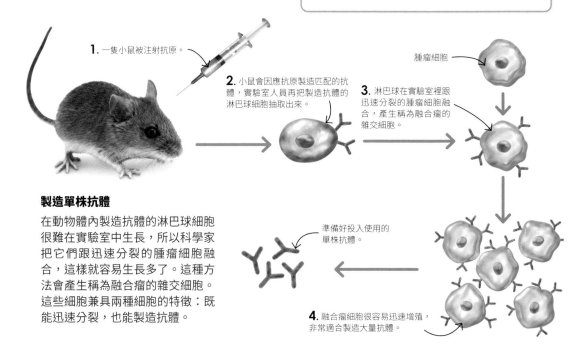

1. 一隻小鼠被注射抗原。

2. 小鼠會因應抗原製造匹配的抗體，實驗室人員再把製造抗體的淋巴球細胞抽取出來。

腫瘤細胞

3. 淋巴球在實驗室裡跟迅速分裂的腫瘤細胞融合，產生稱為融合瘤的雜交細胞。

準備好投入使用的單株抗體。

4. 融合瘤細胞很容易迅速增殖，非常適合製造大量抗體。

製造單株抗體

在動物體內製造抗體的淋巴球細胞很難在實驗室中生長，所以科學家把它們跟迅速分裂的腫瘤細胞融合，這樣就容易生長多了。這種方法會產生稱為融合瘤的雜交細胞。這些細胞兼具兩種細胞的特徵：既能迅速分裂，也能製造抗體。

🔍 單株抗體的使用方式

因為單株抗體只能與特定目標（它們的抗原）結合，所以能夠用於偵測這種目標何時存在的檢驗。有一種抗體就用於驗孕——這種抗體會跟人類絨毛促性腺素（human chorionic gonadotropin; HCG）結合，這種激素會在孕婦體內產生，把孕婦的尿液樣本放在檢測裝置上就能偵測到。

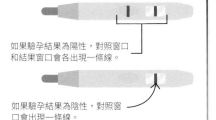

如果驗孕結果為陽性，對照窗口和結果窗口會各出現一條線。

如果驗孕結果為陰性，對照窗口會出現一條線。

癌症

正常身體細胞的生長及分裂速率是受到控制的，但如果過程中出了問題，細胞可能會不受控制地增殖，這些增生物就稱為腫瘤。最危險的腫瘤叫做惡性（malignant）腫瘤，能夠擴散到身體其他部位，導致癌症。其他腫瘤不會擴散，稱為良性（benign）腫瘤。

腫瘤的原因與治療

有許多因素會增加癌症的風險，包括基因、飲食，以及接觸到致癌物，例如香菸煙霧中的物質。癌症的治療包括放射治療（radiotherapy）和化學治療（chemotherapy），這兩類治療方式都會攻擊體內迅速分裂的細胞，但可能會造成令人不適的副作用。

重點

√ 當細胞內發生變化，使細胞不受控制地生長與分裂時，就會發生癌症。

√ 惡性腫瘤是會入侵身體其他部位的腫瘤。

√ 來自惡性腫瘤的細胞可能離開原位，在其他地方開始生長，形成續發腫瘤。

√ 良性腫瘤不會入侵身體其他部位。

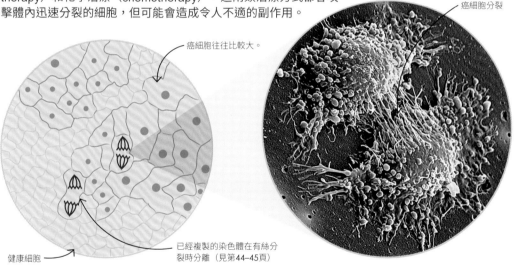

癌細胞往往比較大。

癌細胞分裂

健康細胞

已經複製的染色體在有絲分裂時分離（見第44–45頁）

🔍 瞄準癌細胞

現代的癌症治療會利用免疫系統來直接消滅癌細胞。有一項技術是創造能夠與癌細胞上的抗原結合的單株抗體（見第268頁），這類抗體殺死癌細胞的方法是把抗癌藥物輸送到癌細胞（如圖所示）、使癌細胞聚集在一起方便加以清除，或是促使身體免疫系統發動攻擊。

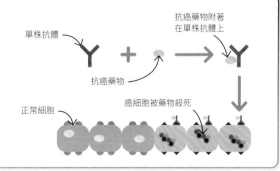

單株抗體

抗癌藥物

抗癌藥物附著在單株抗體上

癌細胞被藥物殺死

正常細胞

藥物

藥物是在生理或心理上改變身體運作方式的化學物質。有些藥物用於娛樂消遣,例如酒精、咖啡因、尼古丁,但大多數藥物的用途是治療、預防或診斷疾病。

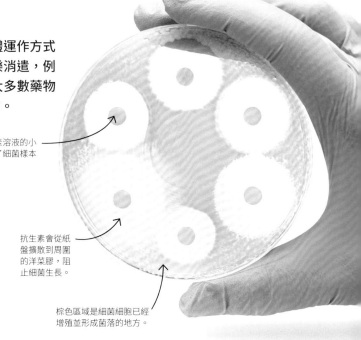

浸泡過抗生素溶液的小紙盤放在塗了細菌樣本的培養皿中。

抗生素會從紙盤擴散到周圍的洋菜膠,阻止細菌生長。

棕色區域是細菌細胞已經增殖並形成菌落的地方。

藥物如何作用

大多數藥物藉由改變細胞內發生的化學程序來發揮作用。例如盤尼西林是用來治療細菌感染的抗生素,作用方式是干擾細菌用來建構細胞壁的酵素,因此能阻止細菌生長,進而協助治癒感染。抗生素可在實驗室中測試效果,方法是觀察抗生素在培養皿中如何影響細菌的生長。

重點

- √ 藥物是在生理或心理上改變身體運作方式的化學物質。
- √ 抗生素是用來殺死體內細菌或減緩細菌生長的藥物。
- √ 不同種類的細菌會對不同種類的抗生素具有敏感性。
- √ 抗生素對病毒無效,要用抗病毒藥物才能阻止病毒在體內複製。
- √ 某些病原體已經演化出抗藥性;具有抗生素抗藥性的菌株造成的問題日益嚴重。

🔍 抗藥性

如果導致傳染病的病原體出現抗藥性,就很難用藥物來治療傳染病。有些病原體因為DNA突變(見第186頁),獲得對某種抗生素的抗藥性。下次這種抗生素被用來治療感染時,就只有對它具有敏感性的細菌會死亡,抗藥性細菌會活下來繼續增殖。

3. 只有抗藥性細菌存活下來,它們會一次次分裂,抗藥性也迅速擴散。

1. 無抗藥性的細菌

2. 一個細胞突變,使它出現抗藥性基因。

測試藥物

人類持續研發新藥來協助改善疾病的治療方式。研發過程可能需要多年時間，因為每種藥物都必須經過仔細測試，以確保它的有效性與使用安全性。

重點

✓ 傳統上，藥物是從植物或微生物萃取出來的。

✓ 在研發期間，藥物必須進行效果、毒性（安全性）與劑量方面的試驗。

✓ 藥物的臨床前試驗是在人工培養的活體細胞和組織上，以及實驗動物身上進行。

✓ 接下來的臨床試驗是在健康的志願者或門診病患身上進行。

藥物發現　　10000種化合物

臨床前試驗　　250種化合物

5種化合物

臨床試驗

經過審查

1種藥物獲得許可

最初有數以千計的化合物接受藥用效果的檢驗，最後只有很小一部分會獲得許可。

藥物研發

藥物研發包括改良現有藥物的效果、化學合成新藥，或測試從植物或微生物萃取的天然化合物，例如心臟病藥物毛地黃（digitalis）來自毛地黃（foxlove）植株，而抗生素盤尼西林則來自青黴菌（*Penicillium*）。新藥可能產生有害的副作用，所以在獲得許可之前，科學家可能會花10–15年時間來進行測試。

🔍 臨床試驗

藥物試驗通常在兩組志願者身上進行：一組是接受新藥的實驗組，另一組則是接受現有藥物或安慰劑（不含藥物的藥片或注射針劑）的對照組。研究人員會檢視兩組反應的差異，來確認藥物是否發揮作用。

	試驗類型		
	單盲試驗	**雙盲試驗**	**開放性試驗**
志願者知道自己獲得的是藥物還是安慰劑。	否 這是為了避免志願者受到任何事前資訊的影響。	否 這是為了避免志願者受到任何事前資訊的影響。	是 當單盲或雙盲試驗無法進行時，就會進行這種試驗，當作最後的辦法。
研究人員知道志願者獲得的是藥物還是安慰劑。	是	否 這是為了避免研究人員發出任何關於治療性質的信號。	是

害蟲與植物

植物會受到各種疾病與害蟲的侵襲，從真菌及病毒感染，到吸入樹汁的昆蟲和攝食葉子的毛蟲都有。有些植物害蟲也會成為把疾病傳播給植物的病媒，如同傳播疾病給人類的蚊子一樣。

散播疾病

蚜蟲是繁殖迅速卻行動緩慢的昆蟲，會對植物造成很大傷害。牠們削弱植物的方式是吃光含糖樹液，以及讓植物感染可能致命的病毒。經濟作物的蚜蟲防治措施是協助維持高產量的重要因素之一，包括利用化學殺蟲劑或是蚜蟲的天敵。

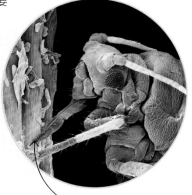

掃描式電子顯微鏡下的蚜蟲，牠把尖銳的管狀口器（稱為口針）插進植物，吸取植物的汁液。

蚜蟲每天需要吸入比自身體重多好幾倍的樹液。

蚜蟲

🔍 診斷植物疾病

植物疾病往往可以藉由觀察症狀來確認，症狀包括生長遲緩、葉子上的斑點、褪色，以及害蟲的存在。科學家也能在實驗室中確認植物病原體，方法是在顯微鏡下觀察組織、培養微生物，或是利用含有單株抗體的試驗套組（見第268頁）。右圖顯示的是桿狀的菸草鑲嵌病毒，這種病毒會對許多植物造成傷害，包括番茄、辣椒和菸草。

菸草鑲嵌病毒

植物的防禦

植物缺乏動物所擁有的那種免疫系統，不過它們有對抗有害生物的獨特方法。這些防禦方式很多都是物理屏障，例如具有保護效果的樹皮，另外也有化學防禦，可嚇阻植食動物或殺死害蟲。

重點

√ 樹上的樹皮會形成一層有效的防禦屏障。

√ 纖維素細胞壁是由強韌的纖維構成，動物很難消化這種纖維。

√ 葉子上的蠟質角質層能保護植物不受病原體侵襲。

√ 有些植物會製造難吃或有毒的化學物質來嚇阻植食動物。

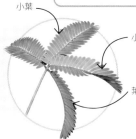

小葉

小葉被觸碰時會開始閉合。

葉子下垂，看起來彷彿已經凋萎。

含羞草

有種植物已經演化出一種避免植食動物攻擊的方法。含羞草（Mimosa pudica）的小葉被觸碰時會閉合，只要幾秒鐘整片葉子就會閉起來，有助於驅逐植食昆蟲，也能使植株看起來比較不可口。

🔍 天然防禦

樹皮
具有厚樹皮（由死亡細胞組成的外層）的植物擁有能夠有效對抗病原體的第一線防禦。跟你的皮膚一樣，樹皮也是對抗病原體的物理屏障。

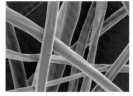

細胞壁
植物細胞壁是由纖維素這種強韌的醣類構成，動物很難消化這種纖維素。植食動物的胃或腸道需要特殊的微生物來分解纖維素。

角質層與棘刺
植物的最外層（表皮）具有一層稱為角質層的蠟質防水層。角質層會使病原體比較不容易感染植物。許多沙漠植物還有棘刺可嚇阻動物。

難吃的葉子
有些植物含有苦味或有毒的化學物質，動物很快就會知道不要再吃這些植物，例如有些三葉草屬植物會釋放少量氰化物（cyanide）來嚇阻植食動物。

名詞解釋

DNA 去氧核糖核酸，在活體細胞內儲存遺傳訊息的化學物質。

pH 用來測量溶液酸鹼度的量尺。

RNA 核糖核酸（ribonucleic acid），一種類似 DNA 的分子。RNA 分子會複製 DNA 的遺傳訊息，這樣遺傳訊息就能用於製造蛋白質分子。

X 光 一種用來產生骨骼與牙齒影像的電磁輻射。

x 軸 圖表的水平軸。

y 軸 圖表的垂直軸。

乙烯 植物製造的一種氣體，可當作催熟果實的激素。

二倍體（diploid） 含有兩組染色體。大多數的人類細胞都是二倍體，因為它們含有一組遺傳自母親的染色體與一組遺傳自父親的染色體。

二氧化碳 空氣中的一種氣體。動物與植物把二氧化碳當作廢物，但植物也會在光合作用時利用二氧化碳。

下視丘 腦的一個小型部位，負責協助控制體溫、水平衡、飢餓、睡眠等功能。

大腦 人腦的主要部分，負責自主動作、感覺、身體行動、個性、語言與其他功能。

大腦半球 人腦外層部分（大腦皮質）大致對稱分成的左右兩半。

大腦皮質 人腦的外層。

子宮 負責容納及滋養發育中幼體的雌性哺乳類器官。

中位數（平均值） 依據大小排列一組數值，然後選擇中間數值得出的平均值度量。

中風 一種危險的疾病。中風發生時，流向部分腦部的血流中斷，使腦細胞死亡。症狀可能包括身體一側出現癱瘓。

中間神經元 從感覺神經元接收刺激，並把刺激傳遞到運動神經元的神經細胞。

中樞神經系統 神經系統的控制中心，由腦和脊髓構成。

互利共生 兩個物種都會獲益的種間關係。

內分泌腺體 人體內負責製造及分泌激素的腺體。

公式；化學式 化學式會顯示化學化合物中的原子比例。數學公式是以數學符號書寫的規則或關係。

分子 兩個以上的原子以強化學鍵連結的組合。

分生組織 位於植物生長部位的組織。分生組織含有幹細胞，而幹細胞能夠生長並製造許多不同種類的植物組織。

分泌物 由細胞製造和釋放（分泌）的物質。

分解 分解成較簡單的化學物質。死亡的生物會分解（腐壞），因為小型生物會以死亡生物的遺骸為食，消化死亡生物的組織。

分解者 以死亡的有機物質為食，使其分解的生物。

化石 史前植物或動物的遺骸或印痕，往往保存在岩石中。

化石燃料 源自生物遺骸化石的燃料。煤炭、原油與天然氣都是化石燃料。

化合物 由兩種以上的元素原子鍵結形成的化學物質。

化學物質 純元素或化合物。水、鐵、鹽、氧氣都是化學物質。

升糖素 使肝臟把儲存的肝醣轉化成葡萄糖的激素，能夠提高血糖濃度。

反射 神經與肌肉對於刺激的自主反應，不涉及有意識的思考。

反射弧 反射動作時通過神經的路徑。

天擇 透過天擇的過程，幫助物種內特定個體存活的基因會更容易傳給下一代，使該物種演化。

孔 生物外表上的小開口，能夠容許氣體和液體等物質通過。

心血管疾病 影響心臟或血管的疾病。

心房 心臟的兩個上腔室。

心室；腦室 心室是心臟的兩個負責輸送血液出去的主要腔室。右心室負責把血液輸送到肺臟，左心室負責把血液輸送到身體其餘部位。腦中充滿液體的構造稱為腦室。

心率 人的心跳速率，以每分鐘搏動數為單位。

心輸出量 每分鐘左心輸出的總血量。

月經 女性子宮內膜脫屬於月經週期的一部分，此時就會發生每月一次的流血現象。

月經週期 發生在女性體內的每月週期變化，讓女性為可能到來的懷孕做準備。

木質部 一種植物組織，由負責從根部輸送水分及礦物質到葉子和其他部位的管道構成。

水生生物 生活在水中的生物。

水耕 在富含營養的水中而不是土壤中栽種植物的方法。

水晶體；透鏡 眼睛、相機、顯微鏡或望遠鏡內負責彎折光線來生成清晰影像的彎曲、透明物體。

主動運輸 分子穿過細胞膜的運輸方式，方向與濃度梯度相反。主動運輸需要來自呼吸作用的能量。

代謝速率 人體利用能量的速率。

半通透 允許某些物質穿透，卻阻擋其他物質。細胞膜就是半通透的。

外骨骼 堅硬的外層骨架，例如昆蟲就擁有外骨骼。

平均數（平均值） 把一組數值加總，然後除以數值數量得出的平均值度量。

幼蟲 某些動物生命週期的早期階段，這類動物發育到成年時會經歷變態。

永凍層（permafrost） 土壤表層之下永久結凍的土地。

生物；生物體 活的東西。

生物因子 任何對於生態系的生物性影響。生物因子包括疾病、食物可利用性、捕食者與寄生物的存在，以及競爭和互利共生（mutualism）等關係。

生物多樣性 顯示某一區域內不同物種變化的度量（或是顯示一物種內遺傳變異數量的度量）。

生物量；生質 某一區域內活體生物的總質量，或任何用來當作燃料的生物材料。

生物群區（biome） 生物世界的大型區域，例如雨林、沙漠或溫帶草原。每個生物群區都有獨特的氣候、植被及動物群。

生產者 自行製造食物而非從其他生物取得食物的生物，例如綠色植物會行光合作用來自行製造養料。

生殖 產生新的後代。

生殖細胞 具有生殖功能的細胞，例如精細胞或卵細胞。又稱為配子。

生態系 動物與植物的群集以及這些動植物共享的實體環境。

生態學 一種科學研究，目的是探索生物之間以及生物與其環境之間的交互作用。

甲狀腺 位於人類喉部的激素分泌腺體。

甲狀腺素 協助控制身體代謝速率的激素。

甲殼類 具有堅硬外骨骼、鰓以及通常超過十對足的無脊椎動物，例如蝦或龍蝦。大多數甲殼類都棲息在水中。

白血球 負責對抗疾病的各種血液細胞。

交配 雄性與雌性動物之間的緊密身體接觸，使牠們的生殖細胞能融合並形成胚胎。

交換表面 專門吸收重要物質或排出廢物化學物質的生物體部位，通常是透過擴散作用進行交換。交換表面具有很大的表面積。

充氧血 富含氧氣的血液。

光合作用 植物利用太陽能從水和二氧化碳製造養料分子的過程，而且會產生氧氣作為廢物。

全球暖化 地球大氣層平均溫度升高的現象，部分原因是燃燒化石燃料導致二氧化碳濃度上升。

共生（symbiosis） 兩個生活在一起的物種之間的密切關係。

共顯性 當一個基因的兩個等位基因具有共顯性時，兩個等位基因都會影響生物體，而且都不是顯性或隱性。

再生能源（renewable energy） 不會枯竭的能源來源，例如陽光或風能。

冰點 液體變成固體的溫度。

合子 兩個配子融合形成的細胞，合子會發育成一個新的個體。

吉貝素 促使種子和花芽終止休眠的植物激素。

同型組合 具有一個基因的兩個相同等位基因（變體）。

向光性 植物回應光的生長狀態。正向光性代表往光源生長。

向地性 植物回應重力的生長狀態。舉例來說，根部通常具有正向地性，使它們向下生長。

吸熱反應 吸收能量的化學反應，且能量通常是以熱的形式出現。另見放熱反應。

多樣性 描述不同物種變化的術語。

安慰劑 如藥物般投予的物質，但沒有任何醫療特質，因此對病患也沒有任何生理效果。安慰劑在藥物試驗中會與真正的藥物做比較。

有性生殖 需要兩個親代的生殖細胞結合的生殖方式。

有氧呼吸 在有氧環境下，把能量從食物分子轉移到活體細胞的過程。

有袋類 產下發育非常不完全的幼體，且通常把幼兒放在囊袋中攜帶的哺乳類。

有絲分裂 一種細胞分裂，能製造兩個基因相同的細胞。

有機 衍生自活體生物或以碳氫原子為基礎的化合物。

有機農作 把對於自然環境的危害最小化的農作方式，例如避免使用人造肥料及殺蟲劑。

次級消費者 吃初級消費者的捕食性動物。

肉食動物 吃肉的動物，具有適合撕裂皮肉的牙齒。

肌肉 一種透過收縮來產生動作的動物組織。

自變數 實驗中被故意改變的變數。

色盲 一種視覺障礙，使患者難以區別特定顏色之間的差異。

血小板 在血液中循環的細胞碎片，能夠在受傷後幫助血液凝結。

血紅素 紅血球中負責攜帶氧氣到動物全身的化合物。

血液 一種在動物體內循環的液體，負責輸送重要物質給細胞，並清除做為廢物的化學物質。

血漿 把血液細胞從血液中去除後留下的液體。

防腐劑 能夠殺死細菌等病原，卻不會對人體有害的化學物質。

免疫力 生物體抵抗傳染病的能力。

免疫系統 負責避免人體罹患傳染病的器官、組織、細胞所構成的系統。

初級消費者 會吃植物等生產者生物，但不會吃其他動物的動物。

吞噬作用 細胞把細菌等其他顆粒包圍及吞噬的過程。

吞噬細胞 負責把細菌和破損細胞的碎片吞下及消化的細胞。

抗生素 殺死細菌的藥物。

抗利尿激素 一種激素，作用是使腎臟從形成尿液的液體中再吸收水分，藉此幫助身體保留水分。

抗原 與抗體結合的細胞表面分子。

抗體 身體免疫系統製造的化學物質，會跟細菌或其他外來細胞上的特定目標分子（抗原）結合，協助身體摧毀它們。

肝醣 肝臟以葡萄糖製造且儲存在肝臟的醣類。

花粉 花製造的粉狀物質，含有雄性生殖細胞。昆蟲會把花粉從一朵花送到另一朵花，協助植物繁殖。

花蜜 花為了吸引授粉者而生產的含糖液體。蜜蜂用花蜜來製造蜂蜜。

角蛋白（keratin） 構成毛皮、毛髮、羽毛、指甲、角、蹄的強韌蛋白質。角蛋白會使動物皮膚的外層更加強韌。

角膜 彎曲、透明的眼睛前方部位。角膜負責協助聚焦進入眼睛的光。

角質層 葉子上的蠟質防水層，能減少水分散失。

近視 遠處物體看起來模糊的視力問題。

近親交配 血緣關係接近的生物體之間進行繁殖交配。近親交配會增加同型組合基因型的頻率，使隱性基因導致的基因缺陷更有可能出現。

附生植物 為了使自己獲得支撐而在另一株植物上生長的植物。

卵子 見卵細胞。

卵白 蛋的白色部分，成分為水及滋養發育中胚胎的蛋白質。

卵巢；子房 製造卵細胞的雌性動物器官，或含有發育中種子的花朵部位。

卵細胞 雌性生殖細胞，又稱為卵子。

卵黃 蛋的內層黃色部分。卵黃富含蛋白質及脂肪，能夠滋養發育中的胚胎。

尿素 一種含氮廢物，會從尿液中排出。

乳化 形成乳化液。

乳化液 一種液體以小滴形式散布在另一種液體內的混合液。

乳酸 當劇烈運動時發生無氧呼吸，會在肌肉內作為廢物產生的一種化學物質。

依變數 實驗中為了取得實驗結果而受到測量的變數。

具生育能力 能夠繁殖。

受精；施肥 雄性與雌性生殖細胞結合，產生新的生物體。這個詞的意思也可以是把肥料加進土壤，協助植物生長。

受器 偵測刺激的分子、細胞或器官。舉例來說，動物眼睛內的光受器細胞會偵測光線，因此產生視覺。

呼吸作用 活體細胞從食物分子轉移能量的過程。

固氮細菌 這類細菌會從空氣中攝取氮，並將其轉化成植物可用的化合物。

夜行性 在夜間活動。

孢子 真菌或植物製造的微小細胞團，能夠長成一個新個體。

性染色體 一對染色體，負責決定包括人類在內的許多動物的性別。

性傳染病 性交時從一個人傳給另一個人的傳染病。

性聯遺傳疾病 與個體性別有關的異常或疾病，通常是性染色體攜帶的基因所導致的。

放大倍率 透過顯微鏡觀察物體時，物體被放大的程度。

放熱反應 把能量轉移到周圍環境的化學反應，能量往往是以熱的形式出現。

果實 成熟的子房，含有一個以上的種子。有些果實為了吸引動物而具有甜美多汁的特性。

爬蟲類 有鱗狀皮膚的變溫脊椎動物（具有脊骨的動物）。爬蟲類包括蛇和蜥蜴。

物質 任何具有質量且占據空間的東西。

肥胖症 過多體脂肪可能對健康造成有害影響的疾病。

肥料 為了刺激植物生長而被加進土壤，且富含營養素的物質。

肺泡 肺臟內的微小氣泡，是氣體在空氣與血流之間交換的地方。

肺動脈 把血液從心臟輸送到肺臟，使血液再次充滿氧氣的動脈。

肺靜脈 把新的充氧血從肺臟送回心臟的靜脈。

表現型 受到基因控制的生物特定性狀，例如動物毛皮的顏色。

限制因素（光合作用） 光強度、二氧化碳濃度、溫度全都是限制因素，因為只要任一種因素降低，就會使植物的光合作用速率下降。

非生物因子 影響生態系的環境條件，例如溫度、光度、水分可利用度。

非傳染病 無法從一個人傳給另一個

人的疾病。

兩棲類 生命中有一部分時間在水裡生活，一部分時間在陸上生活的變溫動物，例如蛙或蠑螈。

刺激 使生物產生回應的環境變化。

保育 對於野生生物或棲地的保護。

保暖 毛皮、鯨脂（blubber）或羽毛等身體構造減少熱量散失。

保衛細胞 葉子表面上的成對細胞，能改變形狀來打開及關閉稱為氣孔的微小孔洞。

恆定 維持生物體內始終不變的環境。

恆溫 恆溫動物會維持恆定的內部體溫，例如鳥類及哺乳類。

染色體 細胞核內由纏繞的 DNA 股組成的構造，負責攜帶遺傳訊息。

柵狀細胞（palisade cell） 一種植物細胞，分布在接近葉子表面的細胞層。柵狀細胞專門進行光合作用，而且含有許多葉綠體。

活性部位 與受質分子結合的酵素分子部位。

珊瑚 以帶有刺螫的觸手來捕食的小型海洋動物。群聚生活的珊瑚所形成的骨架會構成珊瑚礁。

疫苗 含有減毒或死亡病原體的物質，能夠刺激人體製造抗體，使人對病原體免疫。

相互依存 生態系中的不同生物互相依賴。

突觸 兩個神經細胞之間的間隙，信號會從一個細胞傳給另一個細胞。

紅血球 攜帶氧氣的血液細胞。

胎兒 未出生的動物幼體。

胎盤 允許物質在未出生的胎兒和其母親的血流之間傳遞的哺乳類器官。

胚；胚胎 動物或植物最早期的發育階段。

胞器 執行特定工作的細胞內構造，

胞器的工作包括製造蛋白質分子或釋放糖的能量。

草食動物 吃植物的動物。

虹膜 動物眼睛瞳孔周圍的一圈有色肌肉。虹膜負責控制瞳孔大小，因此也控制進入眼睛的光線量。

負回饋 體內的一種控制系統，會透過逆轉變化來回應某事物的程度增減。負回饋系統有助於維持體內的理想環境。

重量 把物體拉向地球的力。

食性階層 生物在食物鏈的位置。食性階層的例子包括生產者與次級消費者。

食物網 **生態系中互相連結的食物鏈**體系。

食物鏈 一系列生物，每種生物會被下一種生物吃掉。

食腐者 以死亡動物或植物的遺骸為食的動物。禿鷹是食腐者。

骨架 支撐動物身體的靈活框架。

神經 在動物全身傳送電脈衝的神經細胞束。

神經元 神經細胞。

神經傳導物質 神經細胞釋放到突觸的化學物質，負責傳送信號給下一個神經細胞。

健康 生物的生理狀態。健康代表沒有患病。

原生生物 具有真核細胞的簡單生物，通常是單細胞且非常微小。原生生物包括許多致病生物，以及藻類和變形蟲。

原核生物 細胞很小且沒有細胞核的生物，例如細菌。

哺乳類 以乳汁餵養幼體且身上通常覆蓋毛皮的溫血脊椎動物（具有脊骨的動物）。

振動 迅速來回移動。

捕食 捕捉並吃掉其他動物。

捕食者 捕獵其他動物為食的動物。

核 細胞的控制中心，細胞的基因會儲存在核內的 DNA 分子中。這個字也可以指稱原子的中心部位。

核糖體 細胞內的微小構造。核糖體是蛋白質合成的地點。

根 植物的部位，負責把植物固定在地面，並從土壤中獲得水和營養素。

氣孔 葉子表面的微小孔洞，能夠關閉來調節進出葉子的氣體活動。

氣候 一個地區在一年內通常會經歷的天氣與季節變化模式。

氣候變遷 地球天氣型態的長期變化。

氧氣 占空氣 21% 的氣體。大多數生物都從空氣中攝取氧氣，並在稱為呼吸作用的過程中利用氧氣從食物轉移能量。

氧債 去除肌細胞進行無氧呼吸時製造的乳酸所需的氧氣量。

浮游生物 生活在海洋與湖泊表面附近的微小生物。

消化 把食物分解成小分子，使其能被細胞吸收。

病毒 微小的寄生物。病毒的繁殖方式是感染細胞，然後讓細胞製造病毒的複製品。

病原體 任何會導致疾病的微小生物。

病媒 傳播疾病的生物。舉例來說，傳播瘧原蟲給人類的蚊子就是一種病媒。

真核生物 細胞含有細胞核及膜連胞器的生物。動物、植物、真菌都是真核生物。

真菌 從周遭的活體或死亡物質中吸收養料的生物。蕈菇和毒蕈都是真菌。

破殼器（egg tooth） 幼年鳥類或爬蟲類的鳥喙或顎上的堅硬腫塊，其功能是在孵化時打破蛋殼。

缺氧血 低氧氣濃度的血液。

胰島素 降低血糖濃度的激素。

胰臟 位於胃附近的器官，負責分泌消化液和包含胰島素在內的激素。

胸部；胸節 昆蟲身體的中間部位，或脊椎動物的胸部。

胺基酸 蛋白質分子的結構單元。

脂肪酶 消化脂肪分子的酵素。

脂質 脂肪與油脂的科學名稱。脂質分子由三個脂肪酸單位和一個甘油單位組成。

脊椎動物 具有脊骨的動物。

記憶細胞 一種白血球，會「記得」如何辨識出曾經遇過的病原體，為身體提供對疾病的免疫力。

透析 一種對於腎臟停止運作的病患進行人工清潔血液的方式。

配子 生殖細胞，例如精子或卵細胞。

連續資料 能夠涵蓋一定範圍內任何值的數值資料。連續資料的例子包括人的身高或體重。另見離散資料。

流行 傳染病在整個族群中的迅速傳播，通常發生在幾週內。

流體 能夠流動的物質，例如氣體或液體。

陸棲 生活在陸地上。

乾旱 長時間的低降雨量，導致缺水及非常乾燥的環境。

假說 受到實驗測試的科學想法。

動脈 血管壁很厚的大血管，負責把血液從心臟輸送出去。

動情激素 雌性動物的卵巢製造的激素。動情激素會協助控制性發育及生育力。

動器 回應神經衝動的肌肉或腺體。動器會使動物回應刺激。

國際單位制單位 科學界用於度量的標準單位制，包括公尺、公斤、秒。

基因 在 DNA 分子中編碼且儲存在活體細胞內的指令。基因會從親代傳給子代，而且能決定每個生物體的遺傳性狀。

基因工程 利用科學技術改變細胞或生物體的基因，例如把基因從一個物種轉移到另一個物種。

基因改造生物 基因組受到基因工程改變的生物。許多基因改造生物含有從其他物種轉移而來的基因。

基因型 決定生物體特定性狀（表現型）的等位基因組合。

基因庫（gene pool） 族群的完整基因集合，包括所有不同的等位基因（基因的變體）。

基因組 生物體的完整基因集合。

宿主 被寄生物當作食物的生物。

寄生物 生活在另一種生物（宿主）表面或裡面的生物，以宿主為食。寄生物對其宿主有害。

帶原者 攜帶遺傳異常的基因卻沒有症狀的人。

授粉 把花粉從花的雄性部位轉移到花的雌性部位。授粉對於開花植物的有性生殖非常重要。

排卵 從雌性動物的卵巢釋放出未受精的卵子，然後這顆卵子能夠跟雄性的精子融合來進行受精。

控制變數 在實驗中維持恆定的變數。

族群 生活在同一區域且通常與彼此雜交繁殖的一群同種個體。

液胞 細胞內由一層膜包圍且充滿液體的構造。植物細胞通常有一個非常大的液胞，能夠協助細胞維持膨脹狀態，並協助植物中的柔軟組織維持直立。

淡化 從水中去除鹽的過程。

產量 生產的作物多寡。

眾數（平均值） 一組數字中最常見的數值。

第一型糖尿病 胰臟停止製造胰島素的糖尿病類型。第一型糖尿病通常在童年時期發病。

第二型糖尿病 身體細胞無法正常回應胰島素的糖尿病類型。第二型糖尿病通常在成年時期發病。

細胞 生物的微小單位。細胞是所有生物的結構單元。

細胞分裂 一個細胞分裂形成兩個子細胞的過程。

細胞液（cell sap） 植物細胞液胞內的液體。細胞液的成分為水及各種溶於水的物質，例如糖類。

細胞膜 在細胞質周圍形成外層屏障的一層非常薄的分子，負責控制哪種分子能夠進入或離開細胞。

細胞質 細胞內如膠凍般的部分。

細胞壁 包圍植物細胞且提供植物細胞支撐的一層厚厚的外壁。微生物與真菌也有細胞壁，但動物沒有。

細菌 微小的單細胞生物，分布在地球上幾乎任何一種棲地，包括人體表面及內部。許多細菌對我們有幫助，但有些細菌會導致疾病。

組織 構成動物或植物一部分的一組相似細胞。肌肉和脂肪都是組織。

菌絲體 真菌的主體，由通常藏在地下或木頭裡的一團菌絲構成。

蛋；卵 容納發育中的幼年鳥類、爬蟲類或其他動物的保護性被膜。這個字也可以用來指稱卵細胞（雌性生殖細胞）。

蛋白酶 消化蛋白質的酵素。

蛋白質 含氮的有機物質，存在於肉類、魚類、乳酪和豆類等食物中。生物需要蛋白質來生長與修復。

視網膜 眼內的一層感光細胞。

軟骨 動物骨骼中強韌卻有彈性的組織。軟骨魚的骨架幾乎全都是軟骨構成的。

軟體動物（mollusc） 身體柔軟的無脊椎動物，往往有堅硬的外殼保護。蝸牛、蚌蛤和章魚都是軟體動物。

頂體 在精細胞頭部裝有消化酵素的囊室。

鳥喙 鳥類的上下顎。

殺蟲劑 用來殺死昆蟲等害蟲的物質。

理論 獲得普遍認同的科學觀念,能夠解釋現實世界的某個層面,而且已經通過實驗的測試。

淋巴球 能夠製造抗體的白血球。

粒子 非常小粒的物質,例如原子、分子或離子。

粒線體 能夠把能量從糖分子轉移到細胞的細胞內構造,在呼吸作用方面扮演了重要角色。

單一作物栽培 種植單一作物的農作方法,往往是大面積種植。

單孔類 產蛋的哺乳類。鴨嘴獸和針鼴是目前僅存的單孔類。

單盲試驗 一種臨床試驗,例如藥物測試。在這種試驗中,病患並不知道自己接受的是真正的治療或是無效的物質(安慰劑)。

單倍體(haploid) 含有單一一組不成對的染色體(正常體細胞染色體數的一半)。生殖細胞是單倍體。

單株抗體 在實驗室中從白血球複製體製造的抗體。它們會針對特定抗原,可用於診斷或治療某些疾病。

循環系統 動物的心臟與血管,兩者共同構成全身的運輸系統。

斯它汀類藥物 降低血中有害膽固醇濃度的藥物。

最佳配適線 圖表上的一條線,會通過散布在圖表上的點,使一半的點位於線的上方,一半位於線的下方。

棲地 生物棲息的地方。

植物生長素 一種植物激素,能控制新芽和根部回應光線或重力的生長方式。

椎骨 形成脊椎動物的脊骨(脊柱〔vertebral column〕)的許多小型骨頭。

減數分裂 一種製造生殖細胞的細胞分裂,生殖細胞的染色體數量是平常的一半。

無性生殖 由單一親代進行的生殖,使後代擁有跟親代完全相同的基因。

無氧呼吸 在無氧環境下,把能量從食物分子轉移到活體細胞的過程。

無脊椎動物 缺乏脊骨的動物,例如昆蟲或蠕蟲。

無菌技術 協助預防微生物樣本被其他微生物汙染的技術。

發芽 從種子長出小型植株的過程。

硝化細菌(nitrifying bacteria) 把土壤中的氨轉化成硝酸鹽的細菌。

硝酸鹽 含有氮元素和氧元素的化合物。硝酸鹽被用來當作農作物上的肥料。

等位基因 基因的版本之一,有數種不同變體。

絕種;滅絕 永遠消失。滅絕物種不再有任何活的成員。

腎上腺 一種製造激素的腺體,位於腎臟。兩個腎上腺負責製造腎上腺素,這種激素會幫助身體準備好採取行動。

腎上腺素 幫助身體在危機或興奮的時刻準備好採取行動的激素。

腎元 腎臟的微小過濾單位。它會從血液中過濾廢棄的化學物質,並把這些物質當作尿液排出。

腎絲球 位於腎臟的微小過濾單位起點的小型血管叢集。

腔靜脈 兩條把缺氧血從組織送回心臟的主要靜脈。

蛛形類 有八隻腳的節肢動物,例如蜘蛛或蠍子。

軸 圖表上兩條互相垂直的線之一,能顯示出標在圖表上的測量值。

軸突 一種又長又細的纖維,負責傳送神經元(神經細胞)輸出的神經衝動。

運動神經元 從中樞神經系統輸送信號到肌肉或腺體的神經細胞。

集約農作 試圖最大化糧食產量與利潤的農作類型,例如使用機具或是化學性肥料及殺蟲劑。

韌皮部 一種植物組織,由負責從製造養料的葉子輸送養料到植物其他部位的管道構成。

黃體成長激素 促使女性卵巢釋放卵子的激素。

黃體酮 使子宮準備好支持懷孕狀態的雌性哺乳類激素。

異型組合 具有一個基因的兩個不同等位基因(變體)。

葉綠素 植物中負責從陽光吸收能量的綠色物質,使植物能透過光合作用製造養料。

葉綠體 植物細胞內的微小構造,含有葉綠素這種綠色色素。光合作用發生在葉綠體內。

裂解路徑 病毒繁殖的兩種主要方式之一。在裂解期,病毒會控制細胞的酵素和蛋白質來製造病毒的複製體,然後從細胞內爆發出來,並摧毀細胞。

催化劑 加速化學反應但本身不會改變的化學物質。

傳染病 能夠從一個人傳給另一個人的疾病。

幹細胞 未特化的細胞,能夠分裂並產生特化類型的細胞。

微生物 只有在顯微鏡的幫助下才能看到的微小生物。

微血管 人體內最小的血管。

感覺受器 偵測刺激並透過產生神經衝動來回應的身體構造。

感覺神經元 負責偵測環境中刺激,並把訊息以電脈衝形式傳遞到中樞神經系統的神經細胞。

準確 如果科學實驗中取得的測量值

接近被測量的真值，這個測量值就是準確的。

溫度 顯示冷熱的度量。

溶原路徑 病毒繁殖的兩種主要方式之一。在溶原路徑中，病毒基因會融入宿主的 DNA，只要宿主細胞分裂，病毒基因組就會被複製。

溶液 溶質分子或離子均勻散布在溶劑分子中的混合物。

溶質 溶於溶劑來形成溶液的物質。

溶劑 溶解溶質來形成溶液的物質（通常是液體）。

睪丸 製造精細胞及睪固酮的雄性動物器官。

睪固酮 雄性動物的主要性激素。睪固酮會引起雄性特徵與行為的發育。

節肢動物 具有外骨骼與節足的動物。昆蟲、蜘蛛、蠍子、馬陸全都屬於節肢動物。

群集 共享同一環境的所有生物。生態系是由生物群集及其共享的實體環境所構成的。

群體免疫（herd immunity） 當大部分的族群成員都具有免疫力，使感染無法傳播時，個體就能獲得保護而不會感染疾病。

腦垂腺 位於腦基部的激素分泌腺體（內分泌腺體）。腦垂腺又稱為「主腺體」，負責製造各種激素，其中某些激素會控制體內其他內分泌腺體。

腫瘤 身體的異常組織增生。腫瘤有時會導致癌症。

腸道 食物被消化時通過的管狀器官。

腺體 負責製造及釋放特定物質的動物器官。舉例來說，人類的汗腺會釋放汗液到皮膚上。

蒸散作用 水分從葉子散失出去，主因是水分會從葉子蒸發。從根部抽吸上來的水分會補充散失的水分。

蒸散流 水從根部到植物所有部位的向上移動。

蒸發 從液體變成氣體。

蛹 經歷變態的昆蟲生命週期中的靜止階段。

蛻皮；換毛；換羽 皮膚、毛髮或羽毛脫落。具有外骨骼的動物必須不時蛻皮，才能長得更大。

試劑 使化學反應發生，藉此來檢測另一種化學物質是否存在的化學物質。

資料 一系列的資訊，例如事實及統計數據。

遠視 近處物體看起來模糊的視力問題。

孵化 保持溫暖。舉例來說，鳥類會坐在蛋上孵蛋。

模型（科學上的定義） 現實物體或系統的簡化代表，能協助科學家了解物體或系統如何在現實世界中運作。

滲透作用 水透過細胞膜（或其他半透膜）從稀溶液移動到濃溶液的作用。

演化 當族群或物種透過天擇的過程適應環境時，所發生的逐漸變化。

種；物種 一群具有類似特徵的生物，這群生物能與彼此交配繁殖，產下具有生育能力的後代。

種子 含有植物胚與養料儲備的生殖構造。

聚合物（polymer） 碳化合物，具有由重複單位構成的長鏈分子。塑膠就是聚合物的一個例子。

膜 薄薄的內襯或屏障。細胞周圍有細胞膜，會阻止某些物質通過，但允許其他物質通過。

複製體 與親代基因完全相同的生物體。

適應特徵 使生物更適合其生活方式的生物特徵。舉例來說，海豚的流

線型身體就是生活在水中的適應特徵之一。

酵素 由活體細胞製造且能夠加速化學反應的蛋白質。

精細胞 雄性生殖細胞。

樣方 一種用來對自然棲地中的物種進行計算或抽樣的方框。

樣帶 在棲地內標示出的直線，可協助科學家調查現有的物種。

賦予免疫力 使人對某種疾病免疫，例如接種疫苗。

質量 物體所含的物質量。

質體 細菌的環狀 DNA，與細菌的主要染色體分離。

遷徙 動物前往新棲地所經歷的長途旅行。許多鳥類每年都會在夏季及冬季的棲地之間來回遷徙。

選拔育種 在族群中選擇特定個體，這些個體具有對人類有用的特定性狀，然後以這些個體繁殖育種，以便改善後代。

凝結 氣體變成液體的過程。

器官 一組共同運作來執行功能的組織。人體的器官包括胃、腦、心臟。

澱粉 由長鏈葡萄糖分子構成的醣類。植物會製造澱粉來儲存能量。

澱粉酶 消化澱粉的酵素。

激素 體內腺體製造的化學物質，會透過血液傳播並改變特定目標器官的運作方式，往往具有很強的效果。

濃度 顯示多少溶質溶解於溶液的度量。

濃度梯度 同一物質在一個區域與另一個區域之間的濃度差異。很大（陡峭）的濃度梯度會導致快速的擴散作用。

營養素 動物與植物攝取的物質，對於生命和生長非常重要。

融合瘤 在實驗室中融合抗體製造細胞與腫瘤細胞所製造出的細胞。融

合瘤能迅速增殖，使它們可用於製造大量抗體。

輸導作用 養料分子與其他已溶解的物質在植物各處的移動。

避孕法 避免女性懷孕的裝置或藥物。

隱性 只有在沒有顯性等位基因壓制時才會對生物有影響的等位基因（基因版本）。

靜脈 把血液從身體組織輸送到心臟的管道。

鮑氏囊 構成腎臟過濾單元（腎元）一部分的杯狀囊，腎臟內有大約一百萬個腎元。

糖 小分子醣類。糖類具有甜味。

糖尿病 體內負責控制血糖的系統無法正常運作的疾病。

輻射 電磁波或是來自放射源的粒子束。

優養化 藻類在富含營養素的水中過度生長，導致水中氧氣濃度降低。優養化往往是汙染造成的。

擴張 變寬。

擴散作用 兩種以上的物質因為粒子的隨機運動而逐漸混合。

癌症 一種疾病，身體細胞會異常分裂及增殖，進而形成稱為腫瘤的惡性增生物。

瞳孔 眼睛虹膜中央的圓形開口，光線會從此處進入眼睛。

醣類 食物中一種充滿能量的物質。糖和澱粉都屬於醣類。

黏液 動物出於各種目的而製造的一種黏稠滑溜的液體。舉例來說，腸道內的黏液會協助食物通過腸道。

臨床前試驗 藥物在人類身上測試之前，先利用動物或培養的細胞所進行的藥物測試。

臨床試驗 為了測試醫學治療（例如一種新藥）是否在人類身上有效而進行的科學實驗。

臍帶 負責在未出生的哺乳類幼體及其母體之間輸送養分、氧氣及其他物質的帶狀構造。

藥物 為了改變身體的運作方式而被攝入體內的化學物質。大多數藥物都是為了治療或預防疾病而投予的。

轉錄 細胞內把 DNA 複製到 RNA 的過程。轉錄是蛋白質合成的第一階段。

轉譯 利用 RNA 分子來決定蛋白質的胺基酸順序，藉此建構出蛋白質分子。

雙盲試驗 一種臨床試驗。在這種試驗中，無論是病患或研究人員都不知道誰接受了真正的藥物，誰又接受了無效的物質（安慰劑）。

雜食動物 吃植物和動物的動物。

鞭毛 細胞上類似鞭子的增生物，能夠旋轉或前後揮動來讓細胞移動。

糧食安全 能夠穩定獲得足夠營養的食物來維持人民健康。

濾泡刺激素 刺激雌性動物卵巢內的卵細胞成熟的激素。

獵物 被其他動物捕獵的動物。

瓣膜 使血液往單一方向流動的心臟或靜脈構造。

礦物質 天然產生的無機化學物質，例如鹽，往往分布在岩石中或溶於水中。有些礦物質對於生物非常重要。

藻類 類似植物的簡單生物，生活在水中，會利用光合作用自行製造食物。

離散資料 只能取特定值（例如整數）的數值資料。離散資料的例子之一是鳥巢中的幼鳥數量。另見連續資料。

競爭 需要相同資源的生物體或物種之間的交互作用，會導致衝突或傷害。

觸角 昆蟲或其他無脊椎動物頭上的感覺器官。

鰓 用來在水下呼吸的器官。

攝氏溫度（Celsius） 一種溫標，基準是冰的熔點（0°C）與水的沸點（100°C），兩者之間等分成 100 個刻度。

體積 顯示物體占據多少空間的度量。

纖維素 形成植物細胞壁的纖維性醣類。

變性 蛋白質的形狀改變。當酵素因為太熱或太酸而變性時，就不再能發揮作用了。

變異 同一物種的個體之間的差異。變異的原因可能是基因、環境或兩者皆有。

變態 動物身體成熟時經歷的劇烈變化。毛蟲會透過變態來變成蝴蝶。

顯性 一定會表現出來的等位基因（基因版本）。

顯微鏡 利用透鏡使小型物體看起來變大的科學儀器。

癱瘓 無法行動。

索引

謝誌與圖片版權

The publisher would like to thank the following people for their help with making the book: Shatarupa Chaudhuri, Virien Chopra, Derek Harvey, Cecile Landau, Sai Prasanna, and Shambhavi Thatte for editorial assistance; Victoria Pyke for proofreading; Helen Peters for the index; Gary Ombler for photography; Neetika Malik (Lbk Incorporation), Baibhav Parida, and Arun Pottirayil for illustrations; Mrinmoy Mazumdar and Vikram Singh for CTS assistance; Aditya Katyal for picture research assistance; and Priyanka Bansal, Rakesh Kumar, Priyanka Sharma, and Saloni Singh for the jacket.

Smithsonian Enterprises:
Kealy E. Gordon, Product Development Manager; Ellen Nanney, Senior Manager Licensed Publishing; Jill Corcoran, Director, Licensed Publishing Sales; Brigid Ferraro, Vice President, Education and Consumer Products; Carol LeBlanc, President

The publisher would like to thank the following for their kind permission to reproduce their photographs:
(Key: a-above; b-below/bottom; c-centre; f-far; l-left; r-right; t-top)